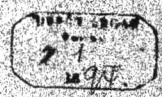

FRANCHE-COMTÉ

PAR

JULES SICARD

Fais ce que peux, advienne que pourra !...

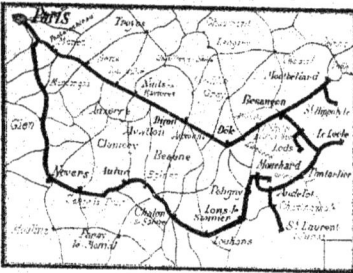

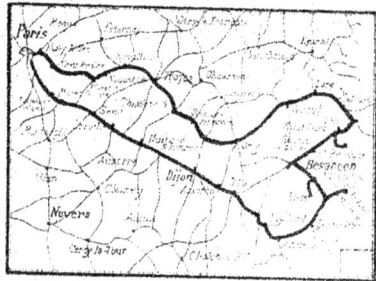

FRANCHE-COMTÉ

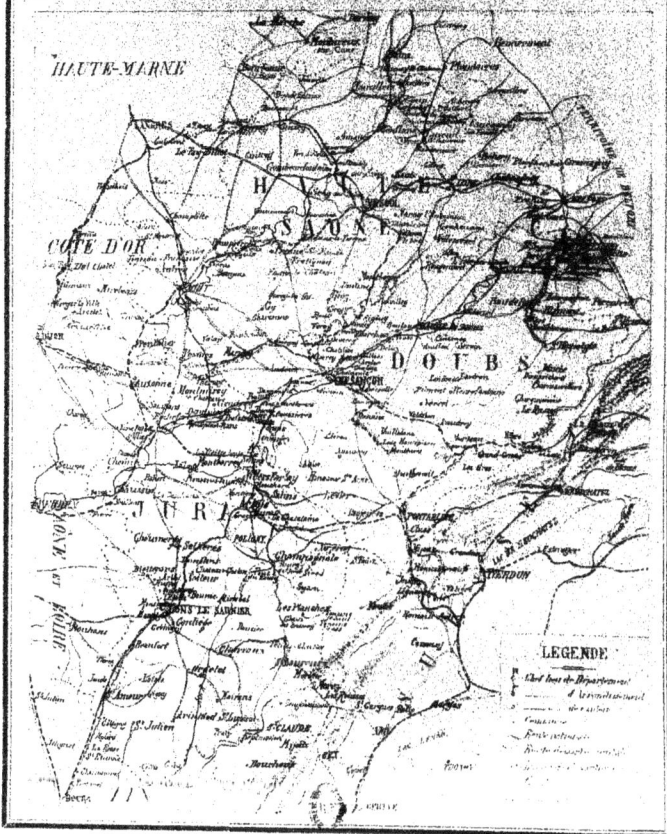

A NOS LECTEURS

Rassurez-vous, chers Lecteurs, cet ouvrage n'est point consacré à une réclame insipide et banale. Nous avons eu, en le mettant au jour, un but plus élevé, celui de vous intéresser à une région exceptionnellement curieuse, pour votre plus grand plaisir, et de vous faire connaître ses principales industries, pour votre plus grand profit : en cela se résume notre désir. Notre intention vous paraîtra louable et bonne, nous en sommes certains, et, en sa faveur, nous osons vous prier d'excuser les imperfections de notre travail.

La vieille province de Franche-Comté, si longtemps ignorée de la masse des touristes et connue seulement de quelques amateurs de la belle nature, se révèle enfin depuis plusieurs années avec tous ses charmes et tous ses attraits. Ses sites variés, ses montagnes verdoyantes, ses rocs abrupts, ses forêts touffues, ses vallées ravissantes, ses rivières gracieuses et ses fontaines magnifiques, ses panoramas splendides ont attiré l'attention générale et fixé définitivement l'admiration unanime de leurs visiteurs émerveillés. Une plume plus éloquente et plus autorisée que la nôtre a décrit avec un soin délicat et minutieux ce que cette terre privilégiée renferme de séduisant, de riant, de grandiose. Loin de nous la pensée de mettre à exécution une conception aussi ample et aussi achevée.

Notre tâche sera plus humble peut-être et assurément moins poétique. Mais le côté pratique de notre guide frappera chacun et nous méritera la bienveillance de tous. A côté de la Franche-Comté pittoresque, nous voudrions peindre la Franche-Comté industrielle. Nous essaierons de faire savoir partout qu'à côté de ses sources intarissables d'eaux vives, elle en possède aussi d'autres, mais celles-ci directement productives de richesses ; que les diverses usines ou manufactures non moins abondantes, qui utilisent les avantages multiples de ce pays, rivalisent, et non sans succès, avec leurs sœurs des contrées environnantes ; et qu'elle aussi peut montrer avec fierté ses stations thermales, luxueuses et confortables, dont la réputation va grandissant tous les jours.

C'est pourquoi nous avons groupé dans cet album tout ce que cette Province si féconde comprend d'industries et de maisons notables, dont la réputation est solidement assise et les produits universellement appréciés, et qui par leur importance et par la nature de leurs affaires contribuent à la fortune et au bien-être de la circonscription tout entière. L'Étranger trouvera ainsi réunis dans ces quelques pages tous les documents qui pourront lui être utiles, avec la certitude que notre recueil a été composé avec la plus scrupuleuse impartialité.

Notre œuvre ne s'est pas accomplie sans difficultés : mais nous croyons avoir surmonté bien des obstacles, grâce à la précieuse collaboration de quelques amis dont nous devons, bien à regret, taire les noms, tous brillamment connus soit dans les Lettres, soit dans les Sciences, soit dans les Arts. Leurs conseils nous ont été d'un grand secours : que leur concours si éclairé et si généreusement prodigué reçoive l'hommage de notre vive et sincère gratitude.

Et maintenant, chers Lecteurs, commençons notre excursion à travers cette « préface de la Suisse », comme l'a si bien qualifiée Charles Nodier, en passant successivement du Doubs au Jura et à la Haute-Saône.

J. SICARD.

Besançon, le 1er Octobre 1894.

DOUBS

Le Département du Doubs, situé sur la Frontière Est de la France, est limité : au Nord, par la Haute-Saône et le Haut-Rhin ; au Sud et à l'Ouest, par le Jura et la Suisse ; à l'Est, par la Suisse Occidentale. Sa superficie est de 530,451 hectares, sa population de 303,000 habitants.

Il comprend les quatre arrondissements de *Besançon*, de *Baume-les-Dames*, de *Montbéliard* et de *Pontarlier*, qui eux-mêmes se subdivisent en 27 cantons et 638 communes. Besançon, son chef-lieu, est le siège du commandement du 7ᵉ Corps d'Armée, d'une Cour d'Appel, d'une Académie, et d'un Archevêché qui a pour suffragants les Évêchés de : Verdun, Belley, Saint-Dié, et Nancy.

L'Industrie principale du Département est l'Horlogerie. Viennent ensuite : le travail du cuivre, de la fonte, et la fabrication de l'acier et du fer. On y voit aussi des tanneries, des filatures, des distilleries, des brasseries, des faïenceries, des tuileries, des ferblanteries et des huileries. Le commerce se fait particulièrement sur les bois, les sels, les fromages, le bétail, les grains, les fils de fer, et les peaux.

Le Département du Doubs formait autrefois avec la Haute-Saône et le Jura l'ancienne province de Franche-Comté, conquise par Louis XIV sur les Espagnols, et définitivement annexée à la France par le traité de Nimègue, en 1678. Son aspect général est celui d'un triangle irrégulier, incliné de l'Ouest à l'Est, et traversé par quatre chaînes des monts Jura, formant le prolongement de la chaîne des Alpes. Le Mont Suchet et le Mont d'Or, les deux points les plus élevés de la première chaîne, mesurent le premier 1,000 mètres, et le second 1,500 mètres d'élévation au-dessus du niveau de la mer.

Les montagnes élevées et les coteaux couronnés de forêts, les prairies étalées et les vallées profondes, les rochers abrupts et les landes incultes qui se partagent le territoire du Doubs, sont groupés de telle sorte qu'on reconnaît dans ce département trois régions distinctes, pourvues chacune d'un climat différent : *la haute montagne*, *la montagne* proprement dite, et le *pays bas* ou la *plaine*.

La haute montagne, formée des sommités des deux premières chaînes du Jura, comprend les cantons du Russey, de Maîche, de Saint-Hippolyte, et l'arrondissement de Pontarlier. Cette région, couverte d'immenses forêts de sapins, est peu propre à la culture qui y est presque délaissée. Mais les plateaux et le versant méridional des montagnes constituent d'excellents pâturages pour l'élevage du bétail et la nourriture des vaches laitières qui assurent aux fruitières du pays le lait nécessaire à la fabrication des fromages.

La montagne proprement dite, dans laquelle se développent les deux chaînes inférieures du Jura, s'étend jusqu'à Blamont, Pont-de-Roide, Ornans, Vercel, etc... Le climat y est plus doux que dans la région supérieure : on y cultive les céréales, mais les vignobles y sont rares. Elle possède des plaines très étendues et de magnifiques vallées, peuplées de nombreux établissements industriels : ces dernières pourvues de forêts d'une richesse remarquable, fournissent notamment à la région des bois de chauffage recherchés.

La plaine enfin est la partie la plus fertile du Doubs : on y pratique tous les genres de culture, et la vigne y fournit des récoltes assez abondantes d'un vin souvent délicat et quelquefois exquis. Limitée par le Doubs, l'Ognon, et l'Allan, elle s'étend dans la direction du Nord jusqu'à Montbéliard et Audincourt : elle embrasse la presque totalité de l'arrondissement de Besançon et une grande partie des arrondissements de Baume-les-Dames et de Montbéliard. Cette région, une des plus industrielles de France, est semée d'usines et de fabriques de productions différentes : elle est dotée de riches forêts, et les nombreux bourgs et villages qui bordent les rives du Doubs, de Besançon à Montbéliard, font de cette partie de la Comté une des plus belles du Pays.

Après Besançon, les principales villes du Doubs sont : *Montbéliard*, *Pontarlier*, *Baume-les-Dames* et *Ornans*.

BESANÇON, CHEF-LIEU

La vieille cité Espagnole, dont l'origine remonte à l'époque de Jules César, est sé- (1)

parée en deux parties par la rivière du Doubs. Sa partie sud, la plus ancienne, est bâtie sur une presqu'île circulaire, formée par cette rivière qui l'entoure comme d'un immense ruban : un massif rocheux seul la relie à la chaîne de montagnes du Lomont, une des arêtes des monts Jura. C'est sur ce rocher qu'est située la *Citadelle*, construite en 1668 par Vauban, après la capitulation de Besançon et sa reddition au grand Condé. Sur la partie nord de la ville s'élève le fort *Griffon*, bâti par le roi Henri IV, en 1595, sur les plans de l'ingénieur italien Jean Griffoni : malgré les travaux et les changements apportés par Vauban dans la disposition de cet ouvrage, celui-ci a conservé le nom de son premier auteur.

Besançon, dont la population au commencement du siècle n'était que de 28,000 habitants, atteint aujourd'hui le chiffre de 56,000 âmes, dont environ 10,000 de population flottante. Sa distance de Paris est de 330 kilomètres environ à vol d'oiseau, et de 406 kilomètres par la voie ferrée, sur la ligne de Dijon à Belfort. Son altitude, sur le plateau de la citadelle, de 368 mètres au-dessus du niveau de la mer, n'est dans la région basse de la ville que de 250 mètres.

L'existence de *Vesontio* remonte bien au-delà de la domination romaine. A l'époque de l'indépendance des Gaules, elle était déjà Capitale, *maximum oppidum*, de la Séquanie qui devint plus tard la Franche-Comté. Jules César en fit le centre de ses opérations pour combattre le Germain Arioviste et ses hordes sauvages.

Sous la domination de Néron, en l'an 66 de l'ère moderne, la Gaule s'étant révoltée contre les exactions et les folies de cet empereur, Vesontio soutint le choc des légions venues de la Germanie pour étouffer cette insur-

rection : une bataille sanglante fût livrée aux portes de la ville, vingt mille Gaulois y périrent. Peu après arriva la chûte de Néron.

(1) Propriété de la Librairie Jacquard.

C'est sous le règne de Marc-Aurèle que Vesontio fut érigée en colonie romaine, *Colonia victrix Sequanorum*. De 167 à 180, la ville s'embellit : on y crée des Arènes, un Forum, un Aqueduc, aujourd'hui canal d'Arcier, un Arc de triomphe au pied de la Citadelle, un Théâtre grandiose, et un Temple de marbre sur le Capitole. Quelques années après, le Christianisme pénétrait en Séquanie avec Ferréol et Ferjeux, missionnaires venus de Lyon, et décapités dans le théâtre de Vesontio le 16 juin 212.

Fatiguée et appauvrie par les invasions plusieurs fois renouvelées des Germains, Vesonno eut encore à subir, en 407, un siège de la part des Vandales, commandés par Crocus : puis, ruinée et décimée par les guerres intestines qu'avait suscitées l'ambition des généraux romains, elle se plaça sous la protection des Burgondes.

En proie aux guerres civiles sous les rois fainéants, pillée et saccagée par les Sarrazins (de 638 à 730), incendiée par les Hongrois, dont la terreur populaire a fait les *Ogres*, Vesontio passa enfin entre les mains des empereurs d'Allemagne (879-1038). Hugues de Salins, Archevêque de Besançon, accepta cette nouvelle domination : sous son épiscopat, la ville s'accrut considérablement. C'est de cette époque que date le quartier de *Charmont* dont les habitants établirent leurs maisons autour de l'église de Sainte-Madeleine, sur une colline inculte surnommée pour cette raison, *Calvus Mons*, *Mont-Chauve*, et enfin *Charmont*.

En l'année 1220, la ville s'organisa en commune : en 1290, à la suite du blocus établi par Rodolphe de Habsbourg, elle forma une République indépendante sous le protectorat de l'Allemagne. Après la mort de Charles le Téméraire, Louis XI et Charles VIII furent reconnus par les États de Franche-Comté pour souverains de la Province. Maximilien d'Autriche en fit de nouveau la conquête ; elle passa entre les mains de son fils, puis à son petit-fils qui fut Charles-Quint (1483-1506). Celui-ci combla la ville de bienfaits et de privilèges : il l'autorisa à frapper des monnaies portant d'un côté les armoiries municipales, de l'autre le buste de Charles-Quint (1556).

Autrefois, la ville était divisée en sept quartiers qui tous avaient leurs armoiries et leurs bannières. Ces quartiers étaient *Saint-Quentin*, *Saint-Pierre*, *Chamars*, *Le Bourg*, *Charmont*, *Battant* et *Arènes*. Ils élisaient chaque année leurs notables au nombre de vingt-huit : parmi eux étaient choisis quatorze gouverneurs qui à tour de rôle exerçaient le pouvoir exécutif, et dont l'autorité était souveraine en matière d'administration et de police communale.

En 1595, Henri IV vint, à la tête d'une armée de 25,000 hommes, faire le siège de Besançon : le roi de France se présenta seulement devant les murs de la ville qu'il se contenta de rançonner et dont il ne reçut que 27,000 écus. Sous Louis XIII, Richelieu conçut le projet de réunir à la couronne de France tous les pays qui composaient l'ancienne Gaule. La Franche-Comté surtout devint l'objet de ses convoitises. La province et la ville ayant maladroitement donné asile à Gaston d'Orléans, frère du roi, et au duc de Lorraine, Charles IV, tous deux ennemis du Cardinal, celui-ci, d'accord avec les Suédois, envahit la Franche-Comté qui pendant dix années entières eut à subir toutes les cruautés de la guerre, jointes aux horreurs de la peste et de la famine (1631-1642). Quelques années après, le traité conclu par la diète de Ratisbonne donnait à l'Espagne le protectorat de Besançon qui jusque là avait appartenu à l'Allemagne (1662). Besançon allait perdre son existence autonome par son annexion à la Franche-Comté.

A la mort de Philippe IV, roi d'Espagne, Louis XIV, son gendre, réclama dans sa succession la Franche-Comté et les Pays-Bas. Besançon se rendit au grand Condé qui, prudemment, fit démolir le château d'Arguel et confisqua l'artillerie de la ville. Mais, trois mois après, Besançon faisait retour à l'Espagne par le traité d'Aix-la-Chapelle, en 1668.

Quand Louis XIV vint une seconde fois et en personne faire la conquête de la Franche-Comté, la ville était en état de soutenir un siège en règle. La citadelle, commencée par Vauban lors de la première conquête, et continuée par le prince d'Arenberg, gouverneur institué par l'Espagne, dominait et protégeait la ville. Louis XIV avait établi son camp à Saint-Ferjeux : le duc d'Enghien et Vauban commandaient les troupes. A l'intérieur de la ville, deux mille cinq cents soldats seulement pour la défendre, soutenus par un nombre égal de citoyens armés, ayant à leur tête le prince de Vaudémont, fils de Charles IV, duc de Lorraine, et de la belle Béatrix de Cusance. Après vingt-sept jours de siège, Besançon ouvrit ses portes et capitula (1674). Cette ville fut dès lors choisie comme capitale de la Franche-Comté. Dôle fut dépossédé de son parlement, du gouvernement militaire, de la monnaie royale, et de l'Université qui furent attribués à Besançon. L'organisation municipale fut changée et assimilée à celle des autres villes du royaume (1676).

Plus tard, le Parlement de Besançon, manifestement hostile aux idées françaises, n'accepta que difficilement les concessions libérales faites par Louis XVI ; une insurrection populaire éclata à cette occasion, mais fut promptement réprimée par le comte de Narbonne, l'ami de Necker (1789).

En 1814, après la désastreuse campagne de Russie, quinze mille Autrichiens vinrent bloquer pendant quatre mois et bombarder Besançon qui n'avait alors que sept mille hommes de garnison, sous les ordres du général Marulaz. Le blocus ne fut levé qu'à la nouvelle de la déchéance de Napoléon.

L'invasion allemande en 1870 amena l'ennemi aux portes de la ville. Le général Cambriels, à la tête d'une faible armée, tenta d'entraver la marche du général prussien Werder qui franchissait les Vosges, après avoir bombardé Strasbourg, et se dirigeait sur Besançon. De jeunes troupes mal équipées l'arrêtèrent à Cussey, sur les bords de l'Ognon, et à Châtillon-le-Duc, d'où l'ennemi battit en retraite sur Dijon.... Bientôt l'armée de l'Est, forte de cent-vingt mille hommes commandés par le général Bourbaki, allait tenter de débloquer Belfort. Malheureusement le froid excessif d'un hiver rigoureux, le manque de nourriture et de vêtements paralysèrent les efforts de nos troupes : une retraite désastreuse commença dans la direction de la Suisse, et Bourbaki, à la vue d'une déroute si triste et si effrayante, tenta de se donner la mort pour se soustraire à un pareil spectacle.

Après la guerre franco-allemande, Besançon, par sa position sur la frontière, est devenue une place forte de premier ordre. Des forts détachés, des forteresses habilement construites couronnent sur un vaste périmètre les montagnes qui l'environnent et se prolongent successivement sur leurs crêtes rocheuses jusqu'aux portes de Belfort.

Besançon est le berceau d'un grand nombre d'hommes illustres parmi lesquels il faut citer :

Le cardinal Antoine *Perrenot de Granvelle,* ministre de Philippe II, dans les Pays-Bas : fils de Nicolas Perrenot de Granvelle, ministre de Charles-Quint, 1517-1586. — Le peintre Courtois, dit le Bourguignon, 1621-1672. — Jean Mairet, auteur de la Sophonisbe, la première tragédie française régulièrement écrite, 1604-1686. — Le Maréchal Moncey, Adrien Jannot, duc de Conégliano, 1754-1842. — Charles Fourier, père de la Doctrine phalanstérienne, 1772-1837. — Le général Pajol, Claude-Pierre, qu'a immortalisé la bataille de Montereau, 1772-1844. — Le moraliste Joseph Droz, célèbre historien, membre de l'Académie française, 1773-1850 — Le célèbre conteur Charles Nodier, membre de l'Académie française, 1780-1844. — Pierre-Joseph Proudhon, le fameux socialiste, 1809-1865. — Victor Hugo, le grand génie du XIXᵉ siècle, 1802-1885. — Francis Wey, brillant critique d'art, linguiste distingué, 1812-18 . — Le peintre Courbet, 1819-1884. — Les sculpteurs Soitoux, Clésinger.

Mais si Besançon peut s'enorgueillir, et à juste titre, de ses enfants qui l'ont illustrée, l'antique cité romaine a le droit aussi d'être fière de ses monuments. Nous allons les visiter, du moins les principaux.

MONUMENTS HISTORIQUES

LA PORTE NOIRE. — Situé au-dessus de la Grande-Rue, en face de la basilique de Saint-Jean, au pied de la citadelle, cet arc triomphal surpasse tous les monuments de ce genre par la finesse et le luxe de ses ornements. Dans l'antiquité, cet arc s'appelait *Porte de Mars*. Sa hauteur est de 12 mètres, sa largeur de 13 mètres ; il a 5m 60 d'ouverture et 2 mètres de profondeur. Ce monument est couvert de sculptures allégoriques représentant des scènes militaires et encadré de huit colonnes également sculptées. On en reporte la fondation au règne de Marc-Aurèle, en 167, et l'on croit qu'il a été érigé pour célébrer les victoires de cet empereur sur les Germains dans la Séquanie.

LA PORTE TAILLÉE, ainsi appelée parce qu'elle a été taillée dans une immense roche servant de contrefort à la citadelle, se trouve sur la route de Besançon, à la Suisse, à l'extrémité du faubourg Rivotte. On croit que ce travail a été exécuté sous Marc-Aurèle pour faire passer l'aqueduc qui amenait les eaux d'Arcier destinées à l'alimentation de la ville, et les déversait, après un parcours de dix kilomètres, dans un bassin attenant au théâtre de Vesontio, sous la place Saint-Jean.

LE SQUARE ARCHÉOLOGIQUE, ou Théâtre Romain, qui fait face à l'hôtel de l'Archevêché, a été découvert en 1870 sur les indications du savant et regretté A. CASTAN, alors bibliothécaire de la ville. Des fouilles pratiquées sous la place Saint-Jean mirent à jour

une estrade demi-circulaire formée de grandes dalles reposant sur des moulures. Cette estrade était surmontée d'une corniche qui supportait elle-même une série de colonnes de huit mètres de hauteur. Deux fragments de cette estrade et huit colonnes ont été disposés et mis en évidence par les soins de M. l'architecte DUCAT, au milieu d'un jardin habilement aménagé et qui remplace avantageusement le sol nu de l'ancienne place. D'après les observations d'A. CASTAN, on sait aujourd'hui que l'ancien théâtre de Vesontio est contemporain de la Porte-Noire, et qu'il remonte comme elle au temps de Marc-Aurèle.

Le **PALAIS de JUSTICE**, beau monument de la Renaissance, fut construit en 1582 par Hugues Sambin, élève de Michel-Ange, et auteur du célèbre portail de l'église St-Michel, de Dijon. La finesse de l'architecture, jointe à l'habile disposition des ornements qui y sont correctement semés, attire sur cet édifice l'attention des visiteurs. Le Parlement de Franche-Comté siégea autrefois dans les salles qui servent aujourd'hui de salles d'audience à la cour d'appel, et dont les magnifiques boiseries sont justement admirées.

L'HOTEL DE VILLE. — L'Hôtel de Ville, au centre de la ville, fait face à l'église Saint-Pierre : sa lourde façade, noircie par le temps et construite en pierres bossuées, date de 1563 et n'offre rien de remarquable. Une grande niche pratiquée dans cette façade, et au milieu de laquelle se trouve actuellement une fontaine, encadrait autrefois un groupe de bronze représentant Charles-Quint porté par un aigle. Ce magnifique bronze, du poids de 3,000 livres, ne fut pas épargné par le vandalisme révolutionnaire : il fut brisé et fondu avec les cloches des paroisses pour être coulé en monnaie.

Au premier étage de l'hôtel s'ouvre la grande salle du Conseil municipal où l'on voit plusieurs portraits sur toile peints par des maîtres : Jean Gigoux, Giacomotti, Ed. Baille, Guignet, etc.. A droite de la salle se dresse le buste en marbre de Bersot, un des bienfaiteurs de la ville, mort en 1890, et dont le souvenir vivra longtemps encore parmi les pauvres : son nom a été donné à l'ancienne rue Saint-Paul.

Dans les locaux du rez-de-chaussée sont classées les archives de la ville, qui remontent à l'année 1289 : dans le mobilier de la salle se trouve la vieille caisse municipale en fer forgé, fabriquée au XVIᵉ siècle dans les fameux ateliers de Nuremberg et revêtue d'une triple serrure.

LE PALAIS GRANVELLE. — Ce monument, un des plus beaux que la Renaissance nous ait légués, fut bâti en 1534 par Nicolas Perrenot de Granvelle, petit-fils d'un forgeron d'Ornans, qui, de la situation de modeste avocat au bailliage de cette ville, sut par son habileté s'élever au poste éminent de garde des sceaux de l'empereur Charles-Quint. Son mariage, en 1513, avec Nicole Bonvalot, héritière d'une grande famille de

Besançon, l'amena à établir sa résidence dans cette ville où il fit construire le superbe palais qu'il n'habita que quelques années seulement. « La distribution de l'édifice, dit l'architecte Delacroix, est celle de la plupart des palais d'Italie : au centre est une vaste cour, entourée au rez-de-chaussée d'un portique, et à l'étage d'une galerie, dans laquelle sont les entrées des appartements. Du côté de la Grande-Rue s'élève la façade principale. Elle est composée d'un rez-de-chaussée, de deux étages, et d'un attique. La porte d'entrée est une arcade entre deux colonnes..... La plus grande partie de la façade est en marbre poli, tiré des carrières du pays. »

Le cardinal Antoine Perrenot de Granvelle, le quatrième des quinze enfants du chancelier, né à Besançon le 20 août 1517, aidé de son frère, le comte de Cantecroix, héritier de l'édifice, augmenta les collections de meubles, de livres, et d'objets d'art que son père avait réunis dans son palais. Mais la famille de Granvelle s'étant éteinte en 1637, toute sa fortune passa aux mains des comtes de la Baume-St-Amour qui dispersèrent peu à peu toutes ces richesses : les quelques épaves recueillies de ces collections si précieuses sont conservées aujourd'hui avec soin au Musée de peinture et à la Bibliothèque de la ville.

En 1864, le Conseil municipal obtint de l'État l'autorisation de faire l'acquisition de ce palais si plein de souvenirs pour la province, et peu de temps après, M. Charles Weis, bibliothécaire de la ville, faisait don à cette dernière d'une somme de 30,000 francs pour élever une statue en marbre du cardinal de Granvelle, au milieu de la cour intérieure. Cette œuvre a été exécutée : mais pour des raisons que nous n'avons point à discuter ici, elle attend encore dans l'atelier de l'artiste, M. Jean Petit, le moment où elle verra le jour. Souhaitons que le vœu du généreux donateur soit enfin réalisé dans un avenir prochain...

Actuellement les appartements du palais sont occupés par diverses sociétés : la société d'émulation du Doubs, la société d'agriculture, l'Académie de Besançon; par l'école municipale de musique, par le musée Jean Gigoux, et par l'intéressante collection artistique léguée à la ville par le président Vuillemot. La partie de l'édifice donnant sur la rue de la Préfecture comprend une exposition permanente de la société des Beaux-Arts, et quelques maisons de commerce.

LE CAPITOLE. — Au numéro 91 de la Grande-Rue, qui forme l'artère principale de la ville, existe un monticule planté d'arbres, élevé de trois mètres au-dessus du niveau de l'ancien sol romain, et sur lequel se dressait le *Capitolium* de Vesontio. Les fouilles pratiquées dans le voisinage de ce monticule ont donné la certitude que le temple capitolin, construit en cet endroit, était bâti avec un luxe somptueux et offrait un style d'architecture des plus riches. L'intérieur en était décoré par des panneaux de marbre vert bordés de marbre blanc : une série de hautes colonnes, surmontées de chapiteaux de marbre blanc et dont les tons rappelaient ceux de la décoration intérieure, l'entouraient extérieurement... Le capitole de Vesontio a considérablement perdu de sa grandeur : on n'y voit plus aujourd'hui qu'un massif d'arbres qui en couronnent le sommet et qui abritent les ateliers d'une fabrique de brosserie.

L'ÉGLISE SAINT-PAUL. — Cette église appartenait autrefois à l'abbaye Saint-Paul fondée par Saint-Donat, évêque de Besançon, en 628, et reconstituée plus tard, au XIe siècle, par l'archevêque Hugues Ier. L'abbaye, une des plus importantes du diocèse, comprenait dans son territoire tout le quartier Saint-Paul, ainsi que le vaste emplacement occupée aujourd'hui par les casernes. L'abbé y exerçait souverainement les droits de justice et d'asile jusqu'en 1503, époque à laquelle l'empereur Maximilien Ier supprima cette prérogative. Malgré tout l'intérêt qui s'y rattache au point de vue historique, cet édifice, dont les chapiteaux, les sculptures, et les colonnes intérieures sont assez bien conservés, a été concédé à l'administration militaire qui l'a converti en magasin à fourrages et à blé.

L'HOTEL MARESCHAL, situé rue Rivotte, 17, appartenait autrefois à *Guillaume Mareschal*, de Vuillafans, qui réalisa dans le commerce une très grande fortune qu'il consacra en partie à sa passion dominante pour les arts. Son hôtel construit dans le style gothique, appartient par sa décoration à la Renaissance, et constitue un des monuments les plus curieux dans ce genre.

Parmi les monuments historiques, citons encore :

L'*hôtel Porcelet*, rue des Chambrettes, 8, siège du gouvernement municipal en 1290, et reconstruit en 1561.

L'hôtel Gauthiot d'Ancier, Grande-Rue, 13, (1500).

L'hôtel Bonvalot, place du Palais, en face des bâtiments de l'Archevêché. Construit en 1538 par Bonvalot, beau-frère de Nicolas Perrenot de Granvelle, abbé de Saint-Vincent et de Luxeuil, ami d'Erasme et protecteur du musicien bisontin Claude Gondimel, cet hôtel est occupé actuellement par le couvent de la Sainte-Famille.

L'hôtel de Montmartin, rue de l'Orme de Chamars, construit en 1582 par le cardinal Granvelle, acquis par la municipalité en 1618, puis aliéné en 1793 : les Dames du Sacré-Cœur y ont aujourd'hui une maison d'éducation.

L'hôtel de Champagney, rue Battant, 37, reconstruit en 1560 par Nicole Bonvalot, veuve du garde des sceaux Granvelle, qui tenait cet immeuble de son père Jacques Bonvalot, seigneur de Champagney.

L'hôtel d'Anvers, Grande-Rue, 44, date de 1580. Construit par la famille d'Emskerque, originaire des environs de Dordrecht, venue d'Anvers, et enrichie par le commerce, cet hôtel fut habité par Gaston d'Orléans, frère de Louis XIII, à la suite de l'insurrection de ce prince contre le cardinal de Richelieu. L'hospitalité généreusement offerte au frère du roi par la municipalité fut la cause d'une guerre désastreuse qui ravagea la Comté pendant plus de dix années et extermina une partie de la population.

L'hôtel du Bouteiller, rue des Granges, 2. (1582).

L'hôtel de Chevanney, Grande-Rue, 9. (1582).

L'hôtel Chassignet, rue des Chambrettes, 12, avec sa gracieuse tourelle. (1615)

L'hôtel de la Vicomté, place de l'État-Major. (1736).

La maison natale de Victor Hugo, Grande-Rue, 140.

Dans un ordre plus moderne, mentionnons encore parmi les monuments curieux à visiter :

LA BIBLIOTHÈQUE MUNICIPALE. — Fondée en 1694 par l'abbé Jean-Baptiste Boisot, abbé de Saint-Vincent, avec les livres et les médailles qu'il avait acquis des héritiers de la famille de Granvelle, et qu'il légua par testament aux bénédictins de l'abbaye de Saint-Vincent, la bibliothèque devint, à l'époque de la Révolution française, établissement municipal. Elle est, sans contredit, une des plus riches bibliothèques de province et renferme de véritables trésors : on y compte plus de 14.000 volumes, parmi lesquels 1.900 manuscrits, et un médailler de 10.000 pièces représentant à peu près tous les types de monnaies romaines.

Parmi les manuscrits importants, notons les *Papiers d'État du Cardinal de Granvelle*, en 80 volumes in-folio, documents des plus intéressants à consulter ; quelques beaux volumes latins du XVe siècle, richement décorés à Pérouse pour les Médicis ; de magnifiques miniatures ; le livre d'heures de Maximilien Ier, splendidement orné par Albert Durer en 1515.

Le bâtiment actuel de la bibliothèque ne date que de 1808. On y remarque aussi plusieurs bustes et statues dûs au ciseau de David d'Angers, de Pradier, de Clésinger, de Luc Breton, et de Demesmay.

LE MUSÉE DE PEINTURE, installé dans le bâtiment des Halles. Inauguré en 1843, il renferme aujourd'hui plus de 500 peintures, et 200 dessins et sculptures. Les écoles italienne, flamande, espagnole, allemande et française y sont largement représentées par des toiles de valeur, et l'on y voit des œuvres signées de Van Dyck, Greuze, Le Titien, Paul Véronèse, Vélasquez, Boucher, Le Corrège, etc... et d'une pléiade de francs-comtois, Bavoux, Courbet, Baille, Baron, Rapin, Giacometti, Gigoux, Fanart, Français, Isenbart, Machard, etc.

LE MUSÉE ARCHÉOLOGIQUE, institué en 1840 et placé à la suite du musée de peinture, renferme une des plus riches collections de France en antiquités grecques, romaines et celtiques.

À mi-côte du flanc occidental de l'isthme rocheux qui supporte la citadelle de Besançon, au dessus du faubourg Tarragnoz, un logis, creusé au marteau dans le roc vif, a retenu le nom d'*Ermitage de la Citadelle*. C'est le résultat du travail opiniâtre d'un vétéran des armées du premier Empire, P.-E. Poux-Landry, qui commença ce creusage le 15 novembre 1835, alors qu'il était âgé de 65 ans, et eut la satisfaction de jouir, pendant une douzaine d'années, des petites largesses que lui faisaient les visiteurs de sa bizarre entreprise, qu'une légende attribue au désir formulé par une jeune enfant du faubourg, dont les parents avaient accueilli le vieillard avec bonté et sympathie.

Les vers que nous publions, dus à la plume de M. le Dr Léon Chapoy, et lus à la séance publique de la Société d'Émulation du Doubs en 1885, permettront peut-être d'apprécier la beauté du paysage où s'est déroulée cette scène d'une simplicité émouvante que le crayon distingué de M. Henri Michel, a reproduit dans une composition très artistique, et que, faute de place et à notre grand regret, nous ne pouvons donner *in-extenso*.

Non loin des murs noircis de l'antique cité
Qui, du haut de ses forts, veille sur la Comté,
Et que le Doubs découpe en forme de presqu'île,
— Fer à cheval géant imprimé dans la ville ; —
Au point où la rivière, au soleil de midi,
Irise son miroir sous un souffle attiédi,
Puis, comme en hésitant, fait dévier son onde
Et poursuit à regret sa course vagabonde ;
Sur le bord du chemin, quelques humbles maisons
Orientent leurs toits vers de gais horizons.
— Un moulin animé par une roue immense
Tourne et fait résonner ses battoirs en cadence ;
A côté, le pressoir ou le cuveau profond
Écrase la navette ou brasse le houblon.

Aujourd'hui l'huilerie et la brasserie ont disparu : d'autres industries les ont remplacées, mais les meules tournent toujours et l'on peut encore

En face du moulin, gravir l'étroit sentier
Qui monte, en serpentant, à peine à la moitié
Du côteau, dont la cime, à tout assaut rebelle,
Pour diadème au front porte une citadelle.

En ce temps là, ajoute le poëte

Vers l'île de Malpas, dans la gorge enfermée,
Casamène montrait son usine enfumée :
Plus près, en se groupant en pointe, comme un soc,
Descendaient par gradins des aiguilles de roc ;
Pendant que, sous l'arceau d'une épaisse redoute,
Grisaillait, à leur pied la blancheur de la route ;
La barque du passeur enfin, sous le regard,
Par la corde guidée, avançait sans écart.
Quel spectacle au détour ! Un décor magnifique
S'illuminait de feux à la lueur magique...
Le Doubs étincelait dans le lointain ; Chamars
Sous de brillants rayons dorait ses vieux remparts ;
Et le mont de Chaudane, à la verdure sombre,
Dans un lac transparent laissait dormir son ombre.
De longs bois de sapin reliés en faisceau
En suivant le canal, flottaient au gré de l'eau,
Vers de hauts peupliers, qui, balançant leurs têtes,
Sur la pourpre imprimaient leurs noires silhouettes.
Puis, dominant la porte et la petite tour
Que réunit un mur au sinueux contour,
Au delà de la ville aux teintes violettes,
Les montagnes en bleu profilaient leurs arêtes.

Récemment les portes de Notre-Dame et de Malpas ont été supprimées, sans réel profit pour la circulation, et au grand préjudice du pittoresque coup d'œil qu'offrait l'enceinte fortifiée rejoignant la citadelle réputée jadis imprenable à laquelle le chantre de l'Ermite s'adresse en ces termes :

Sur ton rocher massif, dont les flancs crevassés
Tous deux taillés à pic, s'enfoncent dans l'abîme,
Citadelle vaillante, orgueil des temps passés !
Combien n'as-tu pas vu d'ennemis terrassés !
Serpents présomptueux voulant user la lime,
Sur toi leurs crocs se sont cassés.

César appréhendait ton simple mur d'enceinte ;
Charles-Quint te rangeait parmi ses boucliers,
Tu n'as jamais cédé par calcul ou par crainte ;
Tu triomphes sans faste et tu souffres sans plainte ;
Hostile aux oppresseurs, fidèle aux alliés,
Franchise est ta devise sainte.

Pour te vaincre, Condé, plein de fougue, a lutté ;
Louis a descendu les marches de son trône
Jugeant que ta valeur égalait sa fierté.
Diamant précieux par lui-même incrusté,
Si tu brillais, d'un vif éclat, sur sa couronne,
C'est que Vauban t'avait sculpté.

Désormais sans réserve attachée à la France,
Ainsi qu'à ses succès mêlée à ses revers
Tu fus, naguère encore, à la même souffrance,
Mais, derrière tes murs, calmes en apparence,
— Comme l'humble héros dont je parle en ces vers —
Se dissimule l'espérance !

Quand Juillet de ses feux inonde la campagne,
A l'heure du soleil couchant,
En face du moulin, gravissez la montagne
Témoin de ce drame touchant.

Aux abords du chemin veille une sentinelle
Près d'une poudrière aux rocheuses parois.
Le sentier, par degrés, longe la citadelle
Dans des espaces plus étroits.

Spectacle ravissant que jamais on n'oublie,
Contemplez ce site enchanté ;
Puis entrez sous le roc plein de mélancolie
Où l'Ermite s'est abrité.

Et si vos chérubins vous font une prière,
Ne les repoussez pas, songez au vétéran
Qui creusa, de ses mains, ce réduit dans la pierre,
Pour le caprice d'un enfant.

LES BAINS SALINS DE LA MOUILLÈRE & LE CASINO. — L'Établissement des Bains Salins de la Mouillère, fondé en 1890, est situé aux portes de la Ville de Besançon, au pied du Mont-de-Bregille et de la colline de Beauregard. Les façades élégantes de ses bâtiments, Bains, Casino et Hôtel, se développent sur de magnifiques jardins, en face de la promenade Micaud, dont les ombrages et les vertes pelouses bordent la rivière du Doubs.

Le Bâtiment des Bains, avec son portique gracieux aux colonnes de marbre de Sampans, son hall merveilleusement décoré, et ses quatre coupoles d'angle, est un des plus beaux et des plus complets parmi les édifices de ce genre.

Les cabines revêtues de faïences de couleur, les salles de douches, qui renferment tous les appareils de l'hydrothérapie moderne, avec salles pour chaque sexe, les bains russes et leurs salons de repos, la salle d'électrothérapie, le   la médication saline. Dans le grand hall ou salon d'attente, les malades gymnase médical,   trouvent à côté d'un confortable mobilier, des journaux, des revues,
forment un   pour
ensemble   occu-
qu'on ne   per
trouve   leurs
nulle   instants
part ; là   avant
ont été   la cure,
accu-   et des
mulés   comp-
tous les   toirs
moyens   où l'on
les plus   met à
nouveaux   leur
de pra-   dispo-
tiquer   sition
utilement   la cure

laiteuse sous toutes ses formes : lait pur de Mamirolle, petit lait, *Kéfir* et aliments divers de restauration.

Les Eaux Salées de la source de Miserey. qui alimentent l'Etablissement, ont une saturation supérieure : 291 grammes de chlorure de sodium par litre d'eau salée, et 323 grammes d'éléments salins par litre d'eau-mère. dont 2 grammes 250 de bromure de potassium. Il en résulte qu'elles sont très puissamment minéralisées et que leur composition unit à la forte chloruration de Salies-de-Béarn la précieuse bromuration de Salins-du-Jura.

Ajoutons que la Mouillère-Besançon est à six heures et demie de Paris, à deux heures de la Suisse et de l'Alsace-Lorraine, et à cinq heures de Lyon.

Le *Casino,* qui est situé près des Bains, est un des plus somptueux et des plus grandioses parmi ceux des stations rivales. Le pavillon du Cercle et des Jeux, la vaste salle du Restaurant-Café et la salle des Fêtes, où se donnent bals, concerts et représentations théâtrales, sont admirablement décorés, spacieux et bien aérés, avec une magnifique vue sur les jardins, la promenade Micaud, les hauteurs de Bregille, de la Citadelle, de Chaudanne et de Rosemont.

A l'extrémité des pelouses gazonnées du Casino, se dresse un bâtiment d'aspect monumental, à la toiture élevée : c'est le *Grand Hôtel des Bains.* Les lignes architecturales de ses hautes baies, de ses frontons superbes et de ses balcons, se détachent sur ses quatre façades. Sa silhouette élégante forme avec le Casino et les Bains un ensemble harmonieux.

Trois étages seulement au-dessus d'un rez-de-chaussée qui domine les jardins : rien des grands caravansérails qui rappellent la caserne. Les fondateurs ont eu pour but unique de créer là une demeure agréable et salubre.

L'architecte chargé de ce soin, M. BOUTTERIN, les a parfaitement compris : en véritable artiste, il a exécuté l'œuvre.

Quatre-vingts chambres sont réparties dans ce luxueux édifice. De chacune d'elles, la vue s'étend sur les premiers contreforts du Jura, dont les sommets boisés se profilent au loin, et de son balcon, le soir, le voyageur peut entendre la musique du Casino : les accords de l'orchestre, ses variations les plus légères montent jusqu'à lui.

La première impression de l'arrivant est donc des plus satisfaisantes ; la seconde ne l'est pas moins. Les chambres sont coquettement meublées, la vaste salle à manger, la salle du restaurant, sont d'un style sobre et décorées avec le goût parfait qui a présidé, du reste, à toute l'installation du Grand-Hôtel.

Un délicieux salon de lecture, dont la verandah s'avance sur les jardins,

est spécialement destiné aux dames. Elles y trouvent piano, musique, revues amusantes, bibliothèque. Une exposition permanente des œuvres de nos peintres franc-comtois, les Boudot, les

Enders, les Fanart, les Isembart, et même d'artistes parisiens, comme l'aquarelliste George Hélie, le rend tout particulièrement intéressant.

Les messieurs ont leur fumoir — style mauresque, s. v. p. — leur billard, leurs journaux ; les malades et les affaiblis ont leur ascenseur qui, docile et sans bruit, les conduit à chaque étage.

Partout, la lumière électrique répand sa vive clarté : nulle part la chaleur des soirs d'été n'est à craindre.

En outre, les touristes et les voyageurs sont l'objet des soins les plus délicats. Dirigé d'une façon supérieure, cet établissement a vu, dès son ouverture, son succès s'affirmer de jour en jour. Ajoutons que des conditions spéciales permettent aux familles de s'y installer avec toute l'économie désirable.

Tout proche du Grand-Hôtel, et séparé seulement par la largeur d'une avenue, s'étend le beau parc Micaud que le Doubs côtoie : la végétation y est splendide. Les peupliers, les tilleuls, les platanes sont de superbe allure ; de petites îles, des grottes y ont été ménagées et l'eau claire des cascades se répand sous les plantes aquatiques. Il y a là de délicieux coins d'ombre, de fraîcheur et de lecture tranquille.

Dans ce même parc, sous les grands arbres qui entourent le kiosque des concerts, non loin des allées sablées où s'ébattent les enfants, les familles se groupent : là, les musiques militaires se font entendre pendant les belles après-midi.

Qu'on nous permette ici une indiscrétion. Pendant la belle saison des excursions vont être organisées, et deux ou trois fois par semaine — peut-être tous les jours, comme à Aix-les-Bains — de grands breacks partiront de l'avenue d'Helvétie après l'heure du déjeûner. Ils conduiront les touristes, tantôt aux Sources d'Arcier, si délicieusement situées sous des massifs ombreux, ou à Beure, au pied de la pittoresque cascade du Bout-du-Monde, à la Chapelle-des-Buis d'où la vue est si belle, et dans tant d'autres endroits charmants dont notre Franche-Comté est si abondamment pourvue, et tout particulièrement aux environs de Besançon.

PROMENADES

Trois promenades, bien différentes d'aspect et d'étendue, sont réparties à l'intérieur de la ville : la promenade de *Chamars*, la promenade *Micaud* et la promenade *Granvelle*.

LA PROMENADE DE CHAMARS. — L'ancien *Campus Martis*, devenu *Champmars*, puis *Chamars*, était autrefois un terrain affecté spécialement aux exercices militaires et servait en même temps de promenade publique : ce ne fut qu'après la seconde conquête de la Franche-Comté par Louis XIV que cette promenade fut munie de remparts et de fossés pleins d'eau. La municipalité y fit des plantations d'arbres et l'on y voit encore quelques tilleuls séculaires contemporains de Vauban.

Autrefois, Chamars était traversé par un cours d'eau dérivé du Doubs, qui faisait mouvoir le *Moulin de l'Archevêque*, et un autre moulin appartenant à la ville. En 1830, le cours d'eau fut supprimé : puis, en 1874, la ville fut autorisée à raser une partie des remparts dont les matériaux furent employés à combler les anciens fossés. On voit, au milieu de la promenade, la statue en pied et en bronze du général en chef *Claude-Pierre Pajol*, né à Besançon, un des plus brillants généraux du premier Empire. Ce bronze, modelé par son fils, le comte Charles Pajol, général de division, a été inauguré le 28 août 1864.

LA PROMENADE MICAUD. — La création de cette superbe promenade est due à l'architecte bisontin Alphonse Delacroix qui, en 1843, en dirigea les travaux et sut par son habileté transformer un bras de rivière marécageux et malsain en un jardin ravissant et des plus agréables. Gracieusement plantée sur les bords du Doubs, vis-à-vis l'île des *Moineaux*, la promenade Micaud offre sur cette rivière et sur la Citadelle un coup d'œil magnifique. « ...Lorsque les flots de la cascade, dit Castan, sont argentés par un beau clair de lune, et que les lanternes d'éclairage dardent leurs rayons dorés sur la nappe d'eau qui reflète la fantastique image des rochers de la Citadelle, le spectacle vu de dessous les dômes de verdure est réellement enchanteur. »

Là se donnent, dans un cadre merveilleusement disposé par la nature, de brillantes fêtes de nuit, dont quelques-unes, celles, entre autres, offertes par la ville pour la célébration du Centenaire de l'Horlogerie, ont laissé dans l'esprit de nos hôtes un impérissable souvenir. Ici, l'immense nappe du Doubs, sillonnée par les légères et gracieuses gondoles de la Société nautique, avec leurs feux aux mille couleurs et leurs profils lumineux ; les massifs de verdure perlés de globes

innombrables aux nuances variées et tremblotantes ; les jardins et les pelouses transformés en tapis verdoyants parsemés de milliers d'étoiles étincelantes et multicolores ; sous les noirs feuillages des grands arbres séculaires.

des flots d'harmonie répétés et agrandis par l'écho fidèle des montagnes ; une foule riante et enjouée, caressée par la brise bienfaisante d'une fraîche nuit d'été ; là enfin, comme fond à ce tableau presque féerique, dans le mirotement douteux des eaux sombres du Doubs, la vieille citadelle, avec ses murs crénelés et ses tourelles morcelées par le temps, déroule sa silhouette dentelée jusqu'aux pieds de l'immense rocher qui lui sert d'assise... Mais tout à coup le tableau change. Le voile épais des ombres nocturnes qui enveloppant cette fête bruyante se déchire brusquement ; des flots de lumière jaillissent, embrasant de leur vive clarté ce délicieux jardin si bien encadré par les montagnes, le Doubs avec ses ponts de pierre, les massifs avec leur feuillage touffu, les cîmes environnantes avec leurs roches moussues. Quelle transformation et quel contraste ! C'est le jour éclatant succédant à la nuit ! Sous l'effet lentement calculé des projections lumineuses, le paysage prend tour à tour des tons fantastiques, presque invraisemblables. Le spectateur émerveillé sent qu'il y a là, caché dans l'ombre, une fée ingénieuse dont le doigt puissant fait naître toutes ces merveilles. L'électricité, cette fée si discrète et si lente à se révéler, inonde de ses rayons étincelants les moindres replis de la promenade et sème l'illusion du jour au milieu des ténèbres de cette joyeuse nuit.

A son origine, la promenade Micaud n'était qu'une plantation d'arbres irrégulièrement jetés sur la rive droite du Doubs : depuis quelques années, la municipalité y a créé des cascades, dessiné des jardins, creusé des cours d'eau, dont l'ensemble forme le plus gracieux effet et a fait de cette promenade la plus belle des promenades de la Ville. Elle porte le nom de Jean-Agathe Micaud, ancien maire de la cité.

LA PROMENADE GRANVELLE. — Presque au centre de la presqu'île bisontine, cette promenade est située sur le vaste terrain occupé autrefois par le jardin maraîcher attenant au Palais Granvelle. Ce jardin fut fermé au public jusqu'en 1728, époque à laquelle le Maréchal de Tallard, gouverneur de la province, le mit gracieusement à la disposition des promeneurs. La ville en fit l'acquisition en 1778. On renversa les murs qui l'entouraient, et, en 1783, la ruelle du couvent des Carmes devenait la partie haute de la rue actuelle de la Préfecture.

Aujourd'hui, une jolie cascade couronnée d'une statue du *Doubs*, par Becquet, décore le fond de la promenade, et un kiosque élégant, élevé par les soins de la municipalité, abrite les musiques militaires et les sociétés artistiques de la ville qui viennent alternativement y donner leurs concerts.

MONUMENTS RELIGIEUX

Besançon renferme dans son enceinte six Eglises et deux Temples, de style et d'origine différents.

LA BASILIQUE DE SAINT-JEAN, assise au pied de la citadelle, est la plus ancienne des églises de Besançon et remonte au-delà du XIe siècle. Son architecture, qui n'a rien de régulier, présente pourtant un aspect grandiose. L'intérieur de l'édifice comporte deux absides qui se font face, et dont les ornements de nature distincte attirent tout d'abord l'attention. Les cardinaux de Rohan-Chabot (1828-1833) et Césaire Mathieu (1834-1875) ont contribué largement tous deux à l'embellissement de cette Eglise.

Parmi les œuvres d'art nombreuses qu'on y trouve, il faut signaler : *Un tableau de la Résurrection*, chef-d'œuvre de Vanloo ; le *Martyre de Saint-Etienne*, par de Troy ; la *Prédication des Saints Ferréol et Ferjeux*, par Natoire (1754) ; la *mort de Saphire et d'Ananie*, qu'on attribue à Sébastien del Piombo. A côté de l'orgue se trouve une des plus belles toiles que Besançon possède, signée de Fra Bartolomeo, maître de Raphaël : elle représente une *Vierge* tenant l'enfant Jésus et portée par des anges, et au-dessous de ce groupe, St-Sébastien, St-Etienne, St-Jean-Baptiste, St-Bernard, St-Antoine, et enfin un personnage vêtu d'une robe rouge, agenouillé, et qui représente Ferry Carondelet, le donateur du tableau, en 1518. Notons aussi un magnifique *Christ*, par Francesco Trevisani, peint en 1640.

A l'entrée de l'abside de gauche, deux statues en marbre blanc : l'une, celle du cardinal de Rohan-Chabot, par Clésinger Père ; l'autre, celle du cardinal Mathieu, par le baron Bourgeois. A côté, le tombeau de Ferry Carondelet, archidiacre du chapitre métropolitain, mort en 1528, et un buste remarquable du Pape Pie VI, par Pisanelli.

Le maître-autel, construit avec les marbres les plus rares, est un don de Charles X, et les deux anges, placés de chaque côté, sont dus au ciseau de Luc Breton, qui les sculpta à Rome en 1768. Le trône archiépiscopal a été offert par Napoléon Ier.

Mentionnons aussi la *magnifique horloge* installée dans une salle de la tour des cloches, et qui a été construite par M. Vérité, de Beauvais, en 1860, sur le modèle de la fameuse horloge de Strasbourg.

SAINTE-MADELEINE. — Cette église, construite en 1043 par l'archevêque Hugues Ier, fut détruite en partie par un immense incendie, le 14 septembre 1221. Reconstruite de nouveau, puis fortement ébranlée par un tremblement de terre qui eut lieu le 1er février 1267, elle fut encore reconstruite et consacrée le 4 mai 1281 par l'archevêque Eudes de Rougemont. En 1734, l'édifice menaçant ruine fut démoli : les travaux de reconstruction commencés en 1746 furent suspendus par la Révolution, puis repris en 1825. Ce n'est qu'en 1866, le 22 Juillet, qu'eût lieu sa consécration par le Cardinal Mathieu, archevêque de Besançon.

Les deux tours de la façade sont d'un aspect un peu lourd et manquent d'élégance : au-dessus de l'une d'elles, assis sur une cloche, veille le carillonneur *Jacquemard*, personnage légendaire qui a su jusqu'à ce jour conserver une vieille célébrité parmi les habitants, surnommés *Pousbots* ou *Bousbots*, de ce vieux quartier de Besançon.

A côté de l'église on voit la statue, érigée en 1884, de *Claude de Jouffroy*, l'inventeur de la navigation à vapeur.

SAINT-PIERRE sur la place du même nom, au centre de la ville, dont la fondation remonte au IVe siècle, fut reconstruite en 1732. On y remarque de magnifiques sculptures sur bois, et les boiseries du chœur, de style Louis XV, très finement travaillées. Sur le sommet de la tour de l'église se dresse un dôme vitré qui était encore, il y a quelques années seulement, affecté au service du veilleur de nuit.

SAINT-MAURICE, qui date de la seconde moitié du IVe siècle, fut rebâtie en 1712 et consacrée en 1719 par l'évêque de Grammont : seules les boiseries du chœur sont dignes d'attention.

NOTRE-DAME, fondée au VIIe siècle, fut érigée en abbaye bénédictine par l'archevêque Hugues II, vers la fin du XIe siècle. La flèche de son clocher, emportée par un ouragan, en 1645, n'a pas été reconstruite.

SAINT-FRANÇOIS-XAVIER, dont la construction fut commencée en 1680 par les Jésuites, ne fut achevée qu'en 1688. Elle rappelle la disposition du Gesù de Rome, et possède quelques bons tableaux de M. Edouard Baille, de Besançon, dont on admire les magnifiques fresques dans la chapelle des Eudistes.

LE TEMPLE PROTESTANT. — Jusqu'à l'époque de la Révolution française, l'exercice du culte protestant fut formellement interdit aux habitants de Besançon. Seule, une salle étroite, fournie par la municipalité, était réservée aux exercices religieux des quelques soldats protestants qui faisaient partie de la garnison. En 1793, les horlogers qui vinrent de Suisse pour s'établir à Besançon appartenaient tous à la confession calviniste, et la ville dut leur attribuer un local pour leurs offices religieux : ce fut d'abord la chapelle du Refuge, et ensuite l'église des Capucins, démolie actuellement et remplacée par les bâtiments de l'Arsenal.

Ce n'est qu'en 1842 que l'église de l'ancien *hôpital du Saint-Esprit* fut affectée au culte protestant. Cet édifice, situé à côté du bâtiment des Halles, date du XIIIe siècle : l'intérieur ne comprend qu'une grande nef et n'offre rien de remarquable. A côté de la porte d'entrée, qui est en plein cintre, s'ouvrait une crèche en pierre dans laquelle étaient déposés les enfants trouvés.

Dans une cour dépendant autrefois de l'hôpital, on voit encore une galerie en bois très originalement travaillée, qui date du XVe siècle, et que supporte une colonne en pierre sculptée qui rappelle les attributs des ducs de Bourgogne : c'est là que sont installés aujourd'hui les magasins du Mont-de-Piété et des écoles.

LE TEMPLE ISRAÉLITE. — Jusqu'en 1865, la communauté israélite de Besançon n'avait pas de rabbin : à cette époque, les divers locaux où se tenait la synagogue étant devenus insuffisants, un temple fut édifié sur le quai de Strasbourg, par les soins de l'architecte Marnotte. L'édifice, inauguré en 1869, de forme carrée, avec dôme, est construit dans le style oriental. L'intérieur en a été richement décoré, grâce aux dons de quelques familles israélites dont l'une surtout, parmi les autres, a laissé chez les habitants de la ville le souvenir d'une généreuse libéralité, d'autant plus rare et plus méritoire que ses bienfaits s'adressaient à tous, sans distinction de caste ni de parti.

ENVIRONS DE BESANÇON

Besançon offre aux amateurs d'agréables promenades et d'intéressantes excursions. De quelque côté qu'on dirige ses regards, de magnifiques panoramas se déroulent devant les yeux des touristes étonnés de rencontrer dans ce pays une variété de sites encore si peu connus et d'une analogie si frappante avec les plus beaux de l'Ecosse. Celle-ci a eu son Walter-Scott pour vanter ses richesses et ses merveilleuses beautés : la Comté ignorée encore, dédaignée peut-être, n'a pas encore eu le sien pour révéler ses charmes. Elle renferme pourtant dans son sein les mêmes trésors et d'aussi séduisants attraits. Comme sa sœur préférée, elle a ses forêts, ses vallons, ses prairies et ses collines ; ses cascades, ses torrents et ses lacs aux eaux bleues et limpides ; ses grottes profondes et ses cavernes sombres ; ses pics élevés et ses montagnes majestueuses. Toutes deux sont belles, riantes, accidentées, pittoresques : mais l'une est connue, l'autre ne l'est pas.

« Là sur les confins de la Suisse, a dit Xavier Marmier, il existe une contrée riante et pittoresque, riche en souvenirs, féconde en grands et beaux tableaux ; une contrée qui a son histoire à elle, ses traditions, son caractère poétique, et qui, du haut de ses montagnes sauvages, regarde sans envie les montagnes vantées de la Suisse et les cimes hautaines des Alpes. Cette contrée s'appelle *Franche-Comté*. »

Nous allons jeter un coup d'œil sur les points les plus remarquables de cette Suisse en miniature, si favorisée de la nature. Mais si la faible description que nous allons en faire est assez heureuse pour vous convaincre et tenter votre désir de voir toutes ces beautés trop méconnues, vous viendrez, chers lecteurs, gravir ces montagnes si richement boisées, parcourir ces vallées si abondamment arrosées que notre plume est trop inhabile à dépeindre. Vous emporterez de ce beau pays un souvenir ineffaçable : vous en serez désormais les hôtes fidèles, et chaque année vous reviendrez y respirer l'air pur et embaumé de ses sapins gigantesques, vous retremper dans ses eaux vivifiantes, et réparer ainsi vos forces épuisées par la vie énervante des grandes villes.

LA SOURCE DE LA LOUE. — La Loue est, sans contredit, un des cours d'eau les plus gracieux qui sillonnent la Franche-Comté. On arrive à sa source par la gare de *Lods*, joli village industriel, sur un embranchement de la ligne du chemin de fer de Besançon à la Suisse, et par Mouthier-Hautepierre, réputé pour la fabrication de son kirsch, et distant de six kilomètres de la cascade. La roche imposante de Mouthier-Hautepierre, avec son altitude de 880 mètres, attire d'abord l'attention du voyageur : en face, une roche aiguë se dresse, semblable à une aiguille : c'est le *Moine de Mouthier*. Ici, la vallée devient plus étroite : la cascade de Syratu se précipite d'une énorme hauteur, puis la percée de la Vieille-Roche donne accès dans les *Gorges de Nouailles* qui aboutissent enfin au cirque rocheux où se cache la Source, but de l'excursion.

Une route magnifique domine et côtoye la rivière, et semblable à un immense serpent déroule ses contours capricieux entre deux parois de rochers d'une hauteur prodigieuse. Au pied d'une roche de 105 mètres d'élévation, et des profondeurs du gouffre énorme et sombre qui s'ouvre à sa base, la Loue vomit au milieu d'un vaste bassin tapissé de mousse ses flots écumants, et s'enfuit sous bois, après une chute de dix mètres, dans la gorge immense et profonde qui lui sert de lit.... Rien n'égale l'aspect sauvage et grandiose de ce tableau pittoresque au premier chef. Au départ de Besançon, un jour suffit pour faire cette intéressante excursion : en deux heures de chemin de fer, le touriste se rend à la gare de Lods, et de là, en deux heures de marche, à la source de la Loue. Toutefois, nous conseillons au vrai touriste de s'arrêter à Ornans, de visiter cette ville et ses environs, le château et Notre-Dame-du-Chêne, et de là regagner Besançon.

LA VALLÉE DU DESSOUBRE. — Cette superbe vallée qui prend naissance à Saint-Hippolyte se développe en montant jusqu'à Consolation. Là, dans un vallon silencieux et calme, fermé de toutes parts par une verdoyante ceinture de montagnes, s'élevait autrefois un vieil ermitage près duquel se dressent aujourd'hui les sombres bâtiments d'un petit séminaire. Rien n'égale la beauté de ce dédale tracé si capricieusement par la nature, et si remarquable par la variété et le contraste des sites merveilleux qu'il révèle à chaque pas. Ici, un bois touffu dont les rameaux inclinés baignent leur opulente chevelure dans les eaux limpides de la rivière ; là des roches sauvages, à l'aspect grandiose et sévère, forment une barrière sans fin, surplombant de leur masse gigantesque la route étroite qu'ils abritent. Au milieu de cette gorge enfin, le Dessoubre, tantôt ruisseau paisible, tantôt torrent impétueux, laisse couler ses eaux rapides et tapageuses à travers les innombrables blocs de mousse semés sur son lit. Sa source, qui jaillit au pied d'une roche imposante, alimente de nombreuses et magnifiques cascades ; et ce n'est qu'après un parcours de trente-cinq kilomètres que cette gracieuse petite rivière descend se jeter dans le Doubs, à l'entrée de Saint-Hippolyte. — Remonter le cours du Dessoubre depuis son embouchure jusqu'à sa source est une des promenades les plus agréables qu'on puisse faire dans ce coin si accidenté de la Comté.

LES GROTTES D'OSSELLE.

— Les Grottes d'Osselle, situées sur le territoire de la commune de Rozet-Fluans, près de Byans, et sur la ligne ferrée de Besançon à Mouchard, sont formées par une série de salles ou vastes chambres rocailleuses, de hauteur et de dimensions différentes. De nombreuses stalactites et stalagmites descendent des voûtes ou s'élancent du sol, offrant un coup d'œil des plus fantastiques et des plus bizarres. Ici, remarquons le buste de *Louis-Philippe*, le *Panthéon* ; là, le *capucin*, le *clocher de Sens;* plus loin, la *colonne Vendôme*, etc...

La longueur de ces grottes est de plus d'un kilomètre. Une crevasse pratiquée dans leur milieu laisse percevoir le bruit d'un cours d'eau qui va, non loin de l'entrée, se jeter dans le Doubs. — Pour faire cette promenade, descendre à la gare de Byans, distante des grottes de quatre kilomètres : six heures sont suffisantes.

LA GLACIÈRE. — Au milieu des bois qui l'environnent de toutes parts, située sur la commune de Chaux-lès-Passavant, à vingt-cinq kilomètres de Besançon, cette immense grotte naturelle présente une ouverture, tournée au nord-est, dont la forme, un hémicycle, ne mesure pas moins de seize mètres de diamètre. La Glacière, creusée dans le roc calcaire vif, est formée par plusieurs couches de roches superposées dans le sens horizontal et reposant sur deux parois verticales. La hauteur du rocher qui forme l'entrée est de trente-trois mètres au-dessus du sol incliné qui descend vers le fond de la grotte ; cette distance de la paroi supérieure qui sert de voûte reste sensiblement la même avec le sol en pente, c'est-à-dire que la voûte s'abaisse régulièrement en suivant l'inclinaison du sol.

Un chemin tortueux se déroule sur une longueur de cent trente-cinq mètres pour pénétrer jusqu'au cœur de la montagne, et conduit au fond de ce gouffre qui n'a pas moins de soixante-quinze mètres de profondeur. La surface du fond, à peu près plane, a des proportions plus vastes que celles de l'ouverture : elle a la forme d'un triangle ouvert à sa base et dont les côtés mesurent environ chacun cinquante mètres. Le sol, formé d'un lit d'argile jaunâtre, est recouvert de pierres : sur le plan incliné qui descend de l'ouverture, nombre de plantes printanières, en raison du froid qui y règne, ne fleurissent qu'à l'automne.

C'est dans cette caverne que se dressent de superbes pyramides de glace, affectant des formes bizarres, et semblables à de blanches statues d'albâtre, aux attitudes diverses et étranges. La disposition de cette glacière est telle que, même pendant les plus grandes chaleurs de l'été, les blocs de glace conservent leurs proportions colossales. Dès que l'automne apparaît, ces statues mobiles voient leur volume se modifier insensiblement, pour augmenter peu à peu ou décroître graduellement, selon l'abondance des pluies et la rigueur des premiers souffles de l'hiver.

A l'entrée de la grotte, quelques fragments de mur rappellent une habitation ancienne construite par les villageois du pays, et qui leur servit de refuge pendant les guerres franco-suédoises qui décimèrent la Franche-Comté de 1636 à 1643.

Au siècle dernier, les massifs de glace étaient plus considérables qu'à l'époque actuelle. C'est ainsi qu'en 1727 le duc de Lévis fit enlever trois pyramides hautes de cinq à sept mètres : de nouveaux blocs se reformèrent qui, en 1743, atteignaient déjà deux à trois mètres de hauteur. Aujourd'hui, le déboisement partiel des abords de la grotte et une exploitation trop intéressée et peu prévoyante ont amené la diminution des *montagnes de glace* dont parlent les historiens comtois : toutefois les massifs variés et décoratifs qui, même au cœur de l'été, ornent encore cette caverne, sont bien de nature à justifier amplement l'admiration des visiteurs.

On peut se rendre à la Glacière par deux voies différentes : soit par la route de Besançon à Maîche, en sortant par la Porte Taillée ; soit par le chemin de fer, en prenant la ligne de Belfort, jusqu'à la gare de Laissey. Dans l'un et l'autre cas, une grande journée est nécessaire pour faire cette excursion.

LE SAUT DU DOUBS. — Au milieu de verts pâturages et de sombres forêts de sapins, est assis, sur le versant d'un coteau, le coquet village des *Brenets*, distant de trois kilomètres de la gare du Col-des-Roches, sur la ligne de Besançon au Locle, et presque à cheval sur la frontière suisse. A cet endroit, le paysage qui rappelle certains coins des Alpes est vraiment imposant et magnifique.

Non loin des Brenets et au bas de la colline, devant le hameau des *Bassots*, s'étend le lac des Brenets ou de *Chaillexon*, aux eaux verdâtres et tranquilles, formé par le Doubs, qui s'écoule ensuite à travers une suite de bassins d'une longueur de quatre kilomètres et de cinq cents mètres de large, au milieu d'énormes rochers à pic couronnés de verdure et formant successivement plusieurs cirques d'inégales grandeurs. A l'extrémité des bassins, que l'on traverse en barque, s'élèvent deux hôtels : l'un suisse, à droite, et l'autre français, à gauche. Franchissons un demi-kilomètre sur la rive française, et du haut de ce mamelon abrupt qui se dresse devant nous, nous allons apercevoir le Saut-du-Doubs.

Cette splendide cascade d'une hauteur de vingt-huit mètres, « le *Niagara Franc-Comtois*, » a dit Francis Wey, lance ses eaux écumantes au sein d'un gouffre hérissé de pics rocailleux couverts de mousse, et entouré de murailles rocheuses de deux cents mètres de hauteur. Un bruit solennel, amplifié par l'écho de la montagne, sort du fond de cet abîme effrayant : les eaux rebondissent menaçantes et tumultueuses, et semblables à des nuées vaporeuses, remontent transformées en épais brouillards pour se reposer sur chaque rive. Si le soleil décline à l'horizon, les nuances variées de mille arcs-en-ciel se mêlent au scintillement des vapeurs humides, et le miroitement cristallin de cette rosée aux vives couleurs accuse encore davantage la noirceur des roches sur lesquelles elles se déposent, comme autant de perles étincelantes sur le velours ondulé d'un immense tapis noir..... Rien ne peut rendre la majesté d'un tel spectacle si imposant, devant lequel on se sent involontairement saisi d'un double sentiment d'admiration et de terreur.

Après sa chute, le Doubs continue sa course au fond d'une vallée profonde et resserrée, à travers des sites sauvages et déserts : un peu plus loin, il rencontre le *Châtelard*, montagne de 890 mètres d'altitude, qui l'oblige à détourner son cours. Là, ses eaux redeviennent calmes et presque silencieuses : elles forment à *Maisons-Monsieur* un lac profond et paisible, puis de là s'en vont, dans une vallée nouvelle, faire mouvoir les bruyantes scieries et les nombreux moulins construits sur ses bords.

Pour visiter le *Saut du Doubs*, une journée est nécessaire depuis Besançon. La gare de Villers-le-Lac est le point le plus rapproché du but de l'excursion : de cette gare, le voyageur descend en quelques minutes au hameau des *Pargots*, où commencent les *Bassins du Doubs*. Un bateau à vapeur le transportera jusqu'à la chute, à moins qu'il préfère descendre lentement les bassins sur une barque conduite par un guide qui lui fera remarquer la fameuse *grotte de Toffière*, avec son écho sept fois répété.

LES SOURCES D'ARCIER. — A dix kilomètres de Besançon, tapi sous les montagnes qui l'abritent et enfoui sous de frais ombrages, se trouve le petit village d'Arcier : là sont les sources qui déjà à l'époque romaine alimentaient la ville de Vesontio. Une superbe cascade formée par le trop plein du réservoir intérieur de captage déverse des eaux claires et limpides dans une suite de bassins naturels, d'où elles s'écoulent ensuite à travers les roches moussues détachées des flancs de la montagne.

Sur la droite du chemin de Besançon à Arcier, sur la rive gauche du Doubs, s'élèvent les ruines du vieux château de Montfaucon (altitude 505 mètres) dont l'origine remonte au VII° siècle, et qui fut pris et détruit par Louis XI, en 1477. — Après la guerre franco-allemande, un fort important, dominant les ruines (altitude 611 mètres) a été construit sur la crête de la montagne et à proximité du fort de Fontain et de la batterie Rolland.

LES RUINES DE MONTFAUCON

Chatel enseveli sous un réseau de lierre,
Comme un suzerain mort roulé dans son suaire,
Qui donc t'a mis si bas, manoir des Montfaucon ?...
C'est le Temps, ce faucheur devant qui tout succombe,
C'est lui qui lentement t'a couché dans la tombe ;
Il ne t'a rien laissé que l'écho de ton nom !

Sous ses pieds, comme un verre, il a broyé les dalles ;
Il a tranché la tête à tes tours féodales ;
Tes fossés si profonds, sa main les a comblés.
Dans ces cours, où joutaient des chevaliers superbes,
Tes hauts murs à créneaux sont perdus sous les herbes ;
La chèvre broute en paix sur tes ponts écroulés.

Quand, aux feux du matin, tu regardes ta face
Dans le miroir du Doubs dont le cristal t'enlace,
Quand tu vois dans ses flots ton front découronné,
Géant, tu te revêts d'une tristesse immense,
Et tu sembles honteux de ton morne silence,
Comme un roi que sa cour aurait abandonné.

Dors, dors ta longue nuit dans ton manteau de gloire !
Car tu vivras assez aux pages de l'histoire ;
Enivre ton sommeil du vin du souvenir !
Regarde avec pitié le présent qui nous pousse ;
Nos palais valent-ils tes murs couverts de mousse !
Et devant ton passé que dit notre avenir ?....

Manoir des Montfaucon, fier de ta noble histoire,
Dors, dors ta longue nuit dans ton manteau de gloire,
Enivre ton sommeil du vin du souvenir !
En vain le temps, jouteur devant qui tout succombe,
Comme un suzerain mort t'a couché dans la tombe....
Le passé pour ton nom a conquis l'avenir.

A. DEMESMAY. (Tradition populaire de Franche-Comté).

LA SOURCE DU LISON. — Nans-sous-Sainte-Anne, ou mieux Sainte-Agnès, est un village situé sur la petite rivière du Lison, à une heure et demie de Salins, sur la frontière du Jura. Assis au pied du Montmahou, montagne qui se dresse en forme de pic, ce coin paisible et pittoresque est encadré par un bassin circulaire auquel on arrive par une route tortueuse qui se déroule contre les flancs du mont Poupet, après avoir contourné Alaise, avec ses tombes gauloises, Alaise dans laquelle certains archéologues ont cru ou croient encore reconnaître l'ancienne *Alésia* de César. En face, une roche imposante conserve les traces du vieux château de Sainte-Agnès, célèbre par la résistance héroïque qu'il opposa aux armées de Louis XIV en 1674.

Entre les deux sommets de Montmahou et de Sainte-Agnès, deux étages de roches superposées s'élèvent comme une barrière infranchissable et ferment le fond de la vallée ; à l'étage inférieur, et dans le cœur même de ces roches incomparables, s'ouvrent deux immenses cavernes, creusées par la nature et ciselées par le temps ; ici, la *Source du Lison*, d'abord simple filet d'eau, puis torrent impétueux ; là, la *Grotte Sarrazine*, avec son superbe portail couronné de forêts.

La roche qui abrite la *Source du Lison* est supportée par un pilier excavé, nommé la *Chaire à prêcher*, du pied duquel la vue peut embrasser le vaste réservoir, au reflet noirâtre et à l'aspect sinistre, où le Lison accumule ses eaux tranquilles avant de les jeter, par une magnifique cascade de 13 mètres, au milieu des blocs verdâtres qui leur font obstacle, les divisent et les transforment en gerbes écumantes qui jaillissent de tous côtés pour retomber en innombrables cascatelles.

La *Grotte Sarrazine*, adossée au rocher de Sainte-Agnès, et qui semble une énorme entaille pratiquée dans les flancs de ce géant de pierre, laisse échapper un mince ruisseau, le *Bief Sarrazin*, qui après avoir baigné les ruines de l'abbaye de Migette, fondée en 1321, par Hugues de Chalon, pour les filles nobles de la Comté, va se perdre dans le *Creux-Billard*, immense entonnoir naturel qui n'a pas moins de 300 mètres de profondeur et 100 mètres de large. En remontant le cours du ruisseau, on rencontre le *Pont-du-Diable*, jeté hardiment à une hauteur de 100 mètres, sur deux crêtes ardues, et surplombant une gorge étroite et sauvage au fond de laquelle le ruisseau de Migette s'enfuit en murmurant.

Le *Bief-Verneau*, qui va grossir le Lison, prend sa source au Montmahou, sur le sommet duquel se dressait autrefois le château de Montrichard. On voit encore, à Nans, un vieux manoir du XVIᵉ siècle, avec ses tourelles, propriété du marquis de Monnier : il rappelle le souvenir des amours de Mirabeau avec la marquise.

Pour visiter la source du Lison, on se rend, par le chemin de fer de Besançon à Mouchard, jusqu'à Salins. Une journée suffit pour cette promenade, à moins que le touriste ne s'arrête à Salins, pour visiter cette ville et ses environs : dans ce cas, deux jours entiers sont nécessaires.

Notons encore, dans un ordre secondaire, les quelques excursions suivantes, toutes ravissantes et d'un grand intérêt :

BEURE et le **BOUT DU MONDE.** — Le village de Beure, justement appelé « une corbeille de fruits », est situé à 5 kilomètres de Besançon, au pied des roches gigantesques qui descendent du château d'Arguel. Entre deux crêtes de rochers à pic, couronnées de bouquets d'arbres dont les rameaux s'inclinent capricieusement le long de deux parois polies par le suintement des eaux, se trouve le *Bout du Monde* : là se voit une jolie cascade de 38 mètres formée par le petit ruisseau de Mercureau qui descend du sommet de la montagne, non loin de la Chapelle des Buis.

A droite de la cascade, au-dessous d'un four à chaux hardiment construit sur le bord de la roche qui forme le fond de cette gorge infranchissable, une chute d'eau jaillit d'une hauteur de 10 mètres : elle rejoint le Mercureau qu'elle avait quitté pour faire mouvoir le moulin à plâtre situé sur le sommet.

En face de Beure, s'élèvent les ruines du vieux château-fort d'Arguel construit au XIe siècle et démoli par Condé, lors de la première conquête de la Franche-Comté. Du haut de la montagne une vue magnifique se déroule sur Besançon et la vallée du Doubs, sur la vallée de l'Ognon, et du côté de la Saône. En montant jusqu'au village de Larnod, le panorama se développe encore et s'étend jusqu'à la vallée de la Loue et à celle du Lison, près de Salins, dans le Jura.

CLÉRON, beau village de la vallée de la Loue. On y admire un magnifique château du moyen-âge, non loin de l'Ermitage de Notre-Dame-du-Chêne. En une seule journée on peut par une combinaison successive de petits voyages en wagon, en voiture et à pied, visiter ces deux endroits, puis Ornans et la source de la Loue, et rentrer à Besançon d'où nous supposons qu'on est parti.

LE FORT DE LA DAME BLANCHE a été construit, après la guerre de 1870, sur un des sommets de la forêt de Chailluz. Un magnifique et double panorama embrasse, du côté du Nord, la pittoresque vallée du Doubs ; du côté du Sud, la riante vallée de l'Ognon. Près du fort de la Dame Blanche, s'élève le vieux château de Châtillon, célèbre par le rôle important qu'il joua pendant la guerre, lors de la bataille livrée par le général Cambriels à l'armée de Werder, sur le pont de Cussey, le 22 octobre 1870.

LA CHAPELLE DES BUIS, derrière le plateau de la citadelle, à 493 mètres d'altitude, est un petit édifice gothique élevé sur la montagne des *Buis*. De ce plateau on aperçoit, dans un vaste périmètre, Besançon avec ses forts, la vallée de l'Ognon, et la vallée du Doubs.

QUINGEY est une belle petite ville de 950 habitants, assise sur la rive droite de la Loue. C'est là que naquit le pape Calixte II. On admire dans l'église de fort belles toiles dues à l'habile pinceau d'un enfant du pays, M. Giacomotti (1er prix de Rome), directeur de l'Ecole des Beaux-Arts de Besançon. On voit encore quelques ruines des anciennes murailles de la ville flanquées de plusieurs tours... Non loin de là, se trouve l'ancien château de Jouffroy, berceau de la famille des Jouffroy d'Abbans, descendants de Claude de Jouffroy, le célèbre inventeur des bateaux à vapeur, dont la souche date de 1134. — De cette hauteur, la vallée du Doubs et la vallée de la Loue offrent un panorama accidenté d'une séduisante harmonie.

Nous sommes arrivés, Chers Lecteurs, à l'objet principal de notre travail, et nous touchons au but que nous nous étions préalablement proposé. Vous connaissez, en effet, sommairement tout ce que ce beau département du Doubs renferme de curieux et d'intéressant au point de vue naturel. Jetons un coup d'œil maintenant sur son industrie : passons en revue ses principales usines, visitons ses puissantes manufactures, étudions-en les origines, le développement, et le fonctionnement. Cet examen terminé, vous reconnaîtrez avec nous que la Franche-Comté occupe un rang honorable parmi les provinces industrielles de la France, et qu'elle contribue pour une large part à maintenir la vieille réputation des produits français.

INDUSTRIE

———————— ✳ ————————

Les vastes forêts qui recouvrent le territoire du Doubs occupent une superficie de 136,614 hectares : elles sont remarquables par la variété des essences qu'elles renferment et la puissance de leur production. Aussi ont-elles amené l'établissement de nombreuses scieries qui, toutes, mettent à profit les cours d'eau sur lesquels elles sont assises : Pontarlier, Morteau, Saint-Hippolyte comptent quantité de ces usines, sans oublier celles qui sont échelonnées sur le ravissant cours du Dessoubre, en remontant la gorge sinueuse qui mène à sa source, à Consolation. Toutes fournissent des volumes importants d'excellents bois que l'industrie emploie pour différents usages.

Le chêne et le hêtre principalement sont l'objet d'un commerce très actif, en raison de leur utilisation toujours croissante sur les chemins de fer, soit pour la pose des rails, soit pour la construction des wagons. Le chêne comtois, si réputé, croît à une altitude comprise entre 200 et 600 mètres, qui forme la première zone de division des montagnes : il représente près des six dixièmes des forêts de la Comté. Très apprécié par la menuiserie du bâtiment et par la tonnellerie, il trouve un grand écoulement dans la fabrication de la futaille, depuis les confins de la Basse-Bourgogne jusqu'aux vignobles du Roussillon. Plusieurs scieries, à Besançon, débitent spécialement le chêne, notamment celle de M. Dubourg, à Casamène, sur le Doubs, où l'on prépare les lames de parquets par l'ancien procédé de dessication à l'air libre. Contrairement aux autres essences, le hêtre se développe à toutes les hauteurs et dans tous les climats : on le rencontre à peu près sur toutes les montagnes de Franche-Comté.

A côté du chêne et du hêtre, on trouve encore, dans les forêts du Doubs, l'orme, le frêne, le tilleul, l'érable, le tremble, le bouleau, le pommier, le poirier, et un grand nombre d'essences inférieures, telles que le houx, le buis, le cornouiller, le groseiller, etc. . . . .

Les Usines de Novillars, sur la ligne de Besançon à Belfort, et celles de Torpes, sur la voie ferrée de Besançon à Lons-le-Saunier, tirent des forêts qui les environnent des masses de bois d'essences diverses pour la fabrication de la pâte à papier dont la consommation augmente de plus en plus, suivant fatalement la marche fiévreuse et toujours ascendante du progrès moderne, dont les besoins deviennent plus impérieux chaque jour, tant dans l'ordre intellectuel que dans l'ordre industriel et commercial.

L'abondance et la bonne qualité des écorces recueillies dans les forêts ont provoqué l'installation de tanneries plus particulièrement répandues dans l'arrondissement de Montbéliard ; plusieurs ont spécialisé la préparation des cuirs forts, bien appréciés dans le commerce, notamment la tannerie de Mme Veuve Briot, à Saint-Hippolyte.

La filature et le tissage tiennent une place notable dans le département et occupent de nombreux ouvriers. Les usines de MM. Sahler, Courant, et Cie ; Berger, Sahler, et Cie ; Bourquard et Cie, à Montbéliard ; de M. Léon Sahler, et de MM. Japy, à Audincourt ; de MM. Méquillet, Noblot et Cie, à Colombier-Fontaine et à Héricourt ; et de MM. Geistodt, Kiéner et Cie, à Vieux-Charmont, représentent ensemble un personnel de plus de seize cents ouvriers.

Depuis la guerre de 1870, un industriel alsacien, M. Baltzinger, a transféré à Montbéliard son établissement de tissage mécanique, précédemment établi en Alsace, et qui abrite aujourd'hui près de 150 ouvriers.

A Besançon, une fabrique de bonneterie à la mécanique emploie, tant au dehors que dans ses ateliers des Chaprais, près de 300 personnes. A Casamène, faubourg de Besançon, une nouvelle usine vient de se créer pour la fabrication des lacets et des tissus élastiques pour vêtements et chaussures : sa position exceptionnelle et ses moyens de fabrication perfectionnés lui assurent un grand développement.

Au siècle dernier, la production du papier occupait bon nombre de petits fabricants disséminés sur le territoire de la Franche-Comté : mais leurs établissements étaient d'une importance bien secondaire. Ce n'est guère que depuis un demi-siècle que la papeterie a réellement pris son essor dans la Comté, et dans le Doubs principalement. La maison Chalandre, fondée à Geneuille, près de Besançon, en 1834, résumait à cette époque les derniers perfectionnements apportés dans un outillage déjà remarquable. Depuis lors, les usines de Savoyeux et de Seveux sur la Saône, de Deluz sur le Doubs, de Geneuille et de Chevroz sur l'Ognon, ont ajouté à la fabrication du papier ordinaire celle du papier de luxe, et ont augmenté ainsi, d'une façon notable, le chiffre initial de la production.

A Mandeure, l'Epomanduodurum si connu des archéologues, non loin de Montbéliard, existait autrefois un moulin seigneurial qui appartenait aux archevêques de Besançon : une société, établie à Bâle, en Suisse, fit l'acquisition de ces immeubles. Leur situation sur le Doubs, à proximité de riches forêts qui leur fournissaient le bois nécessaire, leur assurait une force hydraulique de 500 chevaux, qu'on utilisa à la préparation mécanique de la pâte de bois. Depuis quelques années, la papeterie de Mandeure y a joint la fabrication du papier, et aujourd'hui 180 ouvriers permettent de livrer une moyenne de 8,000 kilogr. de papier par jour.

Deux établissements nouveaux dans cette branche industrielle ont été créés depuis quelques années : l'un aux Prés-de-Vaux, sur le Doubs, en face de la vieille citadelle de Besançon ; l'autre à Torpes, sur le Doubs également, à 12 kilomètres de cette ville. L'un et l'autre, pourvus de puissantes machines et d'une installation irréprochable sont incontestablement, comme celles de la maison Chalandre, des usines modèles : nous en donnons plus loin la description.

Besançon possède deux moulins actionnés par les eaux du Doubs. L'un, au faubourg Tarragnoz est presque adossé aux flancs abrupts de la citadelle : ses farines s'écoulent dans le commerce. L'autre, connu sous le nom de Moulin Saint-Paul, est construit devant le rempart du même nom, vis-à-vis la promenade Micaud : il n'est séparé de celle-ci que par le cours du Doubs, qui forme en cet endroit une immense nappe d'eau où se reflètent les murs bleutés de la citadelle et la silhouette élancée de la cathédrale Saint-Jean. Son rôle est spécialement affecté à l'alimentation de la troupe.

Citons aussi les anciens moulins d'Avanne, village pittoresquement assis sur un contour du Doubs, à 6 kilomètres de Besançon : leur renommée bien établie leur facilite l'exportation dans un rayon assez étendu de la contrée.

Sur le territoire de Montbéliard, à Voujaucourt, à Nommay, à Belchamp, trois moulins actionnés par la force hydraulique et par la vapeur possèdent un mécanisme établi suivant les données des progrès les plus modernes.

La Brasserie, dans le Doubs, comprend plusieurs établissements parfaitement aménagés. A Besançon et à Morteau, deux anciennes maisons fournissent des bières justement appréciées. Mais, dans l'arrondissement de Montbéliard, deux brasseries tiennent le premier rang, tant par l'excellence de leurs produits, que par la perfection de leurs appareils exécutés suivant toutes les règles de l'art industriel connues de nos jours : nous voulons parler des brasseries Louis Arlen, à Montbéliard, et Edouard Yenné, à Sochaux. Nous consacrons à chacune d'elles un chapitre dans cet ouvrage.

La Distillerie s'exerce particulièrement à la préparation de deux liqueurs spéciales à la Franche-Comté : le kirsch et l'absinthe.

La vallée de la Loue, avec ses montagnes couvertes de plantes aux arômes fins et pénétrants, avec ses nombreux cerisiers d'une espèce particulière, a donné naissance à plusieurs établissements dont la spécialité est la fabrication du kirsch. Les kirschs de Mouthier, de Vuillafans, d'Ornans, sont trop connus et appréciés aujourd'hui des gourmets les plus raffinés et des palais les plus délicats, pour que nous tentions encore de grandir leur réputation.

L'Absinthe, qui croît en abondance sur les hauts plateaux du Doubs et dans les environs de Pontarlier, a centralisé dans cette ville la distillation de cette liqueur maintenant si répandue, et qui en dépit, ou plutôt en raison de son parfum et de sa finesse, compte encore à son actif un si grand nombre de détracteurs. Sur ce terrain, Pontarlier tient incontestablement le premier rang, et son absinthe est consommée dans le monde entier. Certaines distilleries possèdent de puissants appareils dont la production peut s'élever jusqu'à 200 hectolitres par jour. La liqueur verte, préparée et dosée d'après les procédés anciens en usage dans le pays, s'expédie au loin, non-seulement en France, mais aux colonies, et dans les cinq parties du monde.

Sur toute l'étendue de son territoire, le Département du Doubs possède de nombreuses tuileries, en général d'ordre secondaire. Les terres, propices à leur alimentation, abondent dans maints endroits et fournissent des produits sinon supérieurs du moins très recommandables. Quelques-unes de ces fabriques ont, depuis quelques années, pris une plus grande extension et perfectionné leur ancien outillage, notamment la Tuilerie des Chaprais, à Besançon, exploitée par une Société constituée par actions, et dont le travail se fait entièrement à la mécanique : celle de Saint-Vit est en voie de recouvrer son ancien renom.

Aux faubourgs de Casamène et de Rivotte, une faïencerie de marque construit des poêles et des carreaux en faïence pour revêtement, dont les modèles et les dimensions lui ont acquis une réputation très étendue.

La situation exceptionnelle de la Comté pour le travail du fer fit naître dans le pays un grand nombre de forges qui, au début, étaient généralement la propriété des seigneurs. L'abondance des minerais et des bois nécessaires à ce genre d'industrie facilita singulièrement le développement des hauts-fourneaux sur son territoire.

Les forges actuelles qui ont conservé l'ancien mode de fusion au feu de bois voient leurs articles recherchés et toujours préférés à ceux qui sont obtenus au feu de houille.

A Audincourt, près de Montbéliard, les forges très anciennes créées au XVIe siècle par les princes de ce pays, ont groupé peu à peu autour d'elles de nombreuses usines pour le travail du cuivre, du fer, de l'acier, parmi lesquelles quelques-unes ont aujourd'hui une importance considérable.

La Société anonyme des Forges d'Audincourt, fondée en 1824, possède à Valay (Hte-Saône) deux hauts-fourneaux, et à Clerval un haut-fourneau et une fonderie : ses fers au bois sont recherchés. Audincourt, avec ses dépendances de Pont-de-Roide et de Bourguignon, toutes trois situées sur le Doubs dont elles utilisent la force motrice, occupent cinq cents ouvriers : elles puisent dans les forêts qu'elles possèdent la plus grande partie de leur consommation en charbon de bois.

Nous donnons plus loin une description spéciale de ces établissements métallurgiques, qui n'ont d'égaux dans la Comté que ceux de la *Société anonyme des Forges de Franche-Comté*, dont la principale usine de Fraisans et plusieurs dépendances sont établies dans le Jura.

A l'Isle-sur-le-Doubs, les forges et la tréfilerie de MM. Japy, de Beaucourt (Haut-Rhin), possèdent diverses machines pour la fabrication des boulons de chemin de fer : une seule, entre autres, façonne plus de 30,000 pièces par jour.

Valentigney, à trois kilomètres d'Audincourt, est une colonie absolument industrielle. Les ateliers de MM. les Fils de Peugeot frères, avec leurs succursales de Beaulieu, à un kilomètre de Valentigney, et de Terreblanche, dans la vallée d'Hérimoncourt, comptent plus de deux mille ouvriers occupés à la fabrication des articles de quincaillerie. Les établissements actuels, fondés en 1810, comprennent onze turbines et dix machines à vapeur, représentant une force de 2,280 chevaux. Chaque année 4,000 tonnes de fer et d'acier sont transformées en outils les plus divers : concasseurs, fourches, rateaux, moulins à café et à poivre, tondeuses, scies, ressorts, etc...

Les usines de Beaulieu ont créé une organisation spéciale pour la construction des vélocipèdes et des voitures à vapeur au pétrole. D'excellents résultats ont été obtenus dans la disposition de ce dernier genre de véhicules, dont l'emploi tend à se propager tous les jours.

A Pont-de-Roide, village populeux sur la voie ferrée de Voujaucourt à Saint-Hippolyte, les ateliers de MM. Peugeot aîné et Cie livrent au commerce les aciers laminés pour ressorts, les scies de toutes sortes, les outils pour charpentiers, menuisiers, maçons, serruriers, etc..., les limes et les branches de parasols.

Caché dans un des plis si pittoresques des montagnes du Doubs, et coquettement assis au confluent du Doubs et du Dessoubre, le joli village de Saint-Hippolyte possède des forges et des visseries qui occupent deux cents ouvriers à la production des fils de fer et d'acier, des pointes et des vis.

Voujaucourt offre deux groupes dignes de remarque. Ici, au bas du fort Montbard, construit après la guerre de 1870, sur la rive droite de la petite rivière de l'Allan qui descend en replis sinueux la vallée au-dessus de laquelle se dessine vaguement la silhouette de Montbéliard, se dresse l'usine de *La Roche,* une des succursales de la maison Japy, de Beaucourt, où près de huit cents ouvriers travaillent à la fabrication des objets en tôle émaillée et en fer battu. Là, sur la rive gauche de l'Allan, la forge importante de M. Scellier, dont le groupe noirâtre des bâtiments, réunis aux ateliers où se construisent les objets en fonte émaillée, comprend près de deux cents ouvriers.

Le Doubs et l'Allan baignent tous deux Voujaucourt. Au sortir du village, l'Allan décrit une courbe capricieuse et va jeter ses eaux bruyantes dans le cours tranquille du Doubs, à quelques cents mètres à peine du pont qui le traverse en face des usines de la Roche.

La Tréfilerie de MM. Goguel et Cie, à Montbéliard, façonne des fils de fer, de cuivre, et d'acier, par des procédés perfectionnés qui donnent à leurs produits une solidité à toute épreuve. Nous consacrons plus loin une notice spéciale à cette usine qui présente un si haut intérêt, surtout par la variété et le chiffre de sa production.

A deux kilomètres de Montbéliard, le petit village de Sainte-Suzanne a monopolisé une industrie particulière qui a groupé autour d'elle des familles entières d'ouvriers. La fabrique de boîtes à musique, fondée par M. Auguste L'Epée, en 1839, n'occupait au début que quelques habitants du pays. Sous l'habile impulsion de son fondateur, cette création ne tarda pas à prendre un essor considérable. Aujourd'hui, la maison, unique en France, dirigée par les fils et le gendre de M. L'Epée, fournit un travail régulier à la presque totalité des habitants de l'endroit, et ses produits, véritables prodiges de goût et d'harmonie, sont recherchés au loin, même à l'étranger et dans toutes les parties du monde.

« On le voit, l'arrondissement de Montbéliard occupe, dans le domaine spécial de la métallurgie, une place considérable. Il s'est formé dans ce coin de terre de véritables familles industrielles, où le travail reste constamment en honneur, où le goût et l'amour du progrès semblent croître à chaque génération nouvelle. Ces familles, non contentes de conserver l'ancienne industrie du pays, l'ont développée sans cesse par la création de nouveaux ateliers. Elles ont su allier au soin de leurs intérêts le juste souci du bien-être et de la moralité de leurs ouvriers, et ont fondé dans ce but des institutions dont l'étude serait aussi intéressante que celles des industries elles-mêmes.

Grâce à cet ensemble de persévérants efforts, la ruche industrielle est là-bas en pleine activité et en constant essor, dans des conditions d'harmonie et de bien-être que l'on ne saurait trop citer en exemple. » (1)

Laissey et Douvot, sur la ligne de Belfort à Besançon, comprennent trois manufactures d'outils où près de 200 ouvriers trouvent un travail assuré et ininterrompu, et dont les modèles ont un écoulement facile dans l'industrie.

Une ancienne fabrique de pompes de Besançon, qui depuis quelques années a su apporter une notable transformation dans le matériel de secours contre l'incendie, a installé à *La Butte*, aux portes de la Ville, une fonderie de cuivre qui alimente ses ateliers de toutes les pièces coulées nécessaires à la construction de ses appareils, et dont le personnel s'élève à plus de cent ouvriers.

Au faubourg de Tarragnoz, presque en face du tunnel qui traverse l'immense rocher de la citadelle, et qui depuis quelques années est ouvert à la navigation, des ateliers de construction mécanique, sous la direction de MM. Douge frères, prennent un développement chaque jour croissant, et se font remarquer par la précision et le bien fini de leurs travaux.

Morteau enfin, centre de fabrication horlogère, dont nous parlons plus loin, possède une très ancienne fonderie, bien connue dans une grande partie de la France, et qui utilise encore aujourd'hui 30 000 kilogr. de bronze pour la fabrication des cloches de toutes dimensions, soit pour les églises, soit pour les nombreux troupeaux qui pâturent en plein air sur les plateaux élevés des montagnes.

Dans la vallée de la Loue, si verdoyante et si accidentée, plusieurs établissements métallurgiques se sont installés sur le cours de cette petite rivière qui bientôt, grâce à l'initiative d'un habile ingénieur, répandra à profusion des flots de lumière électrique dans les nombreux villages semés çà et là, à travers ce gracieux vallon qu'a immortalisé un fameux peintre réaliste et qu'ont chanté plusieurs poètes comtois. Ornans, le berceau de Courbet, petite ville de 3,000 âmes, avec son vieux castel et son bel hôpital, possède une fonderie et des clouteries déjà anciennes, où de nombreux ouvriers puisent leurs moyens d'existence. A Vuillafans, en remontant le cours tapageur de la Loue, une société industrielle exploite une clouterie et une fabrique de pompes, une scierie et une tréfilerie ; ces usines, actionnées par une force hydraulique de 250 chevaux, comptent plus de 200 ouvriers. Plus haut encore, entre Vuillafans et Mouthier, à Lods, se trouvent de vastes bâtiments occupés par une tréfilerie, une clouterie et une pointerie : ce groupe forme une des succursales les plus actives de la Société des Forges de Franche-Comté.

Le Département du Doubs comprend actuellement trois salines à peu près groupées sur un même point de son territoire. Quoique de création beaucoup plus récente que celles du Jura, elles livrent à la consommation une quantité de sel, qui peut être évaluée à environ 300,000 quintaux par an, mais qui est sujette à de nombreuses variations, suivant les années plus ou moins favorables à la production des sels de mer. Les trois salines du Doubs sont celles de *Miserey*, de *Châtillon-le-Duc*, et de *Montferrand*.

Le banc de sel exploité par la Société des Salines de Miserey, près de Besançon, a été découvert en 1867 par M. Delacroix, alors architecte de la ville : l'exploitation en fût commencée en 1874. En 1892, une canalisation d'une longueur de sept kilomètres fût disposée pour amener les eaux salées jusqu'à Besançon dans l'établissement des Bains de la Mouillère qui venait d'être fondé. Depuis 1875, la Société des Salines et Mines de sel gemme de Châtillon-le-Duc exploite les salines de Châtillon, situées à quelques kilomètres de la ville, et qui ne sont que la prolongation du banc de sel de Miserey.

Des sondages pratiqués à Pouilley-les-Vignes et à Serres, à côté de Miserey, ont amené la découverte de nouveaux bancs de sel. Un canal de douze kilomètres amène les eaux salées jusqu'à Montferrand, où la Société des Sels de Besançon vient de créer une saline dans les bâtiments autrefois occupés par la *Verrerie de Montferrand*. Une soudière récemment installée, et très avantageusement placée sur le Doubs qui lui fournit une force motrice de 250 chevaux, est appelée à prendre une certaine extension.

Les Salines du Doubs font partie du syndicat des salines de Franche-Comté, dont le comptoir est à Gouhenans, et qui seul est chargé de la vente de leurs produits. Dans cette dernière localité, une fabrique de produits chimiques est en pleine activité et puise dans les salines presque tous les éléments nécessaires à son exploitation.

(1) L'industrie en Franche-Comté, par M. Henri Mairot.

L'HORLOGERIE

EN

FRANCHE-COMTÉ

Il y a cent ans, l'Industrie horlogère faisait son entrée en Franche-Comté. Le 21 août 1793, un horloger genevois, d'origine française, Laurent Mégevand, homme d'une énergie rare et d'idées avancées, arrivait à Besançon avec quatre-vingts Suisses, parmi lesquels Trott, qui devint son ami et son associé, et qui partagea aussi sa mauvaise fortune. Mégevand, que les nécessités de sa profession obligeaient à de fréquents voyages à Paris, avait su se créer des relations intimes avec quelques personnages influents que leur situation personnelle accréditait auprès du gouvernement. Après des démarches incessantes et maintes fois réitérées auprès de certains membres de l'Assemblée Constituante, celle-ci autorisait l'établissement en France des ouvriers neufchâtelois que des troubles politiques venaient de chasser de la Suisse : enfin, le 21 brumaire de l'an II de la République, deux représentants du peuple, Bassal et Bernard de Saintes, délégués de la Convention, prenaient un arrêté autorisant la création à Besançon d'une fabrique d'horlogerie.

De nombreuses familles Suisses émigrèrent, et la manufacture *nationale*, installée à Beaupré, à cinq kilomètres de Besançon, acquit rapidement une activité considérable... Malheureusement cette activité ne fut pas de longue durée : les agitations politiques, la jalousie même de l'ancienne population bisontine paralysèrent tous les efforts. Mégevand fut ruiné, ses biens furent confisqués, et la manufacture se ferma : Trott reprit le chemin de la Suisse où il mourut dans la misère.

Mégevand resta à Besançon où il vécut péniblement du peu de travail qu'il put trouver ; puis, partageant le même sort que son malheureux ami, il mourut à l'hôpital, après avoir été frappé d'une balle autrichienne sur le rempart de Bregille, pendant le blocus de Besançon, en 1814.

Malgré tous ces revers, les nouveaux émigrés ne quittèrent point la Comté, leur industrie resta dans la province et s'y implanta d'une façon définitive. Un an après sa création, la colonie horlogère comptait déjà deux mille cinq cents personnes : c'était l'avenir et la richesse du pays. Depuis lors, l'horlogerie a continué sa marche progressive, et Besançon est devenu aujourd'hui le centre important de cette fabrication. Celle-ci a atteint un développement considérable, et l'on s'en rendra compte, quand on saura qu'actuellement la production annuelle est de 200,000 montres d'or, 275,000 montres d'argent, et 200,000 montres d'acier et de nickel.

L'horlogerie bisontine, qui occupe environ dix mille ouvriers, n'a pas d'égale pour sa fabrication, surtout pour le chronomètre et la petite montre qui est arrivée à un degré surprenant de finesse et d'élégance. Une école d'horlogerie, fondée en 1864, et devenue École nationale en 1892, forme dans son sein de véritables artistes.

Pour fêter le centenaire de cette industrie, la ville de Besançon a ouvert, en 1893, une exposition régionale des produits de l'horlogerie. Cette exposition qui renfermait tout ce qui, de près ou de loin, concernait l'art de l'horloger, a attiré chez elle des milliers de visiteurs qui tous ont admiré ces produits si remarquables soit par leur richesse, soit par leur précision. Jamais jusqu'à ce jour l'horlogerie française n'avait donné une pareille preuve de sa force industrielle, jamais exposition de ce genre n'avait été aussi complète. Paris, en 1889, ne comptait que 227 horlogers français ; Besançon, en 1893, en a compté 325. Ces chiffres sont suffisamment éloquents.

Après la mort de celui qui fut le fondateur de l'industrie horlogère à Besançon, l'impulsion que son initiative avait provoquée se fit sentir jusque dans le pays de Montbéliard et dans toute la région. Le plateau de Maîche, le vallon de Morteau virent s'installer chez eux de nombreuses familles étrangères : le mouvement d'affaires s'accentua de jour en jour, amenant avec lui une vie nouvelle de travail et de prospérité. C'est ainsi qu'en 1877 l'horlogerie du Doubs produisait : 150,000 ébauches de montres, 500,000 mouvements, et 455,968 montres d'or et d'argent. Mais, après une suite d'années de prospérité toujours croissante, l'horlogerie allait traverser une crise terrible qui chassa de Besançon des milliers d'ouvriers et diminua notablement l'importance de cette ville. En 1876, la fabrication américaine se démasquait avec ses procédés mécaniques et sa puissante organisation industrielle. La Suisse lança le cri d'alarme et, pour lutter contre la concurrence des produits du Nouveau-Monde, transforma promptement son outillage.

Besançon seul ne s'inquiétait pas de cette situation et ne croyait pas au développement de la fabrication par la machine. Mais bientôt le mal lui apparut avec toute sa gravité : l'Exportation Suisse en France, qui n'était alors que de 49,917 montres, s'élevait en 1885 au chiffre de 248,065. Il fallait lutter désormais, et sans retard. Les fabriques du pays se transformèrent, l'École d'horlogerie de Besançon fit de sérieux progrès en travaux de précision, et à l'Exposition Universelle de 1889, les produits de la province comtoise rivalisaient avec les plus belles vitrines des exposants suisses.

Depuis cette époque, la fabrication en Franche-Comté a repris son essor. Tandis que l'exportation suisse, de 1888 à 1891, diminue de moitié, notre exportation chez nos voisins et concurrents accuse près de 160.000 montres et 100,000 boîtes diverses.

« Si hautes que fussent les espérances du Comité de Salut public, dit M. Charles Sandoz dans son intéressant travail sur l'horlogerie à Besançon et en Franche-Comté, il ne se doutait pas qu'en groupant au prix des plus grands efforts les éléments nécessaires à la fabrication de la montre, Mégevand allait contribuer à faire de notre ville le berceau d'une industrie qui, rayonnant dans la région, occuperait un jour 30,000 ouvriers produisant plus d'un million de montres en une année. »

A l'heure actuelle, la production horlogère dans le département du Doubs atteint les chiffres suivants :

BESANÇON	675,000 montres.
Arrondissement de Montbéliard et Beaucourt	700,000 —
Morteau	400,000 —

TOTAL . . . . 1,775,000 montres.

LE PAYS DE MONTBÉLIARD

Au moment où s'ouvrait l'Exposition du Centenaire de l'horlogerie, le pays de Montbéliard fêtait le centenaire de sa réunion à la France. Cette partie de la Franche-Comté, un des centres européens les plus importants pour ce genre de fabrication, s'étend entre Besançon et Belfort, sur trois départements : le Doubs, la Haute-Saône, et le Haut-Rhin. Avec les montres de gros et de petit calibre, on y fabrique les réveils, pendules, et pendulettes ; l'horlogerie électrique, les rouages télégraphiques, et la lampe à arc pour l'éclairage électrique ; les boîtes à musique, les outils d'horlogerie, etc....

Signalons particulièrement les usines de Badevel et de Beaucourt qui atteignent aujourd'hui un chiffre de production considérable et luttent avec avantage contre les produits de même nature importés par la Suisse, l'Amérique et l'Allemagne.

LE PLATEAU DE MAICHE, DU RUSSEY & DE CHARQUEMONT

Situé au sud de l'arrondissement de Montbéliard, ce pays est un des plus pittoresques de Franche-Comté. La vallée du Doubs, qui sert de frontière naturelle entre la Suisse et la France, est parsemée de sites admirables et dignes de charmer les yeux des touristes qui, tous les ans, viennent plus nombreux s'abriter dans ses montagnes. Maîche, chef-lieu de canton de 1.650 habitants, centre de belles et agréables excursions, est une résidence des plus favorables pendant la belle saison et commence à devenir une véritable station climatérique.

On fabrique : à *Charquemont* et à *Maîche*, les montres de bas prix ; à *Damprichard* et à *Charmauvillers*, les boîtes de montres en acier et en nickel ; à l'usine de *La Rasse*, sur le Doubs, des mouvements de montres. A *Rosureux*, une ancienne maison exporte au loin ses horloges monumentales justement appréciées pour leur solidité et leur précision.

LE VALLON DE MORTEAU

La superbe vallée de Morteau, placée à l'extrême frontière et au sud du plateau de Maîche, est arrosée par le Doubs, dont les bords riants et accidentés offrent à chaque pas les paysages les plus vivants. Elle est traversée par la voie ferrée qui relie Besançon au *Locle* et à *Chaux-de-Fonds*, et ne renferme pas moins de 7.000 ouvriers horlogers. Là se fabriquent : aux *Gras*, les boîtes d'acier, les outils renommés, les balanciers ; à *Villers-le-Lac* et à *Morteau*, la montre de qualité ordinaire qui s'expédie chaque année par chiffres considérables.

En résumé, la fabrication de l'horlogerie en Franche-Comté a atteint une perfection et une importance qui lui permettent de lutter avantageusement avec la Suisse, sa voisine. La Franche-Comté est même supérieure à cette dernière par ses pendules, ses réveils, ses montres de qualité courante, et surtout par la petite montre de femme, ce gracieux bijou chronométrique, merveille d'un art et d'une science poussés à leurs extrêmes limites.

L'HORLOGERIE BISONTINE

Dans toute l'acception du terme, l'horlogerie bisontine est une industrie d'art, et ses montres peuvent dignement prendre place à côté des produits de luxe qui sont depuis longtemps la gloire de notre France élégante et artistique.

Depuis vingt ans, les progrès accomplis dans la mécanique horlogère ont permis aux fabricants bisontins de créer un type de bonne montre, honnêtement, scrupuleusement exécutée dans toutes ses parties et donnant fidèlement l'heure, vendue à des prix raisonnables de bon marché. En même temps que cette bonne qualité pour l'usage civil, ces fabricants livrent des montres scientifiques, comme leurs chronomètres et leurs pièces compliquées, et des montres de haut luxe, surtout à l'usage de la femme.

Le mot *chronomètre* a été employé dans la langue française avec trop de facilité, trop à tort et à travers, pour que nous n'expliquions pas ce que les horlogers bisontins entendent par là : un chronomètre. C'est une montre capable de soutenir pendant de longues années une précision telle, qu'elle ne varie en un mois que de quelques secondes au plus. Sa valeur est constatée par un certificat officiel qui doit l'accompagner chez le vendeur : ce certificat est un Bulletin de l'*Observatoire national de Besançon*.

Cet établissement scientifique est dirigé par des astronomes choisis et nommés par l'Etat. Les chronomètres y sont observés pendant quarante-quatre jours, dans toutes les positions et à diverses températures. L'épreuve la plus difficile est celle de la *glacière* : pendant six jours, la montre reste à la température de 0°, et, malgré ces conditions anormales, son écart moyen ne doit pas dépasser par jour une seconde et demie ! On peut juger quels ouvriers il faut pour réaliser couramment, comme on le voit à Besançon, de pareils tours de force. En Suisse, on n'a pas osé aborder une pareille difficulté, et les meilleures montres de ce pays ne sont pas soumises, à l'Observatoire de Genève, à des températures inférieures à 2° centigrades.

Un chronomètre bisontin est donc comparable aux meilleurs instruments de précision de la science moderne. Les horlogers de Besançon fabriquent aussi ces chronomètres avec complications, tels que chronographes à simple ou double aiguille, répétition sonnant les heures, quarts et minutes, quantièmes donnant le mois, le jour, l'heure, la minute, la seconde, et les phases de la lune, grande seconde indépendante, etc...

Il y a à peine quinze ans, l'horlogerie ne pouvait offrir, à titre d'ornement, au sexe aimable, que des montres supérieures ou égales en grandeur à une pièce de dix centimes, c'est-à-dire d'un diamètre de douze lignes au minimum. Cette dimension était trop grande pour qu'une telle montre pût être considérée comme un bijou : mais il semblait presque impossible de construire un mouvement d'horlogerie de dimensions inférieures. Alors que tous les horlogers suisses se consumaient en vains efforts, la difficulté fut résolue à Besançon. Les fabricants de cette ville descendirent au diamètre dix lignes, puis peu à peu atteignirent les diamètres neuf, huit, sept, et même six lignes que, maintenant, ils peuvent établir couramment.

La montre de grandeur six lignes est à peine plus grande qu'une pièce de cinquante centimes. La planche que nous donnons ci-contre indique quels progrès ont été accomplis depuis les premières montres, les oignons de Nuremberg : nous représentons en *grandeur naturelle* trois grosses montres anciennes datant des époques de la Renaissance, de Louis XIII et de Louis XIV, et au milieu d'elles une petite montre du diamètre de six lignes, sortie des ateliers bisontins. Entre une trirème de l'antiquité et un de nos gros transatlantiques, le contraste serait moins frappant. — Ajoutons que les perfectionnements apportés par les Bisontins à la montre de femme n'ont pas seulement visé le mouvement : ils se sont étendus aussi à la boîte. Il fallait faire de cet objet éminemment utile, la montre, un complément

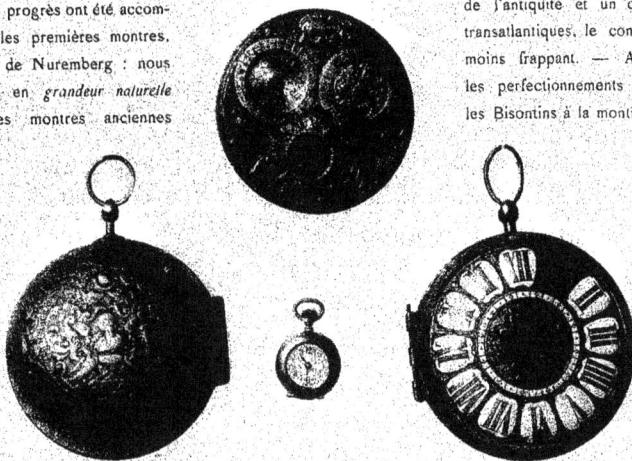

indispensable de la parure et de la toilette : personne ne contestera que Besançon a résolu ce problème difficile, à la satisfaction des Parisiennes les plus mondaines. Les boîtes de montres fabriquées dans cette ville l'emportent, et de haute lutte, comme élégance, style et légèreté, sur les modèles les plus achevés sortis des meilleurs ateliers suisses. La décoration qui en rehausse le charme est toujours d'un choix heureux : son style s'harmonise avec celui de l'ensemble qui constitue ainsi, sous un volume insignifiant, à prix modique souvent, comme parfois d'une grande valeur, une œuvre d'art incontestable qui réalise si bien la devise classique : *Utile dulci*. Cette décoration s'exécute à la taille douce (gravure, ciselure, incrustations), avec des émaux translucides ou opaques, cloisonnés, paillonnés, peints, en genres Louis XV, Renaissance, Limoges, etc.., avec des pierres précieuses en semis, en bordures ou en pavés, etc...

C'est en vain que les fabricants suisses ont voulu s'appliquer à reproduire ces chefs-d'œuvre minuscules. Ce n'est qu'en France, où le goût est plus raffiné, que de tels produits artistiques peuvent être conçus et exécutés. De guerre las et ne pouvant avouer leur impuissance à leurs clients, les fabricants étrangers se sont mis à acheter des montres bisontines, qu'ils revendent comme sortant de leur propre fabrication !

A propos des boîtes de montres bisontines, rappelons qu'elles sont essayées à l'état brut, au bureau de garantie de l'Etat, par le procédé de la *coupelle*, qui permet de contrôler leur titre en métal fin à un demi-millième près. Les montres suisses arrivant en France à l'état fini ne peuvent pas être contrôlées par ce procédé mathématique de la coupelle : elles sont essayées par le procédé grossier du *touchau*, celui que l'on employait déjà dans l'antiquité et qui ne peut donner le titre qu'à 20 millièmes près. Il en résulte que les fabricants suisses peuvent employer, pour les montres qu'ils vendent en France, de l'or à un titre inférieur au titre légal, et qu'à égalité de poids, la matière d'une pareille boîte de montre vaut moins que celle d'une montre française.

Pour terminer cette rapide étude sur l'horlogerie de Besançon, ajoutons qu'on ne fait des montres, en France, que dans le département du Doubs et le territoire de Belfort, et que, dans cette région, toutes les pièces soignées sont exécutées à Besançon.

Si vous voulez, dirons-nous à nos lecteurs, acquérir une montre de précision, demandez un chronomètre muni d'un bulletin de l'Observatoire de Besançon. Si vous désirez une bonne montre, solide, bien réglée, d'un usage durable, Besançon vous offre encore les meilleures garanties.

Nous dirons à nos lectrices : nulle part vous ne trouverez la petite montre presque microscopique destinée à vous parer en même temps qu'à vous faire mesurer aussi imperceptiblement que possible le temps qui s'envole, telle que vous la présente la fabrique bisontine, c'est-à-dire gracieuse dans ses formes et riche dans ses ornements.

Nous ajouterons, en nous adressant à tous : Exigez, pour ne pas être trompé sur la qualité de l'or, le poinçon de *consommation intérieure de l'État*.

Nous donnons ci-dessous la liste des principaux fabricants bisontins :

MM. Adler, G.	quai Vauban, 26.		MM. Haldy fils,	rue Saint-Jean, 3.
Baader,	rue St-Pierre.		Hausammann,	rue Maculaz, 1.
Bailly,	square St-Amour, 7.		Hattenberg,	rue Proud'hon, 16.
Bergier, A.	Grande-Rue, 70.		Hublard,	rue des Granges, 36.
Bloch, Léopold et frère,	rue de la Bouteille, 9.		Japy frères & Cie,	rue de la Lue.
Bloch, Jacques,	rue de Glères, 8.		Kummer,	rue Proud'hon.
Bonifacy, G.,	rue des Chaprais, 24.		Lamberger,	rue de l'École, 10.
Bossy fils,	rue de Lorraine, 9.		Leroy & Cie,	rue de Lorraine, 8.
Brisebard,	Grande-Rue, 34.		Lipmann,	Grande-Rue, 14.
Cercleux et Montandon,	rue Morand, 8.		Martrou fils,	rue du Lycée, 2.
Chognard,	rue de Lorraine, 1.		Matile frères	rue Saint-Pierre, 7.
Coulaud,	rue Gambetta, 10.		Maynant frères,	Grande-Rue, 107.
Cressier,	Grande-Rue, 93.		Montandon, Henri,	Grande-Rue, 85.
Diéringer,	rue Moncey, 1.		Petit, Clovis,	rue de la Lue, 2.
Favre-Heinrich,	Grande-Rue, 117.		Lévy, Paul,	rue de Lorraine, 5.
Faivre frères,	rue Morand, 2.		Riefling, Louis,	rue Mégevand, 26.
Fernier frères,	rue Ronchaux, 3.		G. Riefling-Voirin,	Grande-Rue, 71.
Flœrsheim,	rue des Granges, 35.		Schaffter & Ackermann,	rue Morand, 6.
B. Geismar & Cie,	Tarragnoz-Besançon.		Serf, Marcel fils,	square St-Amour, 14.
Gondy, Claudius,	rue Gambetta, 17.		Silvant, Victor,	place St-Pierre, 17.
Gondy, Junius,	Villas bisontines.		Société anonyme d'horlogerie	rue Gambetta.
Grâa & Neyret frères,	square Saint-Amour, 7.		Tournier,	rue Saint-Jean, 2.
Flipo,	rue Proud'hon, 18.		Weber,	Grande-Rue.

Il ne sera pas sans intérêt pour nos lecteurs de jeter un coup d'œil sur quelques-uns des spécimens de l'horlogerie fabriquée à Besançon. Les types que nous reproduisons pris parmi des milliers d'autres genres ne sont que la reproduction bien incomplète des nombreux modèles qui sortent chaque jour des mains de l'ouvrier bisontin, soit au point de vue de la fabrication proprement dite de la montre, soit au point de vue de la décoration extérieure. Toutefois, les planches que nous leur soumettons feront ressortir encore davantage à leurs yeux le degré de perfection atteint de nos jours par cette brillante industrie où l'art et la science modernes réunis ont fini par enfanter des merveilles.

LA FABRIQUE D'HORLOGERIE A. BARTHET, à BESANÇON. — Par suite de la surproduction et de la concurrence étrangère survenue depuis quelques années sur les produits de l'horlogerie, la baisse des prix est allée en augmentant de jour en jour. Pour faire face aux difficultés fatalement engendrées par une telle situation et conserver au marché bisontin sa prépondérance sur ses concurrents de la Suisse, les fabricants ont dû s'ingénier pour diminuer autant que possible les frais généraux et lutter avec succès contre l'importation du dehors. Plusieurs ont atteint ce but en supprimant tout d'abord les intermédiaires toujours onéreux et en se mettant directement en rapport avec le consommateur.

C'est notamment le système de vente adopté par la maison A. Barthet. Fondée en 1883, elle a dû, au début, s'imposer de lourds sacrifices pour établir une série complète des principaux articles qui se traitent chez elle, soit en horlogerie, soit en bijouterie. Les clichés composés à cet effet, et qui sont la propriété exclusive du comptoir, ont servi à la confection d'un album renfermant une classification intéressante et méthodiquement disposée des objets de tous genres, montres ou bijoux, qui ressortent de la fabrication bisontine. Chaque modèle, dessiné avec soin, y est reproduit avec une parfaite exactitude, ainsi qu'on peut juger par les quelques types que nous soumettons ici au lecteur, et qui sont tous représentés dans leur grandeur naturelle. En feuilletant cet album, et grâce à la gravure et à la description qu'il a sous les yeux, chacun peut, sans être connaisseur en matière d'horlogerie, se rendre un compte exact de la forme et de la valeur de l'objet qui a fixé son attention.

Dix années d'expérience ont démontré le côté pratique de cette méthode très appréciée des acheteurs. C'est ainsi que la *Maison de Confiance* a pu se créer des relations nombreuses et étendues tant en France qu'à l'étranger, et porter au loin, en Amérique et jusque dans l'Extrême-Orient, la bonne renommée des montres bisontines.

Les quelques types qui composent la planche ci-dessus, et qui sont extraits de l'album dont nous venons de parler, représentent :

Un chronomètre de précision, avec bulletin de marche de première classe de l'Observatoire de Besançon;

Un remontoir avec fond en relief, et un sujet de fantaisie ;

Une montre de dame, avec une peinture artistique, portrait ou autre sujet, sur la boîte ;

Enfin trois montres, avec décoration artistique également, et dont les fonds sont ciselés et gravés dans le style Louis XV, avec décors en rocailles et ors rapportés.

Ajoutons que la maison A. Barthet, soucieuse des intérêts de son personnel, a eu une initiative des plus heureuses, en accordant à chaque ouvrier une participation aux bénéfices, après une année de présence dans ses ateliers. Sans insister sur les avantages réels qui résultent d'un tel système de mutualité, nous ferons surtout remarquer qu'il est un moyen sûr et presque infaillible pour recruter et conserver des ouvriers sérieux et habiles, dont les efforts ne doivent tous tendre qu'au même but, perfectionner sans cesse leur travail et, par suite, augmenter le chiffre d'affaires, en maintenant la bonne réputation de la maison.

ATELIER D'ÉMAILLAGE & DE GRAVURE, MM. BELLAT & PAGGI, à BESANÇON

spécialités de cette industrie était la fabrication des montres de dames, des montres-bijoux. — L'émail est l'un des principaux procédés de décoration de ces petites montres. Combiné avec la gravure, la ciselure, les incrustations, la joaillerie, et la peinture, il permet d'obtenir des effets très variés. Mais pour que la montre soit réellement une œuvre artistique, il

— Dans la notice générale sur l'horlogerie bisontine que vient de parcourir le lecteur, nous avons dit que l'une des remarquables

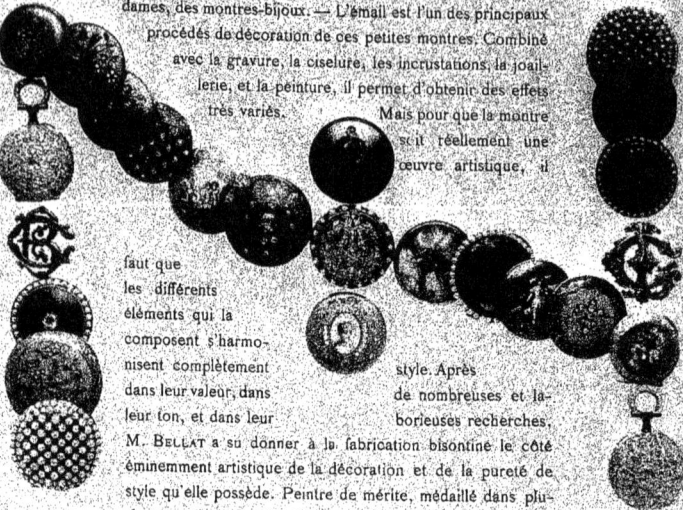

Besançon à la restauration du décor par l'émail. La peinture sur émail (sujet Louis XV ou têtes dites historiques) ne contribue

faut que les différents éléments qui la composent s'harmonisent complètement dans leur valeur, dans leur ton, et dans leur style. Après de nombreuses et laborieuses recherches, M. BELLAT a su donner à la fabrication bisontine le côté éminemment artistique de la décoration et de la pureté de style qu'elle possède. Peintre de mérite, médaillé dans plusieurs expositions, il a contribué pour une large part à

pas peu à donner à une montre de femme le cachet artistique qui lui est nécessaire. Cette spécialité manque généralement de style à Genève. Mais grâce aux procédés de M. BELLAT, la fabrique bisontine possède aujourd'hui cet élément de succès et peut vendre des montres analogues aux célèbres pièces du temps de Louis XV.

Citons encore parmi les genres que livre cet artiste : les émaux façon Limoges ; les émaux ramolleyés, flinqués, paillonnés, cloisonnés ; les modèles Pompadour et rocaille, à compartiments peints, et les portraits sur émail et sur ivoire. Le rapport du Jury de l'Exposition du Centenaire rend pleinement justice au mérite de cet artiste qui a su, en peu de temps, développer, à Besançon la décoration de luxe et donner ainsi à la fabrication des petites montres un élément primordial.

Après M. BELLAT, citons M. PAGGI qui est un digne collaborateur pour la partie de la taille-douce, du sertissage et de la joaillerie. Depuis longtemps les ateliers de M. PAGGI sont très considérés pour les travaux au burin qu'ils produisent : chiffres, ciselures d'art, incrustations d'or de diverses couleurs, métaux rapportés. Le décor effectué de cette manière a un charme tout particulier, à condition toutefois qu'il soit exécuté par des artistes.

En outre, M. PAGGI s'est appliqué à Besançon, avec beaucoup de succès, à l'ornementation par les pierres précieuses ou la joaillerie. Les perles, disposées en bordures ou en pavés, font sur une montre un effet des plus heureux. Les diamants s'emploient sous diverses formes : tantôt ce sont de petites roses qui viennent apporter leur éclat à une tête historique peinte sur émail, ou qui disposées en bouquet égayent l'or de la boîte ; tantôt un solitaire est le centre d'une décoration d'émail et de paillons. Quelquefois encore, notamment dans les montres de 6 et 7 lignes, le fond de la boîte est pavé de brillants donnant à la lumière d'inappréciables effets de réfraction.

On peut, pour l'exécution délicate de ces divers travaux, comparer les ateliers de M. PAGGI à ceux des premiers bijoutiers parisiens. Pas une pierre qui n'ait été minutieusement choisie, pas un coup de burin qui n'ait été donné par une main artiste et exercée. Aussi une boîte de montre, même chargée de pierres précieuses, possède-t-elle une valeur due à la seule main-d'œuvre souvent égale à sa valeur intrinsèque.

En développant à Besançon la décoration par la joaillerie, M. PAGGI a complété l'œuvre de M. BELLAT, et contribué puissamment à placer sur le pavoi ce réel chef-d'œuvre qu'on appelle la petite montre bisontine.

LA FABRIQUE D'HORLOGERIE AMIET, à BESANÇON

La fabrication mécanique a permis à l'horlogerie, comme à tant d'autres industries, d'inonder les marchés de produits rapidement et économiquement manufacturés. Malheureusement l'adoption des nouveaux procédés devait entraîner une exécution moins parfaite, un fini plutôt superficiel que réel. L'objet quel qu'il soit, surtout l'objet de précision comme la montre et le chronomètre, ne saurait attendre de la machine aveugle et brutale les soins intelligents que seuls peuvent lui donner la main et l'œil de l'ouvrier expérimenté. Aussi n'est-ce point par esprit de routine que certains fabricants conservent les vieilles méthodes en les perfectionnant : c'est au contraire par une sorte de religion pour le travail précis et parfait, pour l'œuvre d'art.

M. Amiet, doyen des fabricants bisontins et ancien directeur de notre École d'horlogerie, est de ceux qui pensent que la substitution de la machine à la main de l'horloger a depuis longtemps dépassé de sages limites, et que si l'une peut aider l'autre, elle doit tout au moins laisser à l'intelligence de l'ouvrier le soin d'achever son œuvre. Les ateliers de M. Amiet se sont de tout temps appliqués à la fabrication des montres et des chronomètres dont l'ornementation artistique n'a d'égal que le mécanisme absolument irréprochable. Il faut, pour livrer de semblables produits, être vrai fabricant, horloger dans toute l'acception du mot, c'est-à-dire posséder les connaissances techniques jointes à l'habileté d'un ouvrier consommé. M. Amiet réunit cette double qualité, ce dont d'ailleurs son passé fait foi, et sa réputation d'industriel émérite lui a valu de jouer à certaines époques un rôle salutaire et d'une haute importance dans les destinées de l'horlogerie bisontine, notamment en administrant sous sa responsabilité, *quoique à titre gracieux,* les ateliers municipaux d'horlogerie, créés au moment de la guerre pour arrêter l'émigration des ouvriers ; puis plus tard, en réorganisant et en dirigeant l'école d'horlogerie.

Les modèles ci-dessus sont la reproduction de plusieurs œuvres remarquables de M. Amiet et de ses collaborateurs. Ils représentent : 1° le chronomètre offert au Souverain-Pontife Léon XIII par le diocèse de Besançon en 1888 ; 2° le chronomètre offert à M. le Comte de Paris par les royalistes franc-comtois, en 1889 ; 3° le chronomètre offert au général Roland par la ville de Besançon, dont il commanda la défense en 1870-71 ; 4° une décoration de boîte Louis XV, en ciselure repoussée. — L'exécution de tels travaux, confiée à un fabricant par une administration et des collectivités si bien placées pour connaître et apprécier les éléments de la fabrique bisontine, sont un hommage rendu au passé et une garantie sérieuse pour l'avenir. — Il est à remarquer en outre, que la réputation de cette maison s'est établie par ses fournitures seules : car, pour des raisons que nous n'avons pas à discuter ici, M. Amiet n'a jamais voulu prendre part à un concours ni à une exposition. — Ajoutons qu'un des premiers il adopta le principe de la suppression des intermédiaires, en vendant directement aux personnes qui achètent pour leur propre usage, opération qu'il facilite par l'envoi de Catalogues-Albums.

GRAVURE & ÉMAILLAGE. CATTIN & HEINIGER, à BESANÇON. — La ciselure, cet

art si ancien, qui n'a réellement pris naissance en France qu'au temps des Croisades, et dont la Renaissance et les époques de François Ier, Louis XIV, Louis XV et Louis XVI, nous ont transmis de si remarquables chefs-d'œuvre, a, pour ainsi dire de tout temps, conservé le rang élevé qu'elle tenait

autrefois. On comprend que dans un centre comme Besançon, le vrai berceau de l'horlogerie, cet art et les branches qui s'y rattachent devaient occuper une place qui d'avance leur était acquise de plein droit. Pour la décoration de la montre, et jusqu'au milieu du siècle Genève monopolisait ce

genre de travail : ce n'est que depuis le commencement de la deuxième moitié de ce siècle, que la ciselure et la gravure ont acquis ici leur plein développement. — D'habiles ouvriers, attirés par l'expansion toujours croissante de l'industrie horlogère, créèrent à Besançon des ateliers dont les œuvres, bien finies et finement traitées, n'avaient plus rien à envier aux meilleures œuvres de la Suisse.

En 1875. MM. CATTIN et HEINIGER fondaient leur maison dans cette ville. Au début, leurs efforts s'appliquèrent uniquement à l'étude et au travail de la décoration de la montre : gravure, ciselure, chiffres, armoiries, ors de couleur, en relief et en incrustation. Une expérience de longue date jointe à une connaissance approfondie des moyens techniques valurent bientôt à cet établissement une solide réputation.

Pour rendre cette spécialité plus complète et ajouter un nouvel essor à la décoration de luxe, d'autres ateliers furent aménagés pour l'*émaillage*, la *peinture sur émail* et la *joaillerie*. Ces diverses opérations, qui exigent de la part de l'ouvrier un réel talent et des aptitudes particulières, sont traitées séparément dans leurs locaux respectifs, où le visiteur peut suivre la marche successive du travail, depuis le dessin et la gravure jusqu'à l'entière terminaison du décor. Le guillochage, qui entre pour une bonne part dans l'ornementation de la montre, est pourvu d'un outillage des plus complets.

Les dessins que nous reproduisons ci-dessus représentent quelques-uns des travaux exécutés par cette maison.

Deux chiffres découpés à jour et ciselés, pouvant s'appliquer sur tout objet, notamment sur les boîtes de montres, ou se monter en broches pour dames, en modifiant les dimensions du chiffre suivant les proportions et le genre de l'objet auquel il est destiné. — Deux boîtes de montre, décor joaillerie, avec brillants, roses ou perles, disposés en formes de damiers. de pavés. etc. — Peinture artistique, avec portrait ou sujet de fantaisie : l'émail est incrusté dans l'épaisseur du métal, or, argent ou autre. — Peintures dans le genre de Watteau, de Boucher, et autres motifs variant à l'infini, avec encadrements rocaille, et dans tous les styles. — Couronne de comtesse, en brillants, roses, ou perles fines, sur un fond en émail bleu, rose, ou de toute autre nuance.

On le voit, chez MM. CATTIN et HEINIGER, le burin du graveur et le pinceau de l'artiste peuvent répondre à tous les caprices et satisfaire les goûts les plus exigeants : les travaux les plus difficultueux ne rencontrent chez eux aucun obstacle, et toutes les pièces sorties de cette pépinière artistique sont autant de joyaux bien dignes de figurer dans les plus riches écrins.

FABRIQUE D'HORLOGERIE C.-A. GONDY Aîné, à BESANÇON.

— A côté des fabriques d'horlogerie produisant à Besançon la montre par douzaines et par grosses et la vendant aux négociants, à côté des commerçants ou commissionnaires revendant en gros ou en détail des pièces d'horlogerie achetées un peu partout, il existe, dans l'ancienne capitale de la Franche-Comté, une petite catégorie d'horlogers faisant la montre particulière, c'est-à-dire établissant avec des soins tout spéciaux et une à une les montres qui leur sont demandées par le public.

Tandis que les premiers sont des industriels ou des négociants, ces derniers, dont le nombre va malheureusement en décroissant, sont plutôt les dignes successeurs de ces horlogers d'avant la Révolution, tels que les Lépine, les Le Roy, etc., qui faisaient ces montres artistiques, d'un style pur, aujourd'hui l'ornement de nos musées et de nos collections.

Une des principales maisons bisontines de cette catégorie est l'*Alliance Horlogère*, maison J.-B. GONDY et Cie, fondée à la Chaux-de-Fonds en 1863, par notre compatriote J.-B. GONDY.

Transférée à Besançon en 1885, époque à laquelle un des associés, M. Claudius GONDY, en est devenu le propriétaire, elle a conservé toutes les traditions de scrupuleuse et honnête exécution de chaque partie de la montre, qui ont fait de la belle horlogerie un art plutôt qu'une industrie. Aussi en dirons-nous quelques mots.

Cette maison qui s'attache à la confection de la bonne montre particulière : chronomètres, montres compliquées, montres pour l'usage courant, montres de dames, montres-bijoux, possède une riche collection de modèles de luxe. Elle met en œuvre toutes les ressources des artistes bisontins pour la décoration : taille-douce, ciselure, gravure, incrustation, chiffres rapportés, émail, nielle, peinture, joaillerie, etc., et arrive ainsi, par ces procédés artistiquement combinés, à faire de la montre, même de celle vendue à bas prix, un véritable objet d'art, analogue aux types des époques de Louis XV et de Louis XVI.

Cette fabrique d'horlogerie est du nombre de celles qui ont eu le plus de succès aux concours chronométriques de l'Observatoire de Besançon. Dans la notice générale sur l'horlogerie de Besançon, nos lecteurs ont pu voir ce qu'était un chronomètre bisontin, et quelles difficultés une montre avait à surmonter pour obtenir officiellement ce titre. Aux concours institués, depuis 1888, entre les meilleurs chronomètres déposés chaque année à l'Observatoire, M. C. GONDY a obtenu douze récompenses, médailles ou mentions, parmi lesquelles le prix des cinq meilleurs chronomètres déposés en 1892.

Voici rapidement, sinon toutes les récompenses obtenues par cette fabrique, du moins les principales :

Diplôme de mérite à Vienne (Autriche), en 1873. — Médaille internationale à Philadelphie, en 1876. — Médaille d'argent à l'Exposition universelle de Paris, en 1878. — La médaille de 2me prix à l'Exposition industrielle de la Chaux-de-Fonds, en 1879. — Médaille d'argent à l'Exposition universelle de Paris, en 1889. — Médaille d'or de l'Académie nationale. Paris, 1890. — Hors concours à l'Exposition du Centenaire de l'Horlogerie, à Besançon en 1893, exposition qui a réuni, nous l'avons dit, beaucoup plus d'exposants que les sections d'horlogerie des expositions universelles. Peu d'industriels et de commerçants en France ont récolté une si belle moisson de récompenses.

D'abord établis dans la banlieue de Besançon (aux Vieilles-Perrières), les ateliers et les bureaux de M. A. GONDY ont été transférés dans l'immeuble qu'il a fait construire tout récemment dans la rue Gambetta.

Conseiller municipal depuis 1889, M. GONDY est l'un des fabricants qui ont le plus contribué, dans ces derniers temps, aux progrès de l'horlogerie bisontine. Président du syndicat de la fabrique d'horlogerie, directeur intérimaire de l'Ecole nationale d'horlogerie, en 1892, président de la Commission d'organisation de l'exposition du Centenaire de l'horlogerie, en 1893, président du jury des récompenses de la même exposition, et enfin vice-président du Comité d'admission (groupe de l'horlogerie) à l'Exposition universelle d'Anvers, en 1894, partout, dans ces délicates et difficiles fonctions, l'administrateur et le technicien se sont révélés, toujours soucieux des intérêts de la ville et du développement de son industrie.

L'horlogerie artistique est l'une des gloires de la France, et l'on ne saurait trop encourager ceux qui s'efforcent de la maintenir et de la développer. Aussi, à propos de l'Exposition du Centenaire de l'horlogerie, en 1893, le gouvernement a-t-il reconnu les nombreux services rendus par cet industriel, en lui décernant la croix de la Légion d'honneur. Sans doute, chaque catégorie d'horlogerie a sa raison d'être, comme le lin, le chanvre, le coton et la laine. Mais lorsque la tendance générale, en Suisse, en Allemagne, et dans quelques parties de la Franche-Comté, est de sacrifier de plus en plus la qualité de la montre à son bon marché, on ne saurait trop faire remarquer que le caractère d'un grand nombre de maisons bisontines, en particulier celle dont nous venons de parler, est de ne produire que des articles dont on puisse réellement garantir la marche et la durée.

A LA FRANCHE-COMTÉ !

(HYMNE)

Avec ses noirs donjons fleuris de saxifrages,
Ses grands sapins remplis d'immense majesté
Et ses sommets géants défiant les orages,
Est-il plus beau pays que la Franche-Comté ?

Qu'il m'est doux de venir sur ces rochers sauvages
M'enivrer d'infini, d'air et de liberté ;
En évoquant sa gloire illuminant les âges
Je sens mon cœur frémir d'amour et de fierté !

Puisses-tu ne jamais revoir, ô Séquanie !
Les vautours allemands, les loups de Germanie
S'ameuter et hurler autour de ton drapeau ;

S'ils osaient convoiter ton altier diadème,
A l'appel de Rouget jetant son chant suprême,
Tes vieux preux, par milliers, surgiraient du tombeau !...

LOUIS MERCIER.

L'UNION FRANÇAISE DES OUVRIERS HORLOGERS, à BESANÇON.

— Il y a plusieurs années, se fondait dans notre ville, sous la raison sociale « *Union française des ouvriers horlogers de Besançon,* » un établissement pour la fabrication unique de la montre en or, en argent, en nickel et en acier. Le but de cette société était de livrer ses produits directement à la clientèle privée. Ce système de vente, nous l'avons dit, a été fatalement amené par l'abondance de la production et par la nécessité où s'est trouvé le fabricant de lutter sans relâche contre l'envahissement des montres étrangères, notamment de celles de provenance Suisse. Outre le personnel qu'il emploie dans ses ateliers, cet établissement occupe au dehors un certain nombre d'ouvriers et d'ouvrières, qui tous sont rétribués sur leur travail aux pièces. Les connaissances pratiques du Directeur jointes à l'habileté professionnelle d'ouvriers choisis, ont acquis ce résultat bien appréciable de pouvoir livrer la montre, quelle que soit sa valeur, avec toutes les garanties possibles qu'on est en droit d'exiger d'un travail soigné dans tous ses détails et irréprochablement fini. Aussi la production annuelle est-elle arrivée à atteindre un chiffre important ; de nombreux débouchés se sont ouverts aux colonies, à l'étranger, et la notoriété de cette association ouvrière est aujourd'hui entièrement acquise. Mais c'est surtout en France que les relations se sont rapidement développées, non-seulement parmi les consommateurs proprement dits, mais encore dans le commerce de la province. Grâce à la facilité des moyens de transport, à la simplicité de l'outillage, à la précision des machines-outils, toutes de dernière création, ce double problème a été résolu : livrer promptement et faire bien. Par suite, de nombreuses récompenses obtenues à diverses expositions, à Paris et à Besançon, sont venues consacrer définitivement la réputation de cette manufacture qui, depuis sa création, n'a cessé de marcher à grands pas dans la voie qu'elle s'était tracée.

Un atelier particulièrement affecté au façonnage de la chaîne d'or, d'argent, ou de métal, réunit une catégorie d'ouvriers pris parmi les meilleurs spécialistes des maisons de Paris. Un comptoir pour la vente de l'or et de l'argent, établi à Besançon, facilite l'achat des matières premières au cours officiel, avantage d'une haute importance, puisqu'il permet d'obtenir un prix de revient suffisamment bas pour pouvoir lutter avec les autres marchés, tout en ne livrant que des marchandises au premier titre. Au surplus, le bureau de garantie qui fonctionne à Besançon, sous le contrôle de l'Etat, offre une sécurité absolue à l'acheteur. Et si nous parlons ici du titre de l'or et de l'argent, c'est uniquement pour faire savoir à nos lecteurs que la France est à peu près le seul pays qui garantisse un titre légal aux métaux précieux.

Nous donnons ci-dessus la reproduction de quelques bijoux et de montres riches dont le travail est entièrement exécuté dans les ateliers de l'*Union française des ouvriers horlogers de Besançon,* qui possède du reste un album complet de tous ses produits, offert gracieusement à sa clientèle. Le siège social de cet établissement est situé rue Saint-Antoine, 2.

LA SÉQUANAISE, Société d'Épargne, à BESANÇON.

Parmi les créations utiles, parmi les œuvres saines destinées à peser d'un grand poids sur les plus brûlantes questions sociales, il faut placer au premier rang les associations ayant pour but l'épargne et la capitalisation en commun.

Elles donnent aux prolétaires le moyen de se créer le capital, cette source de tout bien-être dont l'acquisition est la constante préoccupation de l'homme ; aux riches, la faculté d'augmenter considérablement et à peu de frais le patrimoine qu'ils transmettront à leurs enfants.

Si les trente-huit millions d'individus qui peuplent la France épargnaient un décime par tête et par jour, le total de leurs économies s'élèverait à trois millions huit cent mille francs le premier soir ; à un milliard 387 millions au bout de l'année, et à 138 milliards 700 millions à la fin du siècle. Chaque individu posséderait à cette époque (la population étant restée invariable) 3,650 francs, si l'épargne n'a pas été placée, et plus de 100,000 francs, si on l'a fait fructifier à cinq pour cent. Les fortunes les plus éblouissantes ont eu pour point de départ le décime et même le centime.

Procurer à tous le moyen d'épargner chaque mois de petites sommes sans dérangement et sans aucun souci ; grouper ces économies et leur faire produire un intérêt rénumérateur et légitime ; constituer à chacun individuellement un capital proportionnel à l'épargne mensuelle ; doubler cette opération d'un système d'amortissement qui donne à chaque associé la possibilité de toucher par anticipation, dans des tirages trimestriels, le capital qu'il a assuré ; en un mot faire naître dans les classes laborieuses le goût de l'ordre et de l'économie ; faire oublier à l'ouvrier le chemin du cabaret ; rehausser la dignité humaine par les idées d'ordre, de probité, et de travail.

Donner aux classes bourgeoises et dirigeantes le moyen de doubler et de tripler leur patrimoine pour ainsi dire sans bourse délier, et du même coup, par leur association avec les prolétaires, produire l'apaisement social, et donner enfin une solution favorable et définitive aux difficiles questions qui divisent le capital et le travail : tel est le redoutable problème posé et résolu par une des plus pures mutualités : La Séquanaise.

Aussi, la confiance que lui a promptement accordée le public a-t-elle conduit cette institution à un succès aussi éclatant qu'inespéré. En moins de cinq ans, par le groupement seul des primes mensuelles dont la valeur peut descendre jusqu'à un franc, cette société est parvenue à mettre en réserve 250,000 francs, assurant et reconstituant 14 millions de francs en chiffres ronds. Elle a de plus remboursé 102,108 francs par anticipation, sans compter les services qu'elle rend chaque jour à ses adhérents par les prêts qu'elle leur consent sur leurs titres.

Chaque trimestre, ses tirages actuels répartissent aux assurés désignés par le sort une somme de 6,000 francs, et d'année en année cette proportion va en grandissant.

Les garanties de la Séquanaise consistent en trois immeubles de rapport qu'elle a successivement acquis à Besançon.

Tels sont les brillants résultats obtenus en quatre ans et demi par la sagesse et la probité du Conseil d'administration, et par l'intelligente activité de la Direction dont la paternelle sollicitude pour tous les associés ne s'est jamais démentie.

Le cadre de cette notice ne nous permettant pas d'entrer dans des explications techniques sur les différentes combinaisons de cette société, nous renvoyons pour les détails aux prospectus spéciaux et aux autres documents (listes de tirages, compte-rendus, etc...) que délivre gratuitement et fort complaisamment la Direction.

La Société a obtenu des récompenses marquées à différentes expositions : Lyon — Besançon — Nice — Dôle — Belfort.

ORFÈVRERIE DE L'EST, GUILLOD-MARAIS, A BESANÇON.

Les premiers ateliers créés à Besançon pour la dorure, l'argenture et le nickelage des métaux furent fondés en 1852 par M. E. Pinaire qui en dirigea l'exploitation jusqu'en 1880, époque à laquelle MM. Bocquet et Guillod-Marais prirent la direction de la maison. A la mort de M. Bocquet, survenue en 1880, M. Guillod-Marais demeura seul à la tête de l'établissement qu'il dirige encore aujourd'hui, sous la dénomination d'*Orfèvrerie de l'Est.*

Les modifications et les améliorations successivement apportées à l'outillage depuis son installation ont amené cette maison à des résultats presque exceptionnels pour la fabrication du couvert de table et de l'orfèvrerie argentée au titre extra, ainsi que pour celle des articles en métal non argenté avivé spécialement adoptés pour l'usage des hôtels, restaurants et limonadiers. Le travail, entièrement exécuté dans les ateliers, s'exerce sous la surveillance constante du chef de la maison. L'émulation jointe aux meilleurs procédés techniques de fabrication a permis peu à peu d'obtenir une confection irréprochable et d'atteindre les prix les plus réduits. Aussi la marque Guillod-Marais est-elle connue aujourd'hui au loin.

Placé au cœur même d'un des centres les plus importants de l'industrie horlogère, M. Guillod-Marais songea à utiliser les avantages qui devaient résulter pour lui d'une telle situation, et à donner à ses affaires une extension plus grande, en créant de nouveaux ateliers pour la production spéciale des pièces concernant l'horlogerie. C'est ainsi qu'à l'industrie première qui marqua l'origine de la maison furent adjointes successivement, depuis quelques années, trois branches distinctes dont le succès ne s'est pas fait attendre et qui ont atteint aujourd'hui leur plein développement.

La fabrication *des chaînes de montres* en nickel, en métal blanc inoxydable argenté et en simili-or doré, a pris dès son début un essor inattendu, et fournit chaque année plus de *cent mille pièces* de fantaisie, de titres divers et de modèles très variés.

Le façonnage de la *boîte de montre* s'opère avec une précision et une rapidité presque surprenante : c'est encore au chiffre de *cent mille* que s'élève le nombre des boîtes livrées annuellement à l'horlogerie, soit en acier oxydé, soit en métal extra blanc, ou en simili-or.

Enfin d'ingénieuses machines élaborent toutes les parties secondaires de l'enveloppe de la montre, telles que *pendants, couronnes et anneaux*, en or, en argent, en plaqué or et argent, et en acier. Un million de ces objets sortent ainsi, tous les ans, de cette manufacture pour s'exporter partout, en France et à l'étranger.

Rien de plus intéressant qu'une visite dans ces ateliers d'où le métal, pris à l'état brut et soumis alternativement à l'action des presses et des outils qui le façonnent, sort complètement transformé, après avoir revêtu les formes multiples sous lesquelles il se répand dans le commerce ou dans l'industrie.

Une telle organisation exigeait, on le conçoit, des débouchés nombreux : aussi des dépôts furent-ils installés à Paris et à Hanoï pour la chaîne de montre et l'orfèvrerie ; à Damprichard et à Porrentruy, pour les pièces détachées de la boîte de montre, sans préjudice de la vente des produits dans les principales villes françaises et étrangères, par l'entremise d'agents nombreux et choisis.

Dix médailles d'or, d'argent et de bronze, obtenues dans plusieurs expositions universelles ou spéciales, témoignent suffisamment des constants efforts de cet établissement pour le perfectionnement de sa fabrication, et attestent incontestablement la bonne exécution de son travail.

LA PHOTOGRAPHIE MAUVILLIER, à BESANÇON.

Parmi les constructions irrégulières qui ont été adossées à l'aile droite du vieux palais Granvelle, sur la rue de la Préfecture, se trouvent installées, d'une part la vitrine de la Société des Beaux-Arts, où sont exposées chaque semaine les œuvres saillantes dues principalement au pinceau d'artistes franc-comtois, et d'autre part les ateliers de photographie de M. Mauvillier. Ceux-ci, construits en 1863 par M. Fragney qui les exploita jusqu'en 1883, devinrent à cette époque la propriété de M. Mauvillier qui comptait déjà quinze années de pratique dans un des plus anciens établissements de ce genre de la ville.

Depuis dix années, les progrès de cette maison ont suivi une marche ascendante qui ne s'est pas ralentie : par le fini de la retouche, aussi bien que par le bon goût qui préside au choix des poses, les épreuves sortant de ces ateliers sont vraiment dignes d'être qualifiées artistiques.

Sans parler des portraits de toutes dimensions, des reproductions et des agrandissements inaltérables au charbon, signalons particulièrement les travaux exigeant des appareils à grandes dimensions pour les vues d'ensemble, les vues panoramiques, les plans d'usines, de propriétés, etc. Des appareils à grand angle prennent sans déformation, et avec un recul restreint, des vues d'intérieur, de monuments élevés, de sous-sol, à la lumière oxydrique ou au magnésium. Les œuvres d'art, objets d'orfèvrerie et pièces d'horlogerie sont obtenus sans reflets dans leurs parties brillantes ou bombées, difficulté vaincue depuis peu et qui permet à la photographie de se substituer au dessin pour ces sortes de reproductions.

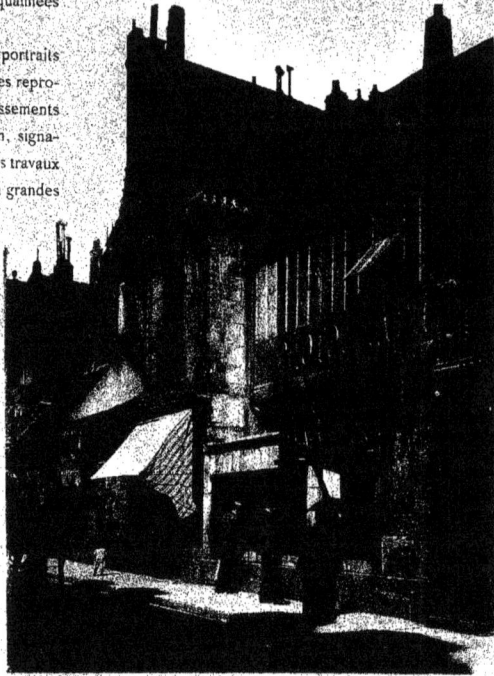

Un vaste atelier disposé spécialement pour les groupes d'ensemble, et dans lequel peuvent prendre place plus de cinquante personnes, réunit toutes les conditions nécessaires pour une bonne exécution.

Une collection complète des monuments, des environs de la ville et des sites pittoresques du département forme un album des plus attrayants à offrir aux amateurs. Les clichés destinés aux reproductions phototypiques sont l'objet d'études spéciales : avec la collaboration de M. Delagrange, imprimeur bien connu de notre ville pour le caractère artistique de ses travaux, des résultats remarquables ont été atteints. Nos lecteurs en jugeront par les quelques vues jetées dans cet ouvrage dont les clichés sont l'œuvre des ateliers Mauvillier.

L'Exposition de Vesoul, en 1892, par une mention de mérite, et celle de Besançon, en 1893, par une médaille de vermeil, ont mis en relief les travaux distingués de cette maison qui enfin, tout récemment, à l'Exposition de Belfort, vient d'être honorée d'une médaille d'or et des félicitations unanimes du jury.

FABRIQUE DE PIANOS, JULES HENRY, à BESANÇON. — La fabrique de pianos Georges et J. Henry, Jules Henry successeur, fut fondée à Besançon en 1860. Dès son début, sous la direction habile de son propriétaire actuel, elle s'attacha à poursuivre ce but : *Donner à ses Pianos une merveilleuse qualité de sons avec tous les éléments d'une construction solide et d'une facture irréprochable, et imprimer à l'ensemble du meuble un cachet de bon goût et une forme artistique.* M. Jules Henry, élève des grands facteurs, technicien consommé et d'une compétence indiscutable, connaissant à fond les ressources de la fabrication susceptibles de développement, ne s'adjoignit pour marcher dans cette voie que des ouvriers de talent, véritables artistes. Aussi les pianos J. Henry, appréciés par les virtuoses à cause de leur sonorité et de leurs touches si dociles aux moindres intentions du doigt, rivalisent-ils sans réserve avec ceux des meilleurs facteurs de Paris et de l'Etranger. A M. Henry revient donc tout le mérite d'avoir su créer et maintenir dans notre ville, par des efforts incessants et des progrès suivis, une branche d'industrie qui y était jusqu'alors inconnue, donnant ainsi un exemple de décentralisation industrielle qui ne saurait rencontrer trop d'imitateurs.

Les diverses parties du piano sont fabriquées séparément, dans des ateliers spéciaux, groupés dans le même local ; tous les modèles, cordes verticales, demi-obliques, obliques et croisées, y sont traités de main de maître avec les derniers perfectionnements. Des études approfondies d'acoustique et de mécanique ont eu pour résultat d'importantes créations :

Pianos à barrages consolidés par contre tirages en fer forgé, en fonte ou en acier, — *Sillets harmoniques* qui donnent aux instruments une puissance de sons, une pureté et un brillant qu'on ne saurait rencontrer dans les autres Pianos.

Un *Piano Pédalier,* instrument ayant en plus un clavier pour les pieds, analogue à celui des grandes orgues et absolument indépendant, pouvant s'adapter à tous les modèles et s'enlever à volonté.

Un Piano *transpositeur* permettant de jouer à vue dans un autre ton que celui de la partition. Par une combinaison spéciale très simple, très pratique, le clavier se déplace, et selon qu'on le fait avancer de plusieurs crans à droite ou à gauche, il transpose automatiquement le morceau d'un ou plusieurs tons tandis qu'on l'exécute tel qu'il est écrit.

Un *Durcisseur,* autre appareil qui sert à rendre à volonté, même pendant l'exécution et d'une façon graduée, le clavier plus résistant pour les élèves qui ont besoin d'acquérir l'indépendance des doigts et les exécutants qui tiennent à développer la vigueur de leur mécanisme.

Une *Pédale d'étude* qui ménage complètement les marteaux et permet de jouer gammes et exercices, sans être entendu.

En dehors de sa manufacture spéciale de pianos, M.J. Henry n'a pas négligé les autres instruments : harmoniums, grandes orgues d'église, instruments de Fanfare, d'Harmonie et d'Orchestre. Cette dernière catégorie, par suite du nombre toujours croissant des sociétés musicales qui se fondent dans les usines et les moindres localités, a pris, depuis quelques années surtout un essor considérable, comme vente, location et réparation. — Si nous ajoutons qu'un vaste magasin de vente et d'abonnements de musique offre au public une collection complète des grands maîtres anciens et les œuvres les plus nouvelles des compositeurs modernes, on reconnaîtra que cet ensemble forme une des Maisons les plus importantes de France. — Les médailles et les diplômes d'honneur obtenus aux Expositions attestent le succès des instruments de ce facteur et sanctionnent le mérite de ses œuvres et les étapes de sa réputation. — Ci-dessus la reproduction de l'extérieur et de l'intérieur des pianos les plus demandés.

MANUFACTURE ROBERT, à TARRAGNOZ.

Au sortir de la ville par la route où s'élevait, tout récemment encore, la porte Notre-Dame, à proximité du tunnel creusé dans le roc vif de la citadelle, et à l'entrée de cette délicieuse vallée de Casamène si recherchée des promeneurs, se dresse l'importante usine de M. Edmond Robert, spécialement affectée à la fabrication des diverses parties détachées de la boîte de montre, notamment des *fendants*, des *couronnes*, des *anneaux*, des *aiguilles*, des *couverts de table* et de l'*orfèvrerie*. A cheval sur le Doubs qui lui fournit une force hydraulique de vingt chevaux, cette usine de création récente a pris depuis sa fondation une extension considérable et mérite à tous égard l'attention du visiteur, tant pour son remarquable outillage que pour l'organisation intérieure de ses vastes ateliers.

Avec un soin digne d'éloges et par une étude suivie des procédés les plus récents de fabrication, M. Robert a su grouper dans son usine les moyens les plus perfectionnés que la science moderne met aujourd'hui à la disposition de ce genre d'industrie. Soit au point de vue technique, soit au point de vue de la salubrité et de l'hygiène, rien n'a été ménagé et tout a été intelligemment compris et installé. On y voit fonctionner les machines-outils les plus complètes : avec une précision rigoureusement mathématique et une activité presque prodigieuse, elles fournissent chaque jour plus de 10,000 pièces différentes, soit en or, soit en argent, ou en plaqué or, en acier, et en divers métaux ordinaires employés universellement par l'horlogerie.

Les ateliers, où la lumière du jour pénètre à travers des baies spacieuses, sont largement aérés et brillamment éclairés, le soir, grâce aux feux électriques engendrés par le puissant moteur de l'usine : plus de 100 ouvriers, classés par catégories spéciales, y trouvent un travail assuré et régulier, en même temps qu'un salaire suffisamment rémunérateur.

En outre, deux ateliers distincts sont annexés à l'usine principale. L'un pratique le dégrossissage de l'argent et des métaux inférieurs pour les monteurs de boîtes : l'autre, non moins intéressant, traite les *cendres* provenant des balayures des graveurs, des monteurs de boîtes, etc.

Une fabrication si soignée devait trouver un rapide et facile écoulement : aussi ses produits sont-ils connus et appréciés maintenant dans toute la France et notamment dans les principaux centres horlogers, sans parler des nombreux fabricants étrangers qui ont su les estimer à leur juste valeur.

Cet exposé sommaire suffit à peine à donner une idée de l'importance d'une telle fabrication : mais on peut affirmer que l'usine Robert est pour ainsi dire unique et que, dans son genre, elle contribue pour une large part à la prospérité de l'horlogerie en Franche-Comté.

LES PAPETERIES BISONTINES, AUX PRÉS-DE-VAUX

Une révolution s'opérait, il y a quelques années, dans l'industrie du papier : à la pâte de chiffons et aux autres matières premières employées jusqu'alors, on trouvait le moyen de substituer la pâte de bois. Le procédé fit rapidement fortune. La Franche-Comté, essentiellement montagneuse et boisée, devait se ressentir de cette innovation : Novillars devenait un lieu de production importante de ce nouvel élément du papier, la *cellulose*.

Quelques années ensuite, aux Prés-de-Vaux, au pied de la forteresse de Bregille et en face de la vieille citadelle de Besançon, dont elle n'est séparée que par le Doubs, sortait de terre une usine incomparable où les nouveaux procédés de fabrication ont reçu leur complet développement.

Pour n'avoir pas innové les moyens qu'elle met en œuvre, la Papeterie des Prés-de-Vaux n'en a pas moins tiré les plus merveilleux résultats obtenus jusqu'à ce jour. C'est peut-être à l'heure actuelle la manufacture de ce genre la plus importante. Baignée par la rivière, dans un délicieux détour de sa vallée, dominée par de hautes montagnes cultivées et regardant les rocs de la Porte-taillée, elle se trouve à la fois dans un site plaisant et dans les conditions d'exploitation les plus favorables. Une dépendance de la voie ferrée de Besançon à Morteau rampe au milieu de ses constructions : les bateaux peuvent aborder à quelques mètres de ses murailles. La lumière du jour inonde les baies spacieuses qui éclairent les ateliers de toutes parts, et à son défaut, l'électricité y verse à flots son étincelante clarté. La nuit, le voyageur que la locomotive entraîne sur les flancs de la citadelle et des rochers de Saint-Léonard contemple avec surprise, au fond du précipice qu'il domine, ces bâtiments aux contours mal définis, d'où sortent des gerbes de lumière et le sourd murmure du travail : on dirait d'un antre féérique où bruit l'activité insatiable qui jamais ne s'endort.

C'est d'ailleurs une grandiose impression que celle produite par la vue de ces halls immenses et des machines puissantes, luxueuses de propreté, qu'ils abritent. L'esprit reste frappé en suivant l'inextricable dédale d'appareils où le bois émietté, en bouillie claire d'abord, s'écoule, se condense et s'étire à la fin en d'interminables bandes de papier d'une largeur inconnue partout ailleurs. Les trois machines de l'usine, trois sœurs remarquables par leur force et par leur précision, animées par l'ardeur inépuisable du merveilleux moteur enfanté par le Creusot, vomissent avec fièvre leurs 30.000 kilogrammes de papier par jour.

Une production aussi abondante par des machines montées d'hier se passe de commentaires : elle forme une notable fraction du produit total des papeteries françaises. C'est donc un service méritoire que les organisateurs de cette industrie à Besançon ont rendu à la ville et à toute la Comté, en contribuant à donner un nouvel essor au travail, à la richesse et à la renommée de la région.

LA FABRIQUE DE SOIERIE DE CHARDONNET

Aux portes même de Besançon se trouve transplantée une industrie qui demandait jadis au Midi son vivifiant soleil, et à la Provence ses mûriers verdoyants. Par un miracle comme seule la science est capable d'en produire, la soie artificielle sort chaque jour de notre Franche-Comté, non plus sécrétée par le fragile organisme du ver-à-soie, mais débordante à flots de la superbe usine des Prés-de-Vaux. Nos vieux pins montagnards accumulaient depuis des siècles dans leurs fibres ce fil incomparable et précieux : il fallait un hasard et un génie pour aller l'y découvrir et pour leur arracher leur trésor.

En 1884, M. le Comte de Chardonnet, en faisant des recherches sur les poudres de guerre, trouvait le moyen de produire un fil excessivement brillant, souple et fin. Le savant inventeur applique toutes ses recherches à cette découverte fortuite. plus tard si féconde : ses efforts de quatre années au château du Vernay (Isère), lui valurent à l'Exposition de 1889 un commencement de célébrité et la croix de la Légion d'honneur.

Restait à exploiter industriellement la découverte : ce fût l'œuvre difficile de M. Weibel, industriel à Novillars, que la mort vient de ravir trop tôt à ses multiples travaux. Il fût le premier administrateur de l'organisation magnifique que nous avons la gloire de posséder aujourd'hui. Pour surmonter les obstacles qui ne manquent pas dans une entreprise aussi neuve, M. Weibel fût admirablement secondé par le zèle actif du Directeur, M. Denis, et les recherches assidues de M. Nyssen, le chimiste du laboratoire.

Après des essais opiniâtres, le plus souvent infructueux, on est parvenu à suppléer avantageusement au travail du ver-à-soie dans la fabrication de sa fibre. La première opération consiste à rétablir avec tous ses éléments chimiques la matière sécrétée par le ver. La cellulose extraite soit du coton, soit du bois, de sapin notamment, est transformée en nitro-cellulose : celle-ci dissoute dans un mélange d'éther et d'alcool donne un collodion. En traitant chimiquement ce dernier, on parvient à lui procurer à l'analyse tous les éléments constitutifs du gris du ver-à-soie. Cette bave végétale, comme le produit sécrété qu'elle imite, est suffisamment fluide pour couler, assez dense pour se solidifier rapidement. Dans ce but, une forte pression atmosphérique la force à s'échapper d'un étroit tube de cristal (c'est la trompe du ver-à-soie). Au milieu des feux électriques qui l'éclairent, on la voit sortir d'un effort lent et continu, en un jet souple et brillant qui l'emporte en éclat sur la véritable soie elle-même.

Chaque jour l'usine unique se développe : dans un avenir prochain, l'habileté de ses chimistes tirera de ses dociles filières 1.000 kilogrammes de soie par 24 heures. Les places du monde entier attendent avec passion ce qu'enfantera l'œuvre qui vient de naître. Nul coin de notre Comté ne méritait d'attirer davantage l'admiration et la sympathie. C'est œuvre rude que de combattre dans l'avenir une concurrence séculaire : c'est œuvre de fée que d'avoir tiré pour tous du bois vulgaire, de la planche de sapin qui n'abritait jadis que le cadavre du pauvre, les brillantes étoffes où le riche aujourd'hui enveloppe sa fastueuse élégance.

MANUFACTURE DE CHAUSSURES, G. GAIFFE, à BESANÇON.

La fabrique de chaussures de M. Gaiffe a été fondée en 1880 et fut installée tout d'abord à l'intérieur de la ville. Mais l'extension prise par ses affaires mirent le fondateur dans l'obligation de transporter extra-muros son usine qui, en 1884, fut construite à Champforgeron, à dix minutes de Besançon.

Cette fabrique, mue par la vapeur, est munie de toutes les machines et procédés nouveaux qui ont fait de la fabrication de la chaussure de confection un travail presque entièrement mécanique.

L'Usine de Champforgeron emploie, tant à l'intérieur qu'à l'extérieur de ses ateliers, un personnel de 230 ouvriers et ouvrières, et fournit en outre du travail à tous les détenus de la maison cellulaire de Besançon et du Pénitencier militaire du 7e Corps d'Armée. Les ateliers spéciaux de tissage occupent aussi un nombreux personnel à Sérigny (Oise) et à Ligny-en-Barrois (Meuse).

En dehors de la pantoufle de tresse et de lisière fabriquée plus particulièrement dans les prisons, l'usine de Champforgeron produit dans ses ateliers certains genres de chaussures brevetés, tels que la pantoufle de repos dite « Chausson consolidé, » le Soulier-Sport, article spécial pour vélocipédistes et sportmens, et la chaussure à semelage incombustible, à l'usage des ouvriers métallurgistes.

L'établissement des nouveaux tarifs douaniers entre la France et la Suisse a décidé M. Gaiffe à installer une succursale de son usine à Carouge, près de Genève, dans le but de satisfaire la clientèle qu'il possédait en Suisse.

L'usine de Genève produit exclusivement la pantoufle de tresse et de lisière avec semelle en cuir, chaussure que nos voisins désignent sous le nom de babouche. Quoique de création très récente, cette manufacture fournit déjà du travail à un personnel de 110 ouvriers et ouvrières libres, sans compter les détenus du pénitencier de Sion qui sont employés aux travaux de tissage.

Dans le but de procurer à ses deux établissements les matières premières dans les meilleures conditions de bon marché, M. Gaiffe vient d'annexer à l'usine de Champforgeron des ate-liers pour la fabri-

cation des tresses et des lacets servant à la confection des chaussons. — Dans la description sommaire que nous faisons des établissements G. Gaiffe, nous ne devons pas oublier le magasin de vente et le salon de mesures installés à Besançon même, rue Saint-Pierre, et où se fabriquent les chaussures sur mesure cousues à la main. Ces chaussures établies d'une façon rationnelle, c'est-à-dire d'après la forme naturelle du pied, lui laissent toute aisance et ne le blessent jamais : La garniture intérieure est composée de façon à rendre la chaussure souple à la marche, légère et hygiénique. — Grâce aux achats de matières premières effectués par quantités considérables pour les besoins des divers établissements que nous venons d'énumérer, ces chaussures sur mesure, tout en réunissant les qualités d'une excellente confection, sont livrées à la clientèle à des prix aussi réduits que certaines chaussures de fabrication mécanique et de qualité bien inférieure.

LA MANUFACTURE FROMENT, à SAINT-CLAUDE, près BESANÇON.

Cette manufacture, fondée à Metz en 1866, dut au moment de la guerre franco-allemande, être transférée à Besançon, ou plutôt dans sa banlieue, à Saint-Claude, à proximité de la gare de la Viotte. De 1866 à 1884, cet établissement, tant à Metz avant 1870 qu'à Besançon depuis 1871, était exclusivement affecté à la fabrication d'effets d'habillement à l'usage de l'armée et prenait chaque jour une importance

plus grande : mais ce fut en 1884 qu'il acquit réellement un développement marqué. A cette époque en effet, M. Froment, prenant part aux adjudications générales du Ministère de la Guerre, obtint la fourniture totale des effets d'habillement, de coiffure, d'équipement et de chaussure, nécessaires aux troupes stationnées sur le territoire du 7e corps d'armée.

Pour l'exécution de ce service, de nombreux ateliers durent être créés pour la confection des effets de grand équipement et de chaussure : cette création donna naissance à une industrie qui n'existait pas encore dans la région. La livraison de fournitures nécessaires à d'autres corps d'armée fut également confiée à cette manufacture dont la vitalité ne fit dès lors que s'accroître davantage.

Plus récemment encore, M. Froment désirant donner à son établissement une extension plus grande obtenait des commandes du Ministère de la Marine pour l'administration maritime du port de Toulon.

A l'heure actuelle, la manufacture confectionne tout ce qui se rapporte à l'habillement et à l'équipement des troupes : capotes, manteaux, dolmans, tuniques, pantalons, vestes, képis, shakos, ceinturons, bretelles de fusil, gibernes, porte-épée-baïonnette, porte-sabre, cartouchières, havre-sacs, brodequins, bottes, souliers, etc.

M. Froment habille et équipe de nombreuses compagnies de sapeurs-pompiers, des sociétés de musique, de gymnastique, etc., auxquelles les meilleures conditions d'achat sont faites. De longs crédits sont accordés aux communes, ainsi qu'aux sociétés qui peuvent fournir de sérieuses références. Est-il besoin d'ajouter que les étoffes employées sont toutes de premier choix et que la confection est l'objet des plus grands soins ? Les marchés successifs remis à M. Froment par l'administration de la Guerre sont des garants suffisants de la bienfacture de ses produits.

La force motrice est fournie par une machine à vapeur, et le transport de cette force dans les ateliers s'effectue au moyen d'un cable télédynamique. Les machines à coudre elles-mêmes sont mues mécaniquement par un ingénieux système permettant d'obtenir, sans transition, différentes vitesses. D'autres machines, inventées ou perfectionnées par M. Froment, activent les travaux de traçage, de coupe, de pressage, et assurent une production considérable.

Plusieurs centaines d'ouvriers et d'ouvrières sont occupées soit au-dehors, soit dans les ateliers très vastes et largement éclairés. Le personnel jouit de tous les bienfaits d'une sage et bonne administration, et une assurance, dont la prime est exclusivement payée par M. Froment, garantit tous les membres de cette colonie ouvrière contre les risques et les conséquences des accidents. — La Manufacture est reliée au réseau téléphonique de Besançon, qui lui-même correspond avec Dijon, Paris, et les réseaux interurbains.

FABRIQUE DE CELLULOSE. — USINES J.-B. WEIBEL & Cⁱᵉ, à NOVILLARS.

A Novillars, petit village sur les bords du Doubs, et à dix kilomètres de Besançon, la rivière navigable d'un côté, le chemin de fer de l'autre, limitent sur une longueur de plus de cinq cents mètres un vaste terrain de dix-neuf hectares de superficie. C'est là qu'en 1882 M. Weibel installa pour la fabrication de la pâte à papier, dite cellulose, l'usine pittoresque dont les constructions étendues attirent de loin les regards et font immédiatement concevoir l'idée de son importance productive.

La cellulose qu'on y obtient est une préparation de pâte de bois au bisulfite : cet unique objet de fabrication trouve un écoulement considérable dans l'approvisionnement des papeteries. Broyées sous leurs innombrables cylindres, les plaques de cellulose grisâtre ressortent en feuilles de papier interminables, d'une éclatante blancheur. Il n'est guère, à cette heure, d'industriels qui ne reconnaissent les multiples avantages de cette matière première : elle laisse loin derrière elle l'antique bouillie de chiffons, et presque partout la fabrication du papier la fait entrer dans ses cuves. Ce sont moins les inconvénients de l'ancienne préparation qui ont fait renoncer dans les papeteries à l'emploi des chiffons, que la difficulté que l'on éprouve à présent à les recueillir en quantité suffisante.

Les besoins matériels et intellectuels de notre civilisation, chaque jour plus pressants, exigeaient une production économique et abondante : la cellulose seule était à même de leur donner satisfaction. Ce mode de fabrication aujourd'hui si répandu explique à la fois la rapidité du développement de l'usine et son activité actuelle : en 1882, à son installation, la production annuelle, qui n'était que de 1.500 tonnes, atteint aujourd'hui, après une progression continue, le chiffre de 9,000 tonnes.

Une Société, constituée d'abord en commandite simple pour l'exploitation des usines de Novillars, fut transformée, en 1885, en une Société en commandite par actions, au capital de 1.800,000 francs, et M. J.-B. Weibel en fut nommé gérant. Grâce à cette habile direction, les affaires ont pris et conservé leur allure progressive. L'Usine envoie présentement ses pâtes sèches dans la France entière, et son exportation, depuis son début, acquiert chaque jour un développement plus considérable.

Pour donner encore plus d'extension à ses usines, M. Weibel créa, en 1889, la Société anonyme des Papeteries Bisontines dont la notice se trouve exposée à la page 50 de cet ouvrage, et qui emploie une grande partie des produits fabriqués à Novillars.

LA PAPETERIE DE TORPES.

La création de la Papeterie de Torpes a été amenée par l'annexion de l'Alsace à l'Allemagne. MM. Zuber, Rieder et Cⁱᵉ, à qui elle est due, exploitent depuis plus d'un demi-siècle la Papeterie de l'Ile Napoléon, près Rixheim (Alsace). Voulant à tout prix maintenir leurs relations avec la France, et désirant favoriser l'établissement de nombreuses familles alsaciennes de leur entourage, décidées à vivre sur le sol français, ils se mirent en 1878, à la recherche d'un emplacement convenable pour y créer une importante fabrique de papiers. — Leur choix s'arrêta sur un terrain situé rive gauche du Doubs, en face de la gare de Torpes, sur le territoire de la commune de Boussières. Cet emplacement leur permettait, entre autres avantages, d'utiliser une force de 300 chevaux fournie par le barrage voisin.

Les travaux commencés au printemps 1881, furent poussés activement. En même temps, un pont métallique, jeté sur le Doubs, reliait l'Usine à la gare de Torpes. A la fin de 1882, tout était prêt. La machine à papier fût mise en train le 20 Février 1883, moins de deux ans après le début des constructions.

M. G. Lamy, Ingénieur des Arts et Manufactures, qui avait présidé aux travaux, fût chargé de la direction du nouvel établissement. Il venait de passer associé-gérant de la Société Zuber, Rieder et Cⁱᵉ, lorsqu'il mourût, en mars 1893, laissant d'unanimes regrets.

L'Usine de Torpes fait tous les papiers fins et superfins pour lesquels elle prépare elle-même les pâtes de chiffons et les celluloses de paille et de bois. Quoiqu'on n'y travaille pas le Dimanche, sa production a atteint 1,400,000 kilogrammes dans l'année, avec une seule machine à papier, résultat d'autant plus beau que les sortes fabriquées sont excessivement nombreuses et variées. On y trouve tous les papiers d'écriture, *vélins*, *vergés* ou *filigranés*, depuis les modestes cahiers d'écolier jusqu'aux plus fines *coquilles*, les papiers pour les impressions de luxe (*), pour la chromolithographie et la phototypie, les *parchemins* et les *registres*. Elle fait aussi les cartons pour cartes de visite et autres et découpe les roulettes-bandes employées par les télégraphes, dont un caprice de la mode vient de faire les serpentins.

La visite de la Papeterie de Torpes est des plus intéressantes. La disposition judicieuse des ateliers ; la superbe machine à papier construite par M. Allimand, de Rives, la plus large qui fût sortie, en 1882, d'un atelier français ; — les vastes dépôts de chiffons et de pâtes de toutes catégories ; l'air et la lumière qui pénètrent partout, en font un établissement de premier ordre, où tout a été aménagé en vue d'assurer la sécurité et l'hygiène des ouvriers. L'usine annexe dans laquelle le visiteur peut voir les bottes de paille et les bûches

(*) Le présent ouvrage est imprimé sur du papier de l'usine de Torpes.

de bois se transformer, pour ainsi dire sous ses yeux, en une cellulose d'une blancheur immaculée, mérite aussi une mention toute spéciale. Il convient également de signaler les cités ouvrières, pourvues d'une distribution d'excellente eau de source, et dans lesquelles chaque famille trouve un logement sain, isolé, ayant son jardinet particulier.

La création de cet important établissement a eu pour résultat de doubler la population des deux villages voisins, Boussières et Torpes, par suite des nombreux ménages principalement alsaciens, qui sont venus s'y fixer. De nouvelles voies de communication ont été créées pour utiliser le pont établi aux frais de l'usine et devenu propriété du Département. Aussi ce coin de terre, peu fréquenté jadis, est-il aujourd'hui des plus animés, car la Papeterie provoque par ses affaires un mouvement considérable.

Une habile direction, ainsi que les bons rapports, basés sur une estime réciproque, qui n'ont cessé de régner entre les ouvriers, les contre-maîtres et les chefs de l'établissement, ont permis à l'usine de Torpes d'atteindre, dès le début, des résultats remarquables. C'est ainsi qu'à l'Exposition universelle de 1889, six ans seulement après sa mise en marche, elle a valu à MM. ZUBER, RIEDER et Cie, une Médaille d'Or pour les papiers et une Médaille d'Argent pour les celluloses.

LOINTAINS SOUVENIRS

Le vieux chemin du nord, derrière la colline,
Serpente au bord du bois, abrité du soleil :
C'est un endroit désert d'où le regard domine
Un horizon bleuâtre et vaste, aux mers pareil.

Là-bas... là-bas.. ce sont les Vosges solennelles ;
Plus loin encor, les monts d'Alsace, vaporeux :
Pour aller vers la plaine, on prend des sentiers creux
Où la mûre noircit à côté des prunelles.

Ah ! que de fois, tout seul, sur le chemin du nord,
Dans des terrains marneux, mordus par les ornières,
Je rêvais, à cette heure où le soleil s'endort,
Baignant le ciel brouillé de ses pourpres dernières !

L'obscurité paisible emplissait les forêts,
Les oiseaux se taisaient déjà dans l'ombre grise,
Et frileux, je tremblais par moment sous la brise,
Haleine de l'automne aux soirs brumeux et frais.

Sur les routes, parmi d'anciennes fondrières,
Des chariots grinçaient, cahotants et lointains,
Et de lents angélus, aux tintements éteints,
Vibraient, mystérieux ainsi que des prières.

Les pieds trempés de boue et les yeux attentifs,
Je m'arrêtais, dompté par le calme des choses,
Trouvant un charme exquis dans ces brouillards moroses
Et des rêves de paix dans ces clochers plaintifs !

Et quand, sur ce pays divinement sauvage,
La nuit s'épaississait, absorbant les contours,
Je reprenais pensif le sentier du village,
Entre les bois obscurs et de vagues labours.

Après la libre course en pleins champs, en plein rêve,
Qu'il est doux de rentrer en automne, le soir !..
Les vitres des maisons luisent, Vénus se lève,
Et les bœufs, en meuglant, marchent vers l'abreuvoir.

Des claquements de fouets, des grincements de roue
Se mêlent sur la route à des jurons patois,
Et là haut, la fumée où la brise se joue
Tord ses moutonnements au-dessus des vieux toits !..

Pour la soupe du soir on allume les poêles :
Leurs gueules, scintillants points d'or, charment les yeux;
A travers les carreaux leurs rougeoiments joyeux
Naissent comme un essaim de terrestres étoiles !

L'air est plein de l'odeur des vaches et des bœufs,
La nuit prête un mystère et des formes lointaines
Aux groupes ébauchés dans les chemins bourbeux....
Et l'on entend chanter d'invisibles fontaines!....

CHARLES GRANDMOUGIN.

BAUME-LES-DAMES

La ville de Baume-les-Dames, dont la population est de 2,555 habitants, est située à 31 kilomètres de Besançon, sur la voie ferrée de Dijon à Belfort. Chef-lieu d'une sous-préfecture, elle est aussi le siège d'un tribunal d'instance et de justice de paix et possède de longue date un collège fréquenté, ainsi qu'un hôpital assez spacieux. Elle est assise au sein d'un riant vallon qui s'évase en une large prairie arrosée, sur l'un de ses bords, par les eaux du Doubs dont une partie est réservée au canal du Rhône au Rhin.

Son origine remonte aux temps les plus reculés. Bâtie par les Celtes, elle avait au XI° siècle plusieurs églises paroissiales. La ville s'étendait alors sur la montagne de Saint-Léger, et occupait par conséquent une étendue beaucoup plus vaste qu'aujourd'hui. Cette partie *haute* de la ville, détruite au XII° siècle par le duc Berthod, n'a pas été reconstruite, et depuis cette époque Baume s'est trouvée réduite à la place qu'elle occupe aujourd'hui. En 1326, le Parlement y tint quelques séances.

Baume-les-Dames renfermait autrefois une abbaye célèbre fondée au IV° siècle : douze chanoinesses, avec les professes et les novices, formaient cette communauté dont les places n'étaient attribuées qu'aux *demoiselles ayant fait preuve de seize quartiers de noblesse*. Aux XII°, XIII° et XIV° siècle, les dames de Baume portaient le titre de comtesses, et leur abbesse jouissait de prérogatives très étendues.

L'abbaye est demeurée longtemps célèbre par son luxe princier, et l'installation de ses cuisines a laissé notamment dans le pays une réputation devenue légendaire. Les fameux *craquelins* de Baume, les succulentes pâtes de coings et de pommes, fabriqués encore de nos jours par certains habitants du pays suivant les recettes culinaires laissées par les chanoinesses, sont des produits dont la finesse justifie la vieille réputation, et dont la délicatesse est bien de nature à satisfaire les palais les plus raffinés.

Sur le flanc d'une des cinq montagnes qui environnent la ville, on voit à peine encore les ruines d'un ancien château, l'un des plus importants de la Comté. Cette forteresse, dont le Comte Othon II avait donné la garde à Hugues IV, duc de Bourgogne, fut brûlée en 1576, après la défaite de Charles-le-Téméraire à Morat.

Depuis de longues années, Baume-les-Dames a perdu une bonne partie de l'activité qu'elle avait autrefois. A Cour-les-Baume, petit village qui, dans un avenir peu éloigné, confondra son territoire avec celui de Baume, se construit actuellement une filature importante. C'est au sortir de ce village, à l'embouchure d'un gracieux cours d'eau, le Cuisancin, dont la truite est renommée, que s'élevait jadis le *Moulin Sicard*, autrefois papeterie appartenant au château de Vaîte, et qui servit de refuge, en 1792, à un grand nombre de prêtres du pays. Une fabrique de pipes y est installée depuis quelques années.

Dans cette vallée si fraîche se trouve l'établissement thermal de Guillon, aux eaux sulfureuses, imitant celles de Barèges et d'Enghien : récemment une société a transformé cette station balnéaire, en lui donnant tout le luxe et le confort modernes. Aux environs, les *Sources du Cuisancin*, les *Grottes de Montivernage*, d'*Orsans*, de *Buin*, le *Puits d'Allots*, la *Glacière de la Grâce-Dieu* sont autant de buts d'excursions qui font l'admiration des étrangers et rendent ce séjour agréable aux baigneurs.

FABRIQUE DE PRODUITS CHIMIQUES, SCHWANDER & BIDERMANN
à HYÈVRE-PAROISSE, par Baume-les-Dames.

Dans cette riante vallée du Doubs dont les aspects pittoresques et les sites variés frappent par leur beauté le voyageur allant de Besançon à Belfort, la partie qui s'étend de Baume-les-Dames à Clerval est particulièrement recherchée des peintres et des amateurs.

C'est à Hyèvre-Paroisse, village de 260 habitants, dans le canton de Baume, que chaque année le regretté Pelouze s'installait, et c'est de là que sont sorties plusieurs de ses meilleures inspirations.

Beaucoup d'autres peintres, et surtout de nos maîtres francs-comtois, y sont venus et y viennent encore chercher les éléments de leurs plus belles compositions.

Mais, quoique si bien connue et fréquentée des artistes, cette petite région, malgré sa situation exceptionnelle, semblait mise en dehors du mouvement industriel qui gagne toute la vallée. Il existe pourtant, en amont d'Hyèvre, à l'écluse du Bief de l'Ermite, un barrage puissant créé pour la navigation, et dont les cascades bruyantes semblaient jusqu'à ce jour n'avoir eu d'autre objet que d'ajouter un charme de plus à ce beau paysage.

Frappés de la position exceptionnelle de cette force motrice jusqu'alors inoccupée, MM. Schwander et Bidermann sont venus installer à cet endroit une usine pour la fabrication des produits dérivés du bois. La situation de cet établissement est, en effet, presque unique au point de vue industriel. Placé au centre d'un pays riche en forêts, sur la route nationale et sur le canal du Rhône au Rhin, il se trouve à proximité de la voie ferrée de Besançon à Belfort, à laquelle il peut être raccordé facilement. Le canal qui alimente ses puissantes turbines sert de port spacieux aux bateaux qui y amènent les matières premières et en transportent les produits.

La puissance fournie par la chute du Doubs a permis non-seulement de distribuer à profusion la lumière électrique dans toutes les parties intérieures et avoisinantes de l'usine, mais encore de l'utiliser comme force motrice et de la transporter partout où il en est besoin, pour l'appliquer à maints usages où elle vient suppléer, avec une grande économie, à une main-d'œuvre considérable. D'autre part, cette force électrique trouve encore un nouvel emploi par son application à diverses manipulations électro-chimiques où elle intervient comme agent direct.

Cette installation récente, est basée sur les derniers progrès de la science appliquée à l'industrie : les résultats déjà obtenus font prévoir un avenir de prospérité à cette usine dans laquelle se fabriquent déjà en grandes quantités, et par des procédés qui donnent des produits irréprochables, les méthylènes, les acétates et les autres dérivés du bois et du goudron dont la nomenclature est si variée et les emplois si divers dans les arts et dans l'industrie.

MONTBÉLIARD

Montbéliard, situé au centre d'une plaine fertile, au confluent de l'Allan, de la Savoureuse, et de la Luzine ou Lizaine, sur le canal du Rhône au Rhin, compte une population de 9,000 habitants. Son altitude est de 322 mètres. Des fouilles pratiquées aux XVII° et XVIII° siècles, à l'extrémité de la partie occidentale de la ville, attestent son antiquité et démontrent son existence déjà à l'époque romaine. Au IX° siècle, l'ancien *Castrum* ou *Oppidum Montisbiliardiæ* était probablement le chef-lieu des cantons d'Elsgaw et de Sundgaw, qui dépendaient du duché d'Alsace. Un des princes de la famille d'*Atticon*, *Louis de Habsbourg* et de *Montbéliard*, vers l'an 1005, fut la tige des comtes héréditaires de ce dernier nom, qui s'éteignirent avec Thierry II, en 1156.

Aux XI° et XII° siècles, la ville de Montbéliard ne comprenait, avec son château construit sur un rocher élevé, qu'un groupe de maisons assises à ses pieds. En 1283, Renaud de Châlon, frère d'Othon IV, comte palatin de Bourgogne et comte de Montbéliard, affranchit les habitants de *toutes tailles, prises, corvées et autres services de servitudes*, et leur accorda un régime municipal. Ces concessions, confirmées par ses successeurs, eurent pour résultat d'augmenter rapidement la population. A cette époque, la ville était protégée par de hauts murs d'enceinte flanqués de tourelles et entourés d'un double fossé : elle était défendue par une citadelle, appelée le *Château de la Crotte*, agrandie et fortifiée plus tard, en 1483, 1610 et 1633. Ces fortifications furent détruites en 1676 par les troupes françaises commandées par le maréchal de Luxembourg : l'occupation française dura vingt-et-un ans, jusqu'à la paix de Riswick, et fut renouvelée de 1734 à 1736.

La population de Montbéliard qui, en majeure partie, professe la religion protestante suivant le rite de la confession d'Augsbourg, est très industrieuse. On peut affirmer que cet arrondissement est un de ceux où l'industrie a acquis le plus grand développement, et les nombreuses usines qui s'y sont tour à tour développées lui assurent désormais une prospérité qui s'accroîtra encore dans l'avenir. On y fait un commerce important d'horlogerie, de bonneterie, de tissus, et de bois de construction.

Parmi les édifices remarquables, on distingue surtout le château dont les deux tours imposantes dominent la ville et la belle petite vallée de l'Allan. Il était composé autrefois de deux parties distinctes, le *Châtel-devant* et le *Châtel-derrière*. Des deux tours principales, l'une date du XV° siècle, l'autre fut reconstruite en 1594. L'enceinte du château, avec ses salles immenses et ses cours spacieuses, servait d'arène aux jeunes guerriers qui venaient jadis, dans les tournois, lutter de force et d'adresse sous les yeux des princes et des nobles damoiselles. Aujourd'hui ce fastueux décor a disparu, ne nous laissant que le souvenir de ces fêtes brillantes : la caserne a remplacé le castel. On n'entend plus l'éclat joyeux des fanfares, ni la voix du hérault d'armes proclamer les noms des glorieux vainqueurs. Les chevaliers bardés de fer, montés sur leurs vigoureux coursiers chamarrés d'or, ont fait place à l'humble fantassin de nos jours, à l'aspect moins chevaleresque peut-être, mais dont la valeur ne le cède en rien à la fougue orgueilleuse des anciens preux.

Le château de Montbéliard a reçu dans ses murs les personnages les plus illustres : les empereurs Rodolphe Ier, en 1289 ; Sigismond, en 1418 ; Maximilien Ier en 1493 ; Joseph II, en 1781, et Alexandre en 1814 ; Jean-sans-Peur, en 1396 et en 1418 ; Charles-le-Téméraire, en 1474, et Philippe-le-Bel, en 1208 ; en 1444, le Dauphin qui fut plus tard Louis XI, et en 1831, Louis-Philippe Ier ; le grand-duc Paul, de Russie, en 1782 ; le prince Henri, frère du grand Frédéric de Prusse, en 1786, etc.

Parmi les autres monuments, il faut citer encore : l'*Hôtel-de-Ville*, construit en 1778 ; les *Halles* qui datent de 1536 ; les églises *Saint-Martin* (1502) et *Saint-Georges* (1674) ; l'*Hôpital*, réédifié en 1759 ; l'*Eglise catholique*, sur une hauteur qui domine la ville, monument remarquable par son architecture ; les statues en bronze de *Georges Cuvier*, par David d'Angers, et du *Colonel Denfert*, l'héroïque défenseur de Belfort pendant la guerre franco-allemande.

Les deux noms que nous venons de citer, *Cuvier* et *Denfert*, tous deux également célèbres, quoique dans un ordre bien différent, ont laissé à la postérité un souvenir impérissable.

Georges-Léopold Cuvier, issu de parents pauvres, naquit à Montbéliard, le 23 août 1769 : par son génie et son esprit merveilleusement doué, il acquit rapidement dans les sciences naturelles une réputation qui lui valut les distinctions honorifiques les plus élevées. Secrétaire perpétuel de l'Académie des Sciences, conseiller d'Etat, membre de l'Académie française, créé baron par Louis XVIII, et enfin pair de France, Cuvier mourut à l'âge de 62 ans, le 13 mai 1832, emportant avec lui le regret de n'avoir pu terminer d'importants travaux récemment entrepris.

Denfert-Rochereau, (Pierre-Marie-Philippe-Aristide) n'est point un enfant de Montbéliard : mais sa brillante conduite pendant la guerre de 1870, dans cette partie du territoire envahi, lui a valu le droit de cité. Né à Saint-Maixent (Deux-Sèvres), le 11 janvier 1823, il entra à l'Ecole Polytechnique, à Metz, d'où il sortit sous-lieutenant du génie. Promu au grade de colonel après la guerre, il mourut à Versailles, le 11 mai 1878. Officier très distingué et plus tard homme politique, il a laissé un nom synonyme d'héroïsme et de bravoure. Deux statues ont été élevées à sa mémoire : l'une, à Montbéliard, au mois de septembre 1878 ; l'autre à Saint-Maixent, en mai 1880.

La principauté de Montbéliard fut réunie à la France le 10 octobre 1793.

LA BRASSERIE LOUIS ARLEN & Cⁱᵉ, à MONTBÉLIARD

Une des industries qui depuis quelques années ont subi une transformation des plus complètes est sans contredit la Brasserie.

Naguère, la supériorité des bières allemandes était incontestable, et les bières françaises ne pouvaient lutter avec elles. Après la guerre franco-allemande, il devenait difficile d'aller puiser à pareille source. A cette époque aussi, et par suite des diverses maladies de la vigne, la bière n'était plus seulement une boisson d'agrément : elle devenait aussi un breuvage nécessaire appelé à remplacer les vins falsifiés et d'un prix trop élevé. Les brasseurs français comprirent que le moyen le plus efficace pour perfectionner leur fabrication était, si pénible qu'il pût être, d'étudier les procédés allemands, pour arriver à imiter leurs rivaux. La brasserie Arlen fut des premières à entrer dans cette voie. — Montbéliard possédait de longue date une ancienne brasserie où M. Louis Arlen vint, en 1880, pour remplir les fonctions de directeur, et dont il fit l'aquisition l'année suivante. Originaire de Strasbourg, élevé dans cette industrie, M. Arlen, après plusieurs années passées en Allemagne à l'étude de la méthode allemande, apportait avec lui une compétence exceptionnelle qui devait amener promptement la brasserie de Montbéliard au rang des meilleurs établissements de ce genre.

Aujourd'hui sont installées de vastes caves, avec leurs doubles murs garnis de liège pour donner à celles-ci un isolement complet, et où règne une température constante excessivement basse, obtenue au moyen de la glace naturelle et de machines frigorifiques. L'éclairage électrique jette à profusion sa lumière dans toutes les parties de cette installation modèle. Les malts et les houblons employés pour la fabrication, choisis avec soin, donnent à cette bière une saveur qui la rend analogue aux bières de Strasbourg et une qualité qui permet de l'expédier dans toutes les régions, notamment dans la Franche-Comté et les départements limitrophes. Pour les distances plus grandes, telles que Paris, Cette, etc..., des wagons-glacières effectuent le transport des bières sans aucune altération, celles-ci arrivant à leur destination à une température presque égale à celle des caves d'origine.

Depuis quelques années, des bières en bouteilles, traitées par la méthode Pasteur, sont expédiées jusque dans nos colonies de l'Extrême-Orient.

Aussi la production s'est-elle rapidement développée : elle donne aujourd'hui en un mois ce qu'elle fournissait autrefois en un an. Des médailles d'or, des diplômes d'honneur obtenus aux expositions de 1885, 1887, 1891 et 1893, ont couronné les efforts de M. Arlen qui enfin, en 1894, était mis hors concours et nommé membre du jury. — Tout récemment cette brasserie s'est transformée en société en commandite par actions, sous la raison sociale Louis Arlen et Cⁱᵉ, dans le but d'augmenter la puissance de ses moyens et de donner une extension nouvelle qui permettra dorénavant de classer cette maison parmi les établissements de premier ordre.

LE GAZ PORTATIF CARMIEN, Breveté S.G.D.G., à MONTBÉLIARD.

Un industriel de Montbéliard, chercheur infatigable, faisait récemment une découverte appelée sans contredit, dans un avenir prochain, à un succès universel. L'innovation due à M. Carmien est, en effet, de celles qui doivent se répandre rapidement, parce qu'elle répond aux nécessités de tous et de chaque jour, parce qu'elle simplifie les besoins ordinaires de la vie. Au premier rang de ceux-ci viennent assurément l'éclairage et le chauffage domestiques : aussi ne faut-il point s'étonner du nombre chaque jour croissant des appareils étudiés et construits pour ce doublе usage. Mais, il faut le reconnaître, peu sont absolument pratiques. L'invention de M. Carmien, la dernière en âge peut-être, obtiendra à coup sûr la première place, quand elle aura prodigué davantage ses preuves déjà pourtant très manifestes : car elle remplit tous les desiderata de ce problème d'économie domestique.

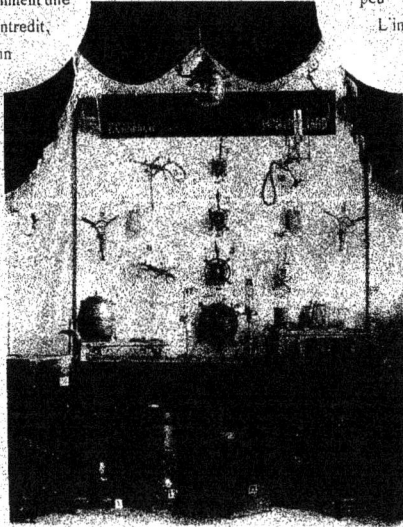

Aux classiques becs ou réchauds à gaz, M. Carmien a réuni un appareil que l'on pourrait appeler *l'autogénérateur*, et grâce auquel le gaz, nouveau Phénix, renaît à chaque seconde, (non pas de ses cendres) mais de sa propre combustion. Cet élément essentiel de la découverte consiste en une plaque métallique chauffée par le réchaud ou le bec lui-même, au voisinage de laquelle vient aboutir le liquide producteur, l'essence de pétrole, aujourd'hui si répandue et d'un prix si minime. En découvrant là l'unique source de son gaz, en substituant dans sa production cette houille liquide au charbon de terre, M. Carmien trouvait la cause assurée de son succès. Inutiles désormais ces usines coûteuses dont les consommateurs sont les malheureux tributaires ; superflu le compteur tant décrié et souvent si peu scrupuleux ; supprimées ces canalisations onéreuses et si incommodes pour les cités dont elles bouleversent les chaussées, et si dangereuses aussi pour les particuliers. Tout cela remplacé par un simple réservoir placé dans quelque coin de la cour, de la cave au grenier, et par quelques litres d'essence : pour conduire le liquide à l'appareil qui doit instantanément le faire gaz, *lumière* et *chaleur*, un conduit capillaire, un simple fil de cuivre, flexible, incassable, invisible, se faufilant partout, rival redoutable du fil conducteur électrique.

Tel est le matériel nécessité pour la production autonome et sans danger du gaz Carmien. Mais là ne s'arrête pas sa supériorité. Ce gaz possède encore l'avantage de donner une lumière sans pareille, d'une blancheur éclatante, toujours égale, ne dansant jamais, et dont la dépense n'est que de douze centimes par mètre cube ! N'est-ce point là le point de départ d'une révolution complète dans notre vieux mode d'éclairage ?

Le gaz portatif Carmien n'était qu'un nouveau-né, quand, à l'exposition de Besançon, en 1893, il valut à son auteur une médaille de vermeil : plus récemment encore, cette année même, à l'Exposition de Belfort, le Jury lui décerne la plus haute récompense, une médaille d'or. C'est de bon augure pour un avenir qui, nous n'en doutons pas, sera à bien juste titre *tout de lumière*, et cette découverte, d'origine bien franc-comtoise, est incontestablement appelée à rendre de très grands services dans l'usage domestique, quand elle aura vaincu cet obstacle difficile et inévitable, la routine.

FABRIQUE DE MOULURES, SCHWANDER FRÈRES, à MONTBÉLIARD.

La maison Schwander frères fut fondée en 1849 pour la fabrication spéciale de la menuiserie. Mais, en 1879, en présence de l'importance prise par l'emploi chaque jour plus répandu des moulures dans l'industrie du bâtiment et du meuble, la maison abandonna complètement le genre de travail adopté lors de sa création, pour se consacrer exclusivement à la fabrication des moulures en bois : en 1888, après quelques années d'études et de recherches sur cette spécialité, l'usine actuelle s'élevait, uniquement affectée à la confection des moulures, avec des ateliers spéciaux pour la sculpture et le tournage pour meubles de tous styles.

Assis sur le bassin de débarquement du canal du Rhône au Rhin, ses immenses magasins d'approvisionnements d'une superficie de 2,500 mètres carrés reçoivent directement les marchandises venues par bateau. Les magasins sont reliés à l'usine par des voies ferrées qui amènent les bois au fur et à mesure des besoins, à proximité des machines : installation des plus ingénieuses et qui réduit singulièrement les frais de manutention.

La fabrication proprement dite des moulures se fait dans un vaste hall prenant jour par une large baie vitrée pratiquée dans la toiture et éclairé, le soir par cinq lampes électriques à arc qui répandent leur puissante lumière dans les moindres parties du bâtiment. Là fonctionnent 15 machines-outils des plus perfectionnées et actionnées par une machine à vapeur de la force de 80 chevaux. Par une sage mesure de prudence, le bâtiment des chaudières et de la machine à vapeur, construit en pierre et en fer, et entièrement séparé des autres dépendances de l'usine, assure une complète sécurité à la salle des machines-outils, en écartant tout danger d'incendie.

A côté des ateliers, une vaste construction à un étage est affectée à plusieurs usages. Au rez-de-chaussée sont emmagasinées les moulures brutes : plus loin le local où se fait l'emballage. Là aussi, dans une chambre bien éclairée sont rangés et classés dans un ordre parfait plus de 3.500 fers à moulures, portant chacun leur numéro d'ordre correspondant à ceux des vignettes des albums. Au premier étage se pratique le ponçage ou finissage. Dans cette immense salle, très claire, sans colonnes, sont disposés des établis étroits mais d'une longueur de 7 mètres, sur lesquels se finissent les modèles divers fournis par les machines. A l'extrémité du bâtiment, un magasin d'une hauteur de 8 mètres reçoit, dans 300 cases différentes, les moulures, prêtes à expédier, emballées par paquets de 50 à 100 mètres, et placées debout : chaque case peut en contenir environ de 3,000 à 8,000 mètres, suivant le profil de la moulure.

D'autres bâtiments contiennent les ateliers de sculpture et de tournage. Ces deux branches absorbent complètement les déchets provenant de la fabrication des moulures de meubles. Un outillage minutieux exécute les articles les plus délicats avec la plus grande netteté, et surtout avec une rapidité permettant de livrer des produits à des prix très réduits.

Enfin, des bâtiments annexes comprennent les bureaux, les étuves, et l'atelier de forge et d'ajustage pour la construction et la réparation des machines-outils. L'Usine Schwander Frères atteint une production moyenne de 10.000 mètres par jour. Le fini du travail, la modicité des prix assurent à cette maison le premier rang parmi les établissements du même genre. Aussi chaque jour prend-elle une extension plus considérable et ses produits sont-ils connus de plus en plus dans toute la France et à l'Etranger.

FONDERIES, LAMINOIRS, TRÉFILERIE & POINTERIE
J.-Ch. GOGUEL & Cᵢₑ, à Montbéliard.

La fondation de cette usine, dite de la Raisse, date de près d'un demi-siècle.

C'est en 1850, en effet, que MM. Pareau et Goguel y installèrent le tréfilage du fil de fer et la fabrication des pointes, des crampillons et des rivets. Un moulin à blé était également attenant à l'usine. En 1881, M. Ch. Goguel qui, quatre ans auparavant, avait repris la succession de MM. Pareau et Cⁱᵉ, y ajouta la fabrication du laiton pour l'horlogerie, et en 1884, le moulin fut supprimé et remplacé par une manufacture de traits et de lames d'or et d'argent faux. — Cet établissement qui occupe une superficie de quatre hectares, tant en bâtiments qu'en près, utilise une force d'environ cent chevaux fournie par la rivière l'Allan et par deux machines à vapeur. Son personnel, se compose de 65 hommes et de 30 femmes. — L'établissement comprend donc trois industries bien distinctes l'une de l'autre, et ayant chacune, du reste, sa clientèle spéciale.

La *Tréfilerie* et la *Pointerie* façonnent les fils, pointes, chevilles, goujons et crampillons en acier doux ; les rivets en fer, en laiton et en plomb ; les fils de laiton ; les fils de cuivre rouge pour l'électricité ; les pointes en laiton et en cuivre rouge pour ardoises et pour bateaux ; les clous et contre-rivets pour doublage de navires ; et spécialement les rivets en cuivre rouge emboutis à chaud et à froid pour la chaudronnerie, la marine, l'artillerie, et les grands ateliers et chantiers de construction, ainsi que les rivets, contre-rivures, et attaches pour courroies et tuyaux d'arrosage.

La *Fonderie* et le *Laminage* élaborent le laiton pour l'horlogerie, en bandes, en rondelles, et en fils, ainsi que le nickel de qualité ordinaire pour les boîtes de montres.

Enfin, dans les ateliers de *Fonderie*, de *Laminage* et de *Tréfilerie de cuivre rouge*, se fabriquent les traits et lames d'or et d'argent faux. Cette dernière industrie exige un cuivre de qualité supérieure et demande beaucoup de soins et une grande attention. Le fil émane d'un lingot de cuivre sorti brut de la fonderie et pesant 35 kilogs. Ce lingot, après avoir été laminé à chaud et à froid, est étiré, puis argenté ou doré : il passe ensuite dans des filières en acier et en diamant, et est amené, suivant les demandes, à des finesses qui varient entre 2,000 et 125,000 mètres au kilogramme. — Tous ces fils sont employés pour la confection des passementeries, des galons, des franges, etc... Ils trouvent principalement leur écoulement à Lyon, à Paris, à Roubaix, en Algérie, en Tunisie, en Allemagne, en Autriche, en Turquie, en Amérique et dans les Indes. — L'usine de la Raisse n'a encore figuré que dans trois expositions : à Vesoul, en 1885, où elle obtint une médaille de vermeil ; à Paris, en 1889 où le jury lui décerna une médaille de bronze ; et à Lyon, où il vient de lui être accordé une médaille d'or.

FABRIQUE D'HORLOGERIE A. ROUX & Cⁱᵉ, à MONTBÉLIARD.

Cette maison fut fondée en 1823 par un mécanicien distingué, M. Vincenti, qui créa de toutes pièces un outillage, très remarquable à cette époque, pour la fabrication industrielle des mouvements de pendules : ses ateliers étaient alors situés dans le vieux château de Montbéliard.

En 1828, M. Albert Roux s'associa à M. Vincenti, et à la mort de ce dernier, devint seul propriétaire de l'usine qu'il installa à la Prairie, sur l'emplacement qu'elle occupe encore aujourd'hui : ses petits-fils en sont les directeurs actuels. Au début, la production annuelle était de 3.000 mouvements de pendules en blanc : aujourd'hui elle s'élève à 80.000 mouvements d'horlogerie pour pendules, compteurs, et moteurs divers, sans compter des quantités importantes de pignons et rouages de toutes sortes.

De 1828 à 1894, sans parler des diverses pièces détachées, il est sorti des ateliers plus de 3.840.000 mouvements : 160 ouvriers, et 60 femmes et enfants sont occupés à ce travail.

En même temps qu'elle voyait ses affaires grandir et prospérer, la Maison A. Roux et Cⁱᵉ songeait aussi à améliorer le sort de son personnel. Les soins médicaux et les remèdes furent d'abord fournis gratuitement aux ouvriers, moyennant une retenue de un pour cent sur leur gain, MM. Roux et Cⁱᵉ comblant la différence entre la dépense totale et le produit de cette retenue. En outre, depuis 1859, une caisse mutuelle leur assure, pour un versement de un franc par mois, une indemnité journalière en cas de maladie, et une allocation aux héritiers, en cas de décès. Les ouvriers sont en partie logés dans les cités construites par la maison, et où ils trouvent, à très bas prix, des logements sains et confortables, entourés de jardinets et de champs à cultiver.

Les progrès constants de cette Fabrique d'horlogerie lui valurent de nombreuses récompenses aux Expositions de Paris, en 1834, 1839, 1844, 1849, et 1855. Mise hors concours en 1878, elle vient d'obtenir récemment, en 1893, une médaille d'or à l'Exposition du Centenaire de l'Horlogerie, à Besançon.

Pour maintenir la fabrication à la hauteur des progrès de l'industrie horlogère, l'outillage a été constamment perfectionné et développé : depuis vingt ans, il s'est accru d'une installation de fonderie, de laminoirs, et de tréfilerie de laiton et de bronze, qui permet à l'usine de préparer elle-même la majeure partie de ses matières premières.

Les mouvements de pendules en blanc ayant un débouché forcément limité, la maison Roux, pour accroître son chiffre d'affaires, s'est créé une juste renommée dans la fabrication des mouvements de voyages, régulateurs, carillons, récepteurs Morse et autres appareils télégraphiques, enregistreurs, moteurs à ressort et à poids, mouvements de compteurs à eau, à gaz, et à électricité, jouets mécaniques, compteurs de voitures et de vélocipèdes. Ces produits divers trouvent un écoulement important dans le commerce et l'industrie, à Paris, où MM. Roux ont créé un comptoir de vente, 110, rue Vieille-du-Temple, dans lequel se trouvent réunis et exposés tous les modèles de leur fabrication.

LA BRASSERIE IENNÉ, à SOCHAUX, près MONTBÉLIARD.

La brasserie Iennè fut fondée, il y a un demi-siècle, à Sochaux, petit village situé sur l'Allan, à 3 kilomètres de Montbéliard. A cette époque, la fabrication de la bière était loin d'avoir l'importance qu'elle a acquise de nos jours : mais par suite des besoins toujours plus impérieux de la consommation, cet établissement dut, en 1889, transformer entièrement son matériel.

L'établissement actuel, par son agencement exceptionnel, est en mesure de fournir une production égale à deux fois 150 hectolitres par vingt-quatre heures. Les appareils frigorifiques, actionnés par une machine Corliss-Frickart de 150 chevaux, réalisent 1,500 kilogrammes de glace par heure. Grâce à ce rendement presque prodigieux, une fraîcheur bienfaisante règne dans les caves situées au rez-de-chaussée et au premier étage, au moyen d'une canalisation bien ordonnée qui ne mesure pas moins de 10 kilomètres de longueur, et qui maintient dans tous les locaux de la brasserie une température constante d'un demi degré centigrade. Cette condition essentielle à une bonne fabrication permet d'obtenir des bières de conserve d'une pureté et d'une saveur inaltérables, pouvant être comparées aux meilleures bières d'Allemagne ou d'Autriche.

Dans les celliers, sains et largement éclairés, où les foudres s'alignent par séries dans un ordre admirable, reposent pendant des mois entiers des milliers d'hectolitres de bière attendant, sous l'œil attentif du brasseur, l'heure favorable où, purifiés par la fermentation et devenus clairs et limpides, ils seront livrés à la consommation. Partout règne une propreté exemplaire et un ingénieux aménagement dans l'outillage : les murs et les plafonds sont recouverts sur toutes leurs faces d'une couche de peinture au vernis émail, dont l'application paralyse le développement des moisissures, d'un effet si nuisible aux boissons fermentées. — Un puissant générateur électrique répand son éclatante lumière au milieu de cette magnifique organisation, supprimant ainsi toute cause de chaleur et d'odeur. — Signalons encore les ateliers de tonnellerie, de charronnage, de maréchalerie, de mécanique et de sellerie, groupés dans le même local, qui permettent d'effectuer sur place tous les travaux nécessités par le fonctionnement de l'usine, et l'on n'aura qu'une idée bien incomplète de cet établissement, un des plus remarquables de la région.

— 67 —

LA COMPAGNIE DES FORGES D'AUDINCOURT & SES DÉPENDANCES.

La Compagnie des Forges d'Audincourt, qui date des premières années de ce siècle, est la plus ancienne des industries de ce genre dans la région. Dès le XVIe siècle, les princes de Montbéliard faisaient exploiter par des gérants, les minerais du pays : c'est ainsi qu'avant 1590 on mentionne déjà le haut-fourneau de Chagey. C'est en 1619 qu'ont été créées les forges d'Audincourt auxquelles fait souvent allusion l'histoire régionale. Les mémoires du temps parlent d'un plat en fer battu, fabriqué à la forge d'Audincourt en Octobre 1759, pour servir un brochet de 80 livres, pris près de Bavans et mangé à Montbéliard, lors de l'installation du baron d'Oppel comme gouverneur de cette ville.

De son côté, en 1700, le duc de Lorges créait les forges de Bourguignon et de Pont de-Roide.

En 1809, MM. Saglio, Humann et Gast, devenaient acquéreurs de ces établissements métallurgiques : après les avoir exploités pendant quinze ans en nom collectif, ils se substituèrent, en 1824, une compagnie anonyme.

La Compagnie actuelle, au capital social de 4,500,000 francs, divisé en 900 actions nominatives, a réuni à ses anciennes usines, le haut-fourneau et la fonderie de Clerval, puis le haut-fourneau de Valay. Elle s'est acquis une grande réputation pour ses fers au bois, qui sont aujourd'hui encore sa spécialité : propriétaire depuis sa fondation de 2,700 hectares de forêts, elle trouve dans leur affouage la majeure partie des charbons de bois qui lui sont nécessaires. Elle tire la fonte, dont s'alimentent ses forges, des hauts-fourneaux de Valay, qui traitent au charbon de bois le minerai très abondant dans les environs. Elle possède donc tous les éléments de ces fabrications délicates et a une longue pratique permettant d'avoir des produits exceptionnels.

La Forge d'Audincourt est située sur le Doubs, à la boucle extrême de cette rivière vers l'Est, et tire sa force motrice de ce cours d'eau. On y fabrique le fer au bois dans les feux d'affinerie comtois, et depuis quelques années l'acier dans un four Martin-Siemens, pour la confection des martelés, des laminés, des tôles minces de toutes natures, des tôles plombées, galvanisées et étamées. Une tréfilerie y fait exclusivement au bois les fils de tous les diamètres, qui sont en partie transformés sur place en pointes et en rivets.

L'Usine exploite une spécialité, unique en France, de tôles, fils, pointes et rivets en nickel pur et en nickel plaqué sur fer ou sur acier. Enfin, depuis quelques années, on y a construit un atelier important s'occupant spécialement des installations de chauffage à vapeur et à eau chaude pour les grandes usines, des machines spéciales de filatures, de tissage et de teinturerie, et de la construction du matériel contre l'incendie.

En parlant de la Forge d'Audincourt, il n'est pas permis de passer sous silence que c'est dans cette usine qu'Ebelmen a fait autrefois ses études et ses expériences si remarquables sur les gaz des hauts-fourneaux.

En remontant le Doubs, on trouve, à douze kilomètres, la forge de Bourguignon qui possède des feux comtois, des marteaux et des laminoirs pour la transformation du fer et de l'acier en gros martelés, en tôles minces, moyennes et fortes : ces dernières servent à la construction en général, et à celle des chaudières à vapeur en particulier. C'est actuellement, nous ne saurions trop le répéter, la seule forge de France où l'on trouve ces produits fabriqués exclusivement en fer au bois.

A trois kilomètres en amont est l'usine de Pont-de-Roide qui comporte une fonderie de première et de deuxième fusion, avec fours à réverbère et cubilots pour la production de tous les moulages, et en particulier des cylindres trempés de laminoirs et de meunerie. Cette fabrication qui nécessite un outillage considérable y est très développée et constitue une véritable spécialité. A l'usine est annexée une fonderie de cuivre et un atelier pour la fabrication des limes.

En dehors de ces trois usines relativement voisines, la Compagnie possède à Clerval (arrondissement de Baume), sur le Doubs, un haut-fourneau et une fonderie de deuxième fusion : celle-ci s'est beaucoup développée dans ces dernières années. On y fabrique des pièces sur modèles et sur dessins, et la confection de ces dernières, en particulier des turbines, y a une grande importance par la perfection et le fini du travail. La poêlerie et les articles de chauffage sont aussi du ressort de cet établissement.

L'Usine de Chagey, située dans la Haute-Saône, à six kilomètres d'Héricourt, ne renferme plus qu'une scierie qui s'alimente des bois voisins appartenant à la Société.

A Valay, dans la Haute-Saône, près de Gray, se trouvent les hauts-fourneaux au bois de la Compagnie. On y produit exclusivement, avec les minerais du pays, de la fonte au bois qui est presque entièrement transformée dans ses usines.

Un mot encore sur le personnel pour constater, en passant, entre patrons et ouvriers, une entente absolue et parfaite, comme on en voit encore heureusement quelques exemples dans notre vieille Franche-Comté.

Depuis son origine, l'administration de la Compagnie est restée dans les mains de la même famille, et les ouvriers des usines sont, pour la majeure partie, les petits-fils et les arrière-petits-fils de ceux qui y travaillaient au commencement du siècle. Dans cette longue période, aucune grève, aucune difficulté sérieuse n'a surgi. Aussi, de tout temps, la Société a-t-elle eu à cœur d'entretenir cet accord, si précieux à tous les points de vue, qui règne dans son intérieur ; nous trouvons là un exemple des plus complets de ce qu'on peut appeler les œuvres patronales.

Une caisse de secours, alimentée par une retenue sur les salaires et par une allocation des patrons, assure gratuitement, en cas de maladie, aux ouvriers et à leurs familles, les secours médicaux et pharmaceutiques, en même temps qu'une indemnité journalière équivalente à une demi-journée de salaire : dans les cas d'accidents, la Compagnie ajoute à cette indemnité ce qui est nécessaire pour parfaire la journée.

Depuis de longues années, le personnel fait des versements à la caisse nationale des retraites pour la vieillesse, versements complétés par une importante subvention de la Société qui, en outre, vient généreusement en aide aux anciens ouvriers et surtout aux veuves, jusqu'à ce que les enfants soient en âge de subvenir par leur travail aux besoins de la famille.

Des écoles ont été créées et un ouvroir établi, où les jeunes filles reçoivent des leçons de couture et de repassage, soit pour en faire spécialement leur métier, soit pour remplir plus tard leurs devoirs de mères de famille.

Sous l'administration directe de la Compagnie, un magasin de subsistances livre à l'ouvrier, à des prix inférieurs à ceux du commerce, les principales denrées nécessaires à son usage ; à la fin de chaque semestre, les bénéfices sont distribués aux acheteurs proportionnellement aux achats effectués par chacun d'eux.

Est-il nécessaire d'insister sur les avantages d'une organisation si prévoyante ? Souhaitons en terminant que la bonne entente, qui règne dans ce milieu si bien ordonné, ne soit pas entraînée par les nouveaux courants qui se manifestent sur tant d'autres points, et dont nous constatons trop souvent les funestes effets.

FILATURE Ph. M. JAPY & Cⁱᵉ, à AUDINCOURT.

Située sur le territoire d'Exincourt, à proximité de la gare d'Audincourt, dont elle n'est séparée que par une distance de trois cents mètres environ, la filature Ph.-M. Japy et Cⁱᵉ comprend dix mille broches ne travaillant que le coton d'Egyte dit Jumel.

La *Filature* proprement dite est une vaste salle en rez-de-chaussée d'environ trois mille mètres carrés de superficie. Les toits, en dents de scie, sont supportés par un tablier métallique système Dubreuil. Ce genre de pontrage en fer possède le triple avantage d'éviter la grande quantité de colonnes nécessaires à l'installation d'un pontrage en bois, de faciliter la pose des supports de trans- missions, et enfin d'écarter les dangers d'incendie. Cette première salle est séparée des batteurs, mélanges, et bureau de réception par le couloir des câbles complètement en fer et en briques : éclairé par le toit, ce couloir, qui a deux mètres de largeur, sert en même temps de mur de feu.

Le *Bâtiment des Générateurs*, assez grand pour contenir une batterie de cinq chaudières et un réchauffeur Green, est couvert par quatre toits à six pans, soutenus par trois poutres à treillis en fer, d'une portée de 17 mètres.

La *Salle des machines*, très vaste et très élevée, éclairée par en-haut, a un toit à deux pentes, soutenu par trois fermes en fer ancrées dans les murs, et reposant sur deux rangées de pierre de taille formant corniche.

Les machines de filature, construites par la Société alsacienne de constructions mécaniques à Mulhouse, ont été étudiées avec le plus grand soin : les derniers perfectionnements trouvés jusqu'à ce jour y ont été apportés. Elles sont destinées à produire des filés en numéros mi-fins de 40 à 60.

Tout l'établissement est mis en mouvement par une machine à vapeur horizontale, système Corliss, à condensation. Le volant, de 1 mètre de largeur et de 5ᵐ50 de diamètre, à 14 gorges, marche à une vitesse de 72 tours par minute. Cette ma- chine est disposée pour être accouplée plus tard avec une machine du même genre en cas d'agrandissement.

Une seconde machine à vapeur horizontale, à grande vitesse, (200 tours par minute) met en mouvement une machine-dynamo pour l'éclairage électrique qui se compose de plus de 200 lampes disséminées dans l'u- sine, et de deux lampes à arc. L'installation des deux machines à vapeur, et de leurs chau- dières, des trans- missions et de l'éclairage, a été également faite par la Société alsacienne de constructions mé- caniques. — La filature Ph.-M. Japy et Cⁱᵉ occupe environ une centaine d'ou- vriers. Une caisse de secours a été instituée en faveur des malades et des infirmes, et toutes les mesures prescrites par la prudence ont été scrupuleusement appliquées pour protéger le personnel contre les accidents.

Cet établissement, de création récente, peut être cité sans exagération comme un établissement modèle dans ce genre, tant pour l'habile disposition intérieure de ses ateliers, que pour son remarquable outillage qui résume les derniers progrès apportés dans cette industrie.

USINES CONSTANT PEUGEOT & Cⁱᵉ, à AUDINCOURT.

Fondé en 1830 pour la construction de pièces détachées pour Filatures, l'Etablissement Constant Peugeot et Cⁱᵉ, situé sur la rive gauche du Doubs, au lieu dit *Sous-Roches*, territoire de Valentigney et près d'Audincourt, n'avait à son début qu'une dizaine d'ou- vriers ; les pro- cédés connus pour ce genre d'indus- trie, et dont on se servait alors, étaient des plus primitifs. De concert avec M. Constant Peugeot, sorti de l'Ecole poly- technique comme Ingénieur des Ponts et Chaussées, M. Victor Peugeot, ancien élève du Conservatoire des Arts et Manufactures, consacra sa longue carrière à la création et au perfectionnement de machines spéciales qui permirent à la Maison de se développer rapidement.

MM. Constant Peugeot et Cⁱᵉ occupent aujourd'hui environ 700 ouvriers, répartis dans plus de 40 bâtiments contenant des laminoirs, machines à forger, aiguiseries, fonderies de fer, de cuivre et d'acier, menuiserie mécanique et un outillage spécial pour la fabrication de tous les genres de pièces détachées employées dans les Filatures de coton, laine, lin et soie.

C'est ainsi que ce matériel, mis en mouvement par 4 turbines et une machine à vapeur de la force nomi- nale de 200 chevaux, leur permet de fabriquer en grande quantité les cylindres cannelés et autres, les broches de selfactings, de bancs à broches et de continus, les ailettes, les broches dites Rabbeth, les anneaux, les plates- bandes, les collets et crapaudines, etc., c'est-à-dire toutes les pièces faisant partie des machines de Filature.

Aussi, les relations de la Maison Constant Peugeot et Cⁱᵉ s'étendent-elles sur tout le continent européen : et ce résultat est d'autant plus remarquable, qu'avant la création de cette usine, la fabrication des broches et autres pièces détachées pour Filature n'existait pour ainsi dire pas en France.

A cette industrie spéciale, MM. Constant Peugeot et Cⁱᵉ ont ajouté, depuis 1867, la fabrication des machines à coudre. Ils en construisent différents modèles pour la lingerie, la confection des vêtements, la broderie, la cordonnerie, etc., qui, dans toutes les expositions où ils ont figuré, ont obtenu, comme les pièces détachées pour Filature, les plus hautes récompenses qui aient été accordées à ces genres d'industries.

Déjà en 1840, MM. Constant Peugeot et Cⁱᵉ créaient pour leurs ouvriers malades ou infirmes une caisse de secours qui jusqu'à présent a rendu de grands services à ces derniers. En outre, ils construisaient en 1871 et 1872, à proximité de l'usine, une cité ouvrière composée actuellement d'une maison d'école, d'une buanderie, et de 47 logements répartis dans 21 maisons. Les dépenses totales pour cette cité s'élèvent à plus de 200,000 francs. Louées à des prix exceptionnellement bas, ces maisons restent la propriété de la Société qui ne veut pas, en laissant à ses locataires la facilité de devenir propriétaires, leur donner les moyens de transformer celles-ci en toute espèce de débits. L'école, sous la direction d'une institutrice et d'une adjointe, est entièrement à la charge de la Maison ; et tous les logements, complètement isolés les uns des autres, possèdent de petits jardins entourés de clôtures qui empêchent toute communication entre eux.

FABRIQUE DE CHICORÉE, GERVIG & C⁰, à AUDINCOURT.

Audincourt possède une industrie alimentaire dont le succès mérite d'être encouragé en raison du double avantage qu'elle présente, de respecter la santé des consommateurs et de favoriser le développement de l'agriculture : il s'agit de la fabrication de la chicorée. Cette industrie a son histoire.

Au temps où la vapeur ne reliait pas encore les continents, alors que l'importation des produits exotiques était loin de se faire avec la régularité et surtout la rapidité d'aujourd'hui, le café était une boisson de luxe que les tables modestes cherchaient à remplacer par des produits moins coûteux. Ainsi, avant le blocus continental de Napoléon Ier, on torréfiait des carottes, des betteraves, et surtout des racines de chicorée : cette dernière plante a laissé son nom aux divers mélanges que l'on pouvait improviser.

Le Blocus a donné un essor imprévu à cette fabrication qui n'a fait que s'accroître depuis, si bien que la consommation s'élève aujourd'hui à 25 millions de kilogrammes en France et à plus de 100 millions en Europe.

En 1853, le gouvernement impérial crut bon de s'inquiéter de la fabrication d'un produit dont l'usage se répandait tous les jours davantage. Ce zèle n'était pas superflu, car les analyses du chimiste Michel Chevallier firent constater que la chicorée d'alors renfermait un peu de chicorée, des pulpes de betteraves, des haricots, des pois, du maïs avariés et d'autres produits inertes tout au moins indigestes, sinon tout à fait nuisibles. Il fut prescrit dès lors qu'on ne pourrait produire la chicorée qu'avec la racine de cette plante.

C'est à cette fabrication que s'applique, depuis la guerre de 1870, avec une honnêteté scrupuleuse et un soin incomparable l'usine Gervig à Audincourt. Avant d'être torréfiées, les racines passent dans des Sasseurs qui retiennent toutes les impuretés, et la torréfaction s'effectue dans le beurre frais fondu. Les produits ainsi obtenus sont au-dessus de toute critique et procurent aisément aux mets familiers un arôme supérieur et une saveur délicate.

La chicorée Gervig est connue dans le commerce sous la dénomination de « Suprême » et livrée à la consommation sous enveloppes de papier bleu et rouge, avec impression or.

C'est ici qu'il convient de signaler sa qualité essentielle : l'amertume qui la fait critiquer peut-être par quelques-uns, loin de constituer un défaut, est au contraire la meilleure preuve de l'innocuité et de la pureté du produit que la saveur douceâtre ou insipide des mélanges similaires plus ou moins falsifiés ne saurait révéler. La chicorée amère seule peut favoriser l'hygiène, tant par l'atténuation des propriétés excitantes du café qu'elle accompagne que par les qualités toniques et apéritives que procure l'infusion de sa racine.

Mais il n'est pas que la santé et la bourse du peuple qui puissent se féliciter de l'industrie qui nous occupe : l'agriculture régionale aussi pourrait en tirer avantage. La culture de la chicorée ne demande, en effet, aucune connaissance et aucun soin particulier, et peut produire jusqu'à 30.000 kilogrammes de racines fraîches à l'hectare, ce qui constituerait, avec l'utilisation des feuilles vertes dont le bétail est très friand, un produit bien supérieur au rendement des autres plantes, puisque 380 à 520 kilogrammes de racines fraîches (selon les années plus ou moins sèches ou pluvieuses) suffisent pour obtenir 100 kilogs de racines séchées dont la valeur moyenne est de vingt francs. M. Gervig s'efforce depuis longtemps de persuader aux cultivateurs de notre région d'adopter la culture si rémunérative des racines qu'il exploite, et qu'il est obligé jusqu'à présent d'importer de Belgique.

Aussi, tant par le fonctionnement irréprochable d'une industrie solide de vingt-quatre années d'expérience, que par le zèle qu'il apporte à attirer à nos paysans de nouvelles richesses, M. Gervig mérite de prospérer comme le lui souhaiteront tous ceux qu'ont pu intéresser les détails de cette description.

ÉTABLISSEMENTS DE MM. LES FILS DE PEUGEOT FRÈRES, A VALENTIGNEY.

Trois grandes usines composent les établissements de MM. les fils de Peugeot frères : *Valentigney*, *Beaulieu* et *Terreblanche*.

L'usine de *Valentigney*, siège social de la maison, est admirablement située sur le Doubs ; elle occupe 700 ouvriers et utilise une force motrice de 1,000 chevaux, fournie par cinq machines à vapeur et quatre turbines.

Les principaux articles fabriqués dans cette usine sont les aciers laminés, les scies, rabots, couteaux mécaniques, ressorts pour corsets, ressorts d'horlogerie, etc... Ses puissants laminoirs à chaud fournissent également des aciers, en lames et en bandes, utilisés dans les ateliers des autres usines, principalement à Beaulieu, où elles subissent un laminage à froid pour l'amincissage des tôles.

L'usine de *Beaulieu*, également située sur le Doubs, à un kilomètre de Valentigney, occupe 500 ouvriers. Les trains de laminoirs à froid pour la fabrication des aciers laminés pour scies et pour ressorts de tous genres, ses filières pour le tréfilage des aciers, et l'importante fabrication des vélocipèdes, qui a été installée en 1885, sont actionnés par cinq turbines et deux machines à vapeur produisant ensemble 630 chevaux.

Une partie des machines sont mises en mouvement par la force motrice électrique, d'une puissance de 100 chevaux. La fabrication des vélocipèdes a pris en quelques années une très grande extension, et 8 à 10.000 machines sont livrées annuellement sur les marchés français et étrangers par cet établissement. Toutes les pièces composant les vélos sont fabriquées dans ces ateliers ou fournies par l'usine de Terreblanche, parfaitement outillée pour le forgeage et l'emboutissage de l'acier. — On construit également, depuis quelques années, dans ces ateliers, des voitures à pétrole automotrices à moteur Daimler, à l'essence de pétrole, et qui sont supérieurement agencées.

L'usine de *Terreblanche*, située dans la jolie vallée d'Hérimoncourt, à 4 kilomètres de Valentigney et de Beaulieu, est reliée à ces établissements et à la gare d'Audincourt par une ligne de tramways à vapeur et un réseau télégraphique et téléphonique. Elle est actionnée par trois machines à vapeur et deux turbines fournissant une force de 650 chevaux ; elle occupe 900 ouvriers.

On fabrique dans cette usine des articles très variés tels que moulins à café, à poivre, etc..., concasseurs pour graines, tondeuses pour chevaux et pour hommes, fourches et râteaux; outils divers pour menuisiers, charpentiers, tourneurs, serruriers; les charrettes pour tous emplois et la carrosserie. Elle livre aux ateliers de vélocipèdes de Beaulieu un grand nombre de pièces en acier forgé et étampé pour la fabrication des vélocipèdes.

Les trois usines sont éclairées à l'électricité; 4,000 tonnes de fer et d'acier ouvrés sortent annuellement de ces établissements. — Les neuf dixièmes des ouvriers travaillent à la pièce et un dixième seulement à la journée. Des primes sont accordées aux employés de fabrication et aux contremaîtres d'après le rendement du travail, et les employés supérieurs sont intéressés aux bénéfices de la maison.

— Depuis la fondation de leurs établissements, MM. Peugeot ont voulu améliorer le plus possible le sort de leurs ouvriers, et les *institutions de prévoyance* ont été de tout temps l'objet de leur sollicitude.

Une société de secours pour les malades, subventionnée par la maison, existe depuis quarante ans dans les trois usines, et les soins médicaux et pharmaceutiques sont donnés gratuitement aux ouvriers et à leur famille; chaque malade reçoit, en outre, une indemnité journalière, de 1 fr. 50 pour les hommes et de 75 centimes pour les femmes et les enfants, pendant toute la durée de sa maladie.

Dès 1872, des sommes importantes furent prélevées annuellement sur les bénéfices de la maison pour la création d'une *Caisse de retraite pour la vieillesse,* et aujourd'hui, grâce aux ressources accumulées, chaque ouvrier, arrivant à l'âge de cinquante ans et justifiant de trente ans de service dans la maison jouit d'une pension de 330 francs par an, tout en conservant son emploi, s'il le désire. Le capital de retraite fourni exclusivement par la maison s'élève actuellement à *un million deux cent mille francs,* et le nombre des ouvriers retraités est de 123.

En plus de ces institutions, MM. les fils de Peugeot frères ont constitué *un fond d'assurances* contre les accidents; quatre écoles et deux salles d'asile ont été construites et sont entretenues à leurs frais, et les six instituteurs et institutrices dirigeant ces établissements sont rétribués par la maison qui subventionne en outre cinq institutrices et trois instituteurs communaux de Valentigney. — De nombreux logements à prix réduits avec jardins attenant sont mis à la disposition des ouvriers, et sur l'initiative de MM. Peugeot il a, en outre, été créé :

1° Deux sociétés de consommation dont les trois quarts des bénéfices sont attribués aux consommateurs; 2° Une société coopérative immobilière pour la construction de logements salubres et à bon marché, au capital de 120,000 francs; 3° Une société d'appui mutuel en cas de décès.

La maison reçoit dans sa caisse les épargnes de son personnel et lui paye un intérêt de 4 %, et les avances ne dépassant pas 100 francs sont faites gratuitement. — Elle a organisé et équipé à ses frais deux compagnies de sapeurs-pompiers, et subventionne quatre sociétés musicales, fanfares et chorales, deux sociétés de gymnastique et une société vélocipédique. Ajoutons à cet ensemble : deux cercles avec bibliothèques, trois cafés de tempérance, deux salles de lecture, et un grand restaurant à prix réduits, tous subventionnés par la maison. Enfin un hôpital de douze lits, des bains chauds, des lavoirs, etc., sont mis gratuitement à la disposition du personnel.

Une administration si paternelle devait naturellement porter ses fruits : aussi les ouvriers de ces remarquables établissements ne se sont-ils jamais mis en grève, et une harmonie parfaite a toujours régné dans ce centre important.

LES ÉTABLISSEMENTS JAPY FRÈRES & Cⁱᵉ, à BEAUCOURT.

Beaucourt fut le berceau de la société Japy frères et Cⁱᵉ, dont les usines si remarquables et connues aujourd'hui du monde entier tiennent le premier rang parmi les industries de la région.

C'est en 1767, il y a 127 ans que Frédéric Japy, le fondateur de cette colonie industrielle, vint y établir son premier atelier mécanique d'horlogerie.

Depuis ce moment, la maison n'a cessé de se développer, malgré le terrible incendie de 1815, qui ne laissa qu'un monceau de ruines, après le passage des armées alliées, et un nouvel incendie en 1881, qui anéantit les richesses mécaniques que la longue collaboration d'ouvriers intelligents avec les patrons avaient faites uniques. Les établisssements de MM. Japy frères et Cⁱᵉ occupent plus de 4,500 ouvriers, et sont situés le long de la vallée de la Feschotte, de Badevel à Fesches-le-Châtel, à La Roche, à l'Isle-sur-le-Doubs. à Etupes, à Besançon, dans le département du Doubs ; à Paris, et enfin à Beaucourt, dans le Haut-Rhin français, où se trouve le siège social de la Maison.

A La Feschotte, sont les grands établissements pour la fabrication des ustensiles de ménage en fer battu étamé, verni ou émaillé, en cuivre, en aluminium, et en nickel.

Là aussi, l'ornementation des émaux fait l'objet d'une industrie artistique très étendue, qui rivalise pour le bon goût avec les manufactures de faïence : signalons particulièrement les superbes panneaux muraux décoratifs, pour salles de bains, pour vestibules, et même pour façades extérieures. Dans cet établissement, les machines sont surtout dignes d'attirer l'attention, tant par leur puissance que par leur ingénieuse conception : certaines presses, pesant plus de cent tonnes, forment d'un seul coup d'énormes récipients d'une capacité de plus de cent litres.

A Fesches-le-Châtel, dans le canton d'Audincourt, une vaste usine fabrique les vis à bois et à métaux au moyen d'un grand nombre de machines automatiques, n'exigeant ainsi qu'un personnel réduit. Là aussi se façonnent les bois pour moulins, articles de jardins, cabinets de pendules et de réveils.

A Badevel, l'une des plus anciennes dépendances de la Société, se confectionnent les mouvements non finis destinés à l'industrie horlogère parisienne, et en particulier les pièces de voyage si renommées ; les mouvements finis de toutes sortes, les réveils, et les montres-remontoirs à bas prix.

A La Roche, au pied du fort du Montbard, une succursale de la Feschotte, disposant d'une puissante force motrice sur l'Allan, fabrique les mêmes objets en fer, en cuivre, en nickel et en émaillé.

A L'Isle-sur-le-Doubs, sur la voie ferrée de Besançon à Belfort, se dénature le fer au moyen d'une forge et d'une tréfilerie actionnées par les eaux du Doubs. A côté des fours à gaz, on remarque des séries de machines dont une seule termine par jour jusqu'à 30,000 écrous de boulons de chemin de fer et d'artillerie.

A Etupes, non loin d'Audincourt, se concentre la confection des serrures à bas prix, travail qui aide à occuper pendant la saison d'hiver la population de la campagne.

A Besançon, s'établissent les montres d'or et d'argent faites sur mouvements provenant de Beaucourt.

A Paris, où se trouve un des principaux comptoirs de vente de la Société, sont les ateliers pour la fabrication des pendules en zinc bronzé et doré, des pendules en marbre, et aussi pour une partie de la conception des modèles et des statuettes.

A *Beaucourt* enfin, se fabriquent : les ébauches et les mouvements de montres, les montres en métal finies ; les mouvements de pendules, les réveils-matin, les compteurs, etc... Ici, une installation spéciale présente un vif intérêt et mérite d'être remarquée : à côté des plus grands perfectionnements mécaniques employés pour la fabrication de l'horlogerie, on peut parcourir toutes les étapes du travail : depuis la composition du dessin, le modèle, la sculpture, la ciselure, le repoussé, la recingle, la gravure sur le bronze et sur l'acier, jusqu'à la décoration la plus variée des pièces finies, au moyen du galvano et des patines les plus nouvelles.

Là aussi sont installés de nombreux ateliers où se fait la construction mécanique de précision : celle des machines-outils, des machines de boulonnerie, de visserie, d'horlogerie, celle des pulvérisateurs pour la vigne et contre les épidémies ; des machines agricoles, des pompes de tout genre, toutes construites de pièces interchangeables.

A côté, se dressent les fonderies de fonte et de fer, d'acier, de bronze, de cuivre, d'aluminium, de nickel, etc..., prenant le métal en lingots pour le transformer soit en planches ou en fils servant aux diverses industries, soit en pièces mécaniques, ou encore en objets d'art qui sortent des moules avec une netteté qui n'a d'égale dans aucun établissement.

Dans les ateliers de visserie, de serrurerie, et de quincaillerie, on remarque particulièrement la fabrication des charnières, le fer entrant brut dans la machine automatique, et la charnière sortant prête à être livrée à la consommation.

Terminons enfin par les locaux affectés à l'électricité, où se font la lampe à arc, les pendules, les réveils, et les compteurs électriques, ainsi que tous les accessoirs d'installation pour ce genre d'éclairage.

Ces grands établissements sont tous dirigés aujourd'hui par les petits-fils et les arrière-petits-fils du fondateur. Avec son outillage puissant, sans cesse augmenté et perfectionné, et grâce à l'application des procédés industriels les plus récents, la maison Japy est toujours restée à la tête du progrès. Elle est arrivée à résoudre pleinement le problème du marché moderne : produire des articles de bonne qualité à des prix à la portée de tous.

Pour écouler ses nombreux produits, la maison Japy frères et Cie a dû créer une organisation commerciale très complète. Des succursales et des maisons de vente sont établies à : Paris, Chaux-de-Fonds, Milan, Barcelone, Londres, Vienne, Moscou, Buenos-Ayres, etc...

Une des forces de la maison consiste dans l'attachement de ses ouvriers qui, pour la plupart, et de même que leurs chefs, se succèdent de père en fils dans les établissements. Aussi, MM. Japy et Cie n'ont-ils rien négligé pour donner depuis de longues années à leur personnel toutes les institutions pouvant lui assurer une vie morale, économique et agréable :

Crèches, salles d'asile, école, écoles techniques, sociétés de consommation, caisse de secours, caisse de retraite, patronage d'orphelins, habitations à bas prix et dont la population stable devient propriétaire, salles de bains, lavoirs publics, distributions d'eau, etc... Sociétés musicales, chorales, gymnastiques, pompiers, etc...

A côté de leurs forces hydrauliques, les Usines consomment annuellement plus de 12,000 tonnes de houille et produisent plus de 15,000,000 de kilogrammes de marchandises fabriquées.

Citons, pour finir, une anecdote qui fait l'éloge du fondateur. Le Czar Paul de Russie, qui avait épousé la princesse Dorothée, de Montbéliard, et qui, par conséquent, connaissait très bien cette ville, offrit en 1787 à Frédéric Japy de transporter son industrie en Russie. Mais celui-ci, malgré les offres généreuses du czar, ne consentit point à quitter son pays natal et à le priver ainsi d'une source de travail qui devait, dans l'avenir, assurer l'existence et le bien-être à ses concitoyens. — Un acte de si pur patriotisme devait trouver une récompense bien légitime dans la prospérité croissante et le renom universel des œuvres de son auteur, qui sont aujourd'hui une des gloires de notre région.

LES BORDS DU DOUBS

Au flanc du mont Risoux une grotte profonde
S'ouvre dans le fouillis des sapins et des houx,
En filets de cristaux de son sein jaillit l'onde,
  C'est la source du Doubs.

Oui, cet humble ruisseau qui serpente limpide
Et qui par un chevreuil d'un bond serait sauté,
Va bientôt devenir la rivière splendide,
  Orgueil de la Comté.

De la brume aurorale incendiant le voile,
Un rayon du matin montre à l'œil enchanté
Le lac pur de Saint-Point aux eaux couleur d'étoile
  Scintillant argenté.

Et voyez-vous au loin, veillant sur les vallées,
Dans les rocs suspendu comme « un nid de hiboux »
Ce vieux donjon aux tours grises et crénelées,
  C'est le manoir de Joux.

A ce nom le passé lugubre se retrace,
Que vous dûtes souffrir en ce morne tombeau,
Aigles emprisonnés sous ces voûtes de glace,
  Toussaint et Mirabeau !

Un marbre funéraire, à sa base, rappelle
Nos chers soldats tombés en un jour d'abandon ;
Oh ! je veux en passant jeter une immortelle
  A ces héros sans nom !

. . . .

Mais pendant qu'aux chansons du pâtre je m'arrête,
Le Doubs déjà là-bas dans ses ondes reflète
La plaine et les grands monts, décors de Pontarlier,
La cité qu'aimait tant notre conteur Marmier.

Puis voici Montbenoît et son vieux monastère
Où l'art à la piété mêle son charme austère.
En ces agrestes lieux, sous ces sapins épais,
Venez, ô cœurs souffrants, venez chercher la paix !

Plus loin, c'est de Morteau le vallon si tranquille,
Rustique et frais Eden qu'eût adoré Virgile.
Et toujours du Jura les rocs audacieux
Crénelent l'horizon, s'élagent dans les cieux,

Jusqu'à nous, des troupeaux sur les côtes prochaines
Arrive l'argentin carillon des *campaines* ;
Et voyez, par leurs lacs de lapis rôtis
Le Villers, Les Brenets aux gais chalets sculptés.

———

Mais quel est ce bruit sourd, symphonie incessante,
Quelle est cette rumeur dont frémit le vallon ?
Est-ce la grande voix de la mer menaçante
Ou bien, tordant les puis, le vol de l'aquilon ?

Non, du sommet des monts c'est un fleuve en démence
Qui roule avec fracas sur de vieux rocs brisés,
Dans un gouffre sans fond plonge sa nappe immense,
Ecume et rejaillit en brouillards irisés.

Ce torrent furieux qui mugit et bouillonne,
Terrifiant à voir, superbe en son courroux,
Ayant une forêt pour former sa couronne,
  Voilà le *Saut du Doubs* !

———

Encore mugissant, dans une gorge étroite
Le Doubs maintenant roule et plus glacé miroite,
Et du pays de Tell les alpestres hameaux
Apparaissent juchés dans les plis des coteaux.

Quel charme est répandu le long de ces rivages
Tour à tour gracieux, sévères et sauvages !
Partout l'idylle y chante et sourit même au bord
De vos ravins maudits, *Echelles de la Mort* !

Le fleuve vagabond, à Saint-Ursanne, quitte
Les monts helvétiens — et vers Saint-Hippolyte
Il s'avance accueillant le Dessoubre en chemin,
Qui vient unir son onde à son flot suzerain.

Plus loin, voici Mandeure aux ruines fameuses ;
Audincourt attisant ses fournaises fumeuses,
L'Isle, coquettement se montrant à travers
Le mobile rideau de ses peupliers verts.

Voici Clerval et — Baume, où riant se dessine
Le cottage du doux poète de *Francine* ;
Et regardez, perchés sur le côté d'un mont,
Le vieux castel et la chapelle d'Aigremont.

Au lus, voici Deluz et ses rochers moussades
De minerai rouillés — Atelier et ses cascades ;
Montfaucon sur un roc — et soudain, surgissant
Au fond du val — Vesonce à l'aigle menaçant !

S'éloignant à regret de sa ville adorée
Et toujours déroulant son écharpe moirée,
Le Doubs baigne à présent Beure dont les vergers
Inclinent leurs rameaux de fruits vermeils chargés,
Plus loin, blanc au soleil, le gai moulin d'*Avanne*
En écume d'argent change l'eau diaphane ;
Puis voici Montferrand et sa croulante tour
Où vint chanter jadis plus d'un gent troubadour ;
Thoraise, humble berceau de la sœur Marthe — Osselle
Dont l'antre merveilleux comme un temple étincelle ;
Saint-Wit, le joyeux bourg — et sur le bord des bois,
Solans et son vieux parc, ce « *Paradou* comtois.
Voici le noir *Fraisans* et sa forge qui gronde,
Et la forêt de *Chaux* ténébreuse et profonde
Où du grand Barberousse, au sein des nuits, encor
On entend retentir le formidable cor.
Voici la tour de Ranc de spectres toute pleine,
Orchamps levant sa flèche en son immense plaine,
Et sur un vert coteau Rochefort s'étageant,
Puis, enfin Dole autour de son clocher géant !

Salut, salut à toi, Dôle, ville vaillante,
Des arts, des nobles cœurs, vieille et fière cité !
Oh ! que n'ai-je hérité de la lire brûlante
Du poète d'*Iseult* (1) pour chanter ta beauté !

Emu, je redirais la valeureuse histoire
De ta *Cave d'Enfer*, de ton siège fameux ;
A ton nom j'unirais dans un hymne de gloire
Le nom de Luxeuxu, ton héros merveilleux !

Sois heureuse à jamais ! Assez longtemps, ô Dole !
L'ouragan des fleurs s'est rué sur tes tours,
Aujourd'hui de la paix ceins la douce auréole ;
Sois heureuse ! le ciel te doit bien des beaux jours !

Et toi, Doubs tant aimé, vers les riantes plaines
De la Bourgogne, sœur de la Franche-Comté,
Va porter le trésor de tes ondes sereines,
Répands partout la joie et la fécondité.

Au joli Val d'Amour, prends la Loue écumante,
Aux moissons de Molay donne un dernier baiser,
Et hâte-toi, mon Doubs, la Saône ton amante,
Fière comme une reine, à Verdun va passer !

[1] Léon Dusillet.

Louis MERCIER.

ORNANS

Ornans est un chef-lieu de canton de 4,000 habitants, situé sur la Loue, à 24 kilomètres sud-est de Besançon, dans une vallée fertile et agréable où l'on remarque de belles cultures et des vignobles réputés : ceux-ci produisent un vin recherché qui s'exportait beaucoup autrefois en Alsace et en Suisse.

La Loue partage la ville en deux parties reliées entre elles par deux ponts de pierre. Un document trouvé dans les archives de la maison de Châlons révèle l'existence d'Ornans à l'époque des premiers rois de Bourgogne, en 515. En 1254, Hugues de Châlons lui accorda le droit de commune et des armoiries qui furent confirmées par Louis XIV en 1696, puis par Charles X, en 1826.

Parmi les monuments qui présentent quelque intérêt, il faut citer :

L'*Eglise paroissiale* de Saint-Laurent : restaurée par le cardinal de Granvelle, en 1546, elle renferme quelques bons tableaux dus à la générosité de ce dernier, ainsi que de riches reliquaires.

L'*hôpital*, le plus beau des édifices de la ville, érigé en 1719, et desservi par des sœurs hospitalières de Besançon. La terrasse élevée, et tournée au midi, offre un panorama des plus agréables et un coup d'œil magnifique sur la vallée. La chapelle renferme une toile superbe due au pinceau du peintre bisontin E. Baille.

L'*ancien hôtel du bailliage*, actuellement la mairie, au centre de la ville.

L'*ancien château*, construit sur un rocher escarpé qui domine la ville, existait encore au XIIIe siècle et fut longtemps la résidence des Comtes de Bourgogne : Louis XIV le fit démolir en 1678. Les ruines qui subsistent encore méritent d'être vues. Aujourd'hui, le plateau sur lequel s'élevait le château, est occupé par des familles de cultivateurs. De cette hauteur, le touriste jouit d'une vue très étendue et des plus variées : à gauche, la vallée de la Loue, avec ses roches symétriquement disposées ; à ses pieds, Ornans avec ses coteaux verdoyants et ses vignes mollement étalées ; là-bas enfin, le profil gracieux et accidenté d'une chaîne de collines dont la silhouette fuyante va se perdre à l'horizon.

Ornans est le berceau de *Nicolas Perrenot de Granvelle*, chancelier de Charles-Quint, et père du cardinal. Il naquit dans cette ville en 1486. Nommé conseiller au Parlement de Dôle en 1518, et député à la conférence de Calais en 1521, il sut dans cette mission conquérir la confiance de Charles-Quint. En 1540, il présida la diète de Worms et de Ratisbonne et prit part, en 1545, à l'ouverture du concile de Trente. Il mourut pendant la diète d'Augsbourg, à l'âge de 64 ans, le 15 août 1550. Besançon lui doit le magnifique Palais Granvelle que l'on admire encore aujourd'hui.

Ornans est aussi la patrie de Courbet, peintre naturaliste distingué, dont le nom acquit une regrettable célébrité pendant les troubles de la commune, en 1871. Né dans cette ville, le 30 juin 1819, Courbet s'était tout d'abord destiné à la magistrature, et étudia le droit à Besançon, puis à Paris. En 1840, il abandonna la faculté pour l'atelier, et obtint diverses récompenses en 1849 et aux salons de 1857 et de 1861. Profond admirateur de la nature qu'il s'attacha à reproduire fidèlement, il mourut à Genève en 1882, laissant un œuvre qui l'a rangé parmi les maîtres réalistes.

CLOUTERIES DU PHÉNIX — C. OLIVIER & Cⁱᵉ, à ORNANS (Ancienne Société JARRE & Cⁱᵉ).

La Société OLIVIER & Cⁱᵉ possède à Ornans deux usines. L'usine du Bas, située sur la rive gauche de la Loue, un peu au-dessous de la ville, est tout entière consacrée à la fabrication de la clouterie pour chaussures. Cent-cinquante machines actionnées par quatre turbines hydrauliques, d'une force totale de 100 chevaux sont occupées à découper et à estamper le fil d'acier, de manière à lui donner cette forme spéciale de clou à tige très fine et à forte tête, qui est employée surtout pour la chaussure du travailleur. Les procédés de fabrication sont spéciaux à la Société

OLIVIER & Cⁱᵉ : la tige du clou est *découpée* dans le fil d'acier, au lieu d'être obtenue comme dans les procédés ordinaires, par la compression du métal, ce qui lui donne une solidité à toute épreuve. Les premières machines brevetées furent établies en 1868 par M. JARRE, fondateur de la Société, qui obtint un diplôme d'honneur à Beauvais 1869, et une médaille d'or à Lyon en 1872. A partir de cette époque, l'industrie nouvelle se développa rapidement. L'usine du Bas peut livrer chaque année au commerce environ 1.800,000 kilogrammes de ses produits.

L'usine du Haut, à 1.500 mètres de la première, en remontant la rive droite de la Loue, comprend d'une part, un atelier pour la fabrication des clous à ferrer, clous à bateaux, clous pour la marine et l'artillerie, et diverses autres spécialités de clous forgés à chaud mécaniquement ; et d'autre part, un atelier de construction de machines, muni des engins mécaniques les plus perfectionnés pour le travail des métaux. Cet atelier livre à l'industrie des machines de toute espèce, machines à vapeur, métiers à fabriquer la pointe de Paris, métiers à faire le grillage à triple torsion, moteurs à gaz, et outils divers.

Les deux usines sont éclairées par l'électricité et reliées entre elles par un téléphone. Deux cents ouvriers y sont employés : une caisse de secours leur procure les soins du médecin, les médicaments et une indemnité pour les jours de maladie. Tout le personnel est assuré contre les accidents du travail.

TANNERIE BRIOT, à SAINT-HIPPOLYTE.

À quelques pas de l'embouchure du Dessoubre, et à l'endroit même où le Doubs, descendant des montagnes, fait son entrée dans Saint-Hippolyte, le voyageur qui s'arrête sur le vieux pont de pierre embrasse d'un coup d'œil un groupe de constructions dont l'ensemble attire particulièrement son attention. Là, le Doubs décrit brusquement une courbe, et ralentissant son cours semble vouloir rassembler ses eaux pour les reposer de leur course trop précipitée depuis sa source. Au pied de cette roche gigantesque qui se dresse au nord du bourg comme une immense muraille naturelle, les forges font entendre le bruit cadencé de leurs marteaux ; là, une scierie, presque à cheval sur la voie ferrée, fait crier sous ses roues dentelées les sapins géants tombés des crêtes environnantes. Ici enfin, au bord de la rivière, un vaste bâtiment aux murs noircis par le temps : c'est la vieille tannerie Briot, une des plus anciennes de la région.

Cette tannerie, fondée en 1760 par M. Albert Briot, n'a cessé depuis cette époque d'être exploitée par les membres de la même famille. C'est ainsi que MM. Albert, Augustin, Briot frères, et Auguste Briot s'y sont succédés pendant de longues années jusqu'à ce jour où l'exploitation en est dirigée par Mᵐᵉ Veuve Auguste Briot.

Bien modeste à son origine, cet établissement fut pendant longtemps sans spécialité bien marquée : il fabriquait, comme la plupart des tanneries, ses rivales, le veau ciré, le cuir à semelles, la basane, et en général tous les articles consommés par la cordonnerie. Mais, en 1860, une médaille de bronze obtenue à l'Exposition de Besançon venait mettre en relief le cuir fort à semelles fabriqué par cette maison. En 1867, une nouvelle médaille de bronze décernée par l'Exposition universelle de Paris confirmait la récompense obtenue précédemment et constatait la supériorité des cuirs forts préparés par l'ancienne méthode, procédé dont MM. Briot ne se sont jamais départis, fidèles au vieil adage aujourd'hui trop méconnu et surtout trop peu pratique : « Tan et temps » qui résume en deux mots tout le secret d'une bonne fabrication. Dès lors la préparation des cuirs forts devenait l'unique spécialité de la maison, et remportait de nouveaux succès, une médaille d'argent à l'Exposition de Lyon en 1872, et une médaille de bronze à celle de Paris en 1878.

Ici, le cuir n'est soumis à l'action d'aucun extrait tannant ni d'aucune matière chimique. Le produit ainsi obtenu est ferme, nerveux, d'une belle couleur, et surtout d'un grain fini et serré. — Les peaux utilisées proviennent en majeure partie de la Suisse et des nombreux troupeaux engraissés sur les hautes montagnes du Doubs. — C'est aux excellentes propriétés des eaux du Dessoubre, à l'attention et aux soins apportés à la fabrication, à l'emploi seul de l'écorce de chêne, qu'il faut attribuer la qualité première des cuirs forts de la maison Briot, dont la production annuelle atteint le chiffre de 50.000 kilogrammes, production importante, si l'on considère qu'un cuir frais de boucherie ne sort de la tannerie qu'après y avoir subi un travail d'au moins deux années.

MANUFACTURE D'HORLOGES PUBLIQUES, PRÊTRE-ASTHER FILS,
à ROSUREUX

Horloge créée pour l'Exposition du Centenaire de l'Horlogerie, à Besançon, en 1893
PREMIER PRIX

Parmi les nombreuses usines placées sur le cours bruyant du Dessoubre auquel elles empruntent leur force d'action, il en est une d'origine absolument franc-comtoise : la fabrication des horloges de Comté, qui a conquis un nom universel et s'est créé une célébrité de premier ordre. C'est dans les hautes montagnes du Doubs, à Mémont, dans le canton du Russey, au pied d'une roche sauvage dont une grotte rappelle le souvenir des guerres du XVe siècle, que cette industrie prit naissance en 1780. Ferréol Guillemin, un humble montagnard, qui n'avait jamais franchi le seuil de son village, construisit, à l'âge de trente ans, et sans maître, la première horloge qui existât alors dans le pays.

En 1810, M. Théophile Prêtre, grand-père de M. Prêtre-Asther, le propriétaire de l'usine actuelle, succéda à celui qui, par son travail et ses aptitudes, venait de donner naissance à cette maison de grand avenir : depuis lors c'est la même famille qui a veillé à son entretien et à son développement.

D'abord établie *au Narbief*, sur le petit ruisseau des Seignes, puis *au Bizot*, non loin du Russey, où elle s'installait en 1830, l'usine de M. Prêtre, eut vite acquis un ample rayonnement. Des machines inventées pour la construction spéciale des horloges exigèrent une force motrice plus puissante, et c'est alors, en 1854, que fut fondé l'établissement de Rosureux, sur le Dessoubre, à 19 kilomètres de St-Hippolyte. Exploitée jusqu'en 1885 sous la raison sociale Prêtre père et fils, la maison passa à cette époque entre les mains de M. Prêtre-Asther fils qui en reprit seul la direction, après un stage de vingt années de pratique et d'expérience dans les ateliers de son père.

M. Prêtre-Asther n'a pas cessé d'appliquer dans son travail, tout en les améliorant suivant les données du progrès moderne, les procédés et la méthode transmis par ses ancêtres. Toutes les pièces sorties de ses ateliers sont d'une précision absolue, d'une régularité mathématique, et surtout présentent toutes les conditions de durée désirables. Si l'on analyse dans leurs moindres parties les horloges système Prêtre, on y verra tous les rouages et les emboîtures fondus en bronze, les arbres en acier sur toute leur longueur, toutes les pièces à frottements en acier trempé. Faut-il s'étonner ensuite si ces pièces, d'une structure si soignée, arrivent à fonctionner pendant 150 ans et au-delà ?.... Nous sommes loin de la durée fournie par les horloges à bas prix, avec leurs roues en fonte grossière, à peine dégrossie, et qui n'ont d'horloges que le nom....

Un outillage spécial, inventé et construit par M. Prêtre, permet de lutter contre la concurrence de la fabrication même la plus défectueuse et toutes les horloges Prêtre sont garanties pour une durée d'au moins dix années. De nombreuses médailles aux expositions, et notamment un diplôme d'honneur à l'exposition de 1865, à Paris, ont été la légitime récompense d'un travail persévérant et assidu qui n'a pas peu contribué, dans sa spécialité, à la bonne réputation de l'horlogerie de la Comté.

PONTARLIER

Placée à la frontière française, au pied du premier versant occidental des monts Jura, et à l'extrémité d'une plaine arrosée par les eaux du Doubs et du Durgeon, Pontarlier est une des plus anciennes villes de Franche-Comté ; Elle comprend 7,189 habitants. Son altitude est de 838 mètres au-dessus du niveau de la mer.

Son origine remonte à la plus haute antiquité. Au VIe siècle, *Pons aeilt* ou *Pontarlium*, formait déjà un bourg très important. Brûlée par les Sarrazins, ravagée en 964 par les Hongrois, la ville est toujours sortie de ses ruines. De 1639 à 1736, de violents incendies la détruisirent à diverses reprises, et c'est en 1736 que Louis XV, touché des malheurs qui depuis si longtemps venaient fondre sur elle, fit reconstruire à ses frais la façade des nouvelles maisons sur un plan d'alignement général.

Malgré de grandes pertes éprouvées de nouveau, en 1754, à la suite d'un nouvel incendie qui consuma une partie de la Grande-Rue, le faubourg Saint-Pierre, et le couvent des Capucins avec sa riche bibliothèque, Pontarlier se releva de nouveau, et depuis cette époque sa prospérité sans cesse croissante a effacé la trace de ses désastres. Le parfait alignement de ses rues en fait une des plus belles villes de la province : la Grande-Rue notamment, remarquable par la régularité de ses constructions, se termine par un arc triomphal construit sur les plans du général d'Arçon, un enfant du pays : les dispositions architecturales rappellent en petit la porte St-Martin de Paris. Les anciens remparts ont à peine laissé quelques traces, et les silencieux monastères d'autrefois, transformés en bruyants établissements industriels, ont transmis une vie nouvelle à cette ville placée dans une situation si favorable au commerce. Une école à feu, installée par l'administration de la Guerre sur un plateau voisin, amène chaque année, pendant l'été, une concentration de troupes qui donne à la cité l'aspect animé d'une place de guerre.

Pontarlier possède une grande halle, un collège important, un hôtel-de-ville bâti en 1832, mais qui manque de grâce et de légèreté ; un hôpital, très bien situé sur les bords du Doubs, et qui s'accroît encore aujourd'hui de nouveaux bâtiments.

L'industrie y est très florissante et s'est spécialisée principalement sur la fabrication de l'absinthe. On y compte, en effet, un grand nombre de distilleries dont quelques-unes très renommées. Il s'y fait en outre un grand commerce de bois, de cuirs, de fromages et de bestiaux.

Dans cette région avancée de l'est, Pontarlier est un point important qui doit une partie de son activité aux nombreux voyageurs qui, venant de l'intérieur de la France ou d'Angleterre, se rendent en Suisse et en Italie. A peu de distance est situé le *Fort de Joux*, ancien château féodal devenu prison d'Etat au XVIIIe siècle, qui protège notre frontière sud-est avec les forts du *Larmont* et du *Taureau*. Du sommet du Grand-Taureau, à 1326 mètres d'altitude, on découvre un beau panorama sur le Jura, la Côte-d'Or, le Ballon des Vosges, le Mont-Blanc et les Alpes.

C'est dans les cachots du fort de Joux, *ce nid de hiboux égayé par des invalides*, comme l'appelait Mirabeau, que furent enfermés, le fameux tribun, pour expier ses amours avec Sophie, comtesse de Monnier ; et après lui, Toussaint-Louverture, l'émancipateur des nègres de Saint-Domingue, puis le général Dupont, puni par Napoléon à propos de la capitulation de Baylen.

Pontarlier est le berceau du *Général Comte Morand,* pair de France, qui fournit une si brillante carrière sous le Premier Empire (1771-1835) ; du *Général d'Arçon* (Le Michaud), devenu célèbre par la création de ses batteries flottantes au siège de Gibraltar (1733-1800) ; et de Xavier Marmier, si connu dans le monde des lettres, mort à Paris en octobre 1893, à l'âge de 84 ans (1800-1893).

L'ABSINTHE

Pontarlier est sans contredit la patrie de l'absinthe, cette liqueur fameuse aujourd'hui si répandue, qui a ses détracteurs passionnés comme ses partisans convaincus. Obtenue au moyen de la plante qui porte ce nom et de différentes herbes aromatiques, distillée avec soin, elle constitue une boisson apéritive, tonique et rafraîchissante, que l'on a appelée le *quinquina de l'indigent*, dont l'usage modéré peut avoir des effets salutaires, mais dont l'abus entraîne toujours à sa suite des conséquences funestes.

L'absinthe vulgaire, *artemisia absinthium*, ou grande absinthe, que les agriculteurs de Pontarlier cultivent avec tant de soin sur les sommets les plus élevés de leurs montagnes, et à qui la médecine reconnaît de précieuses vertus, croît généralement sur un sol pierreux, se contentant de terrains de médiocre qualité, mais se plaisant de préférence sur la pente inclinée des coteaux exposés au Levant : on la sème au printemps, et ce n'est qu'en Juillet qu'on en récolte les feuilles, les fleurs et les tiges. La petite absinthe, *absinthium pontica*, spécialement employée pour donner à la liqueur cette jolie coloration qui la caractérise, ne se multiplie que par boutures: celles-ci, plantées en automne dans une terre bien préparée, n'exigent que peu de soins et deux ou trois binages suffisent pour en obtenir un rendement satisfaisant.

La récolte, dont l'époque peut varier suivant les conditions climatériques, se fait ordinairement de Juin à Août : elle a lieu lorsque la plante est boutonnée, c'est-à-dire avant sa floraison, et autant que possible par un temps sans humidité. Les tiges, coupées à quelques centimètres du sol, sont mises à l'évaporatoire et étendues à l'ombre où elles se dessèchent lentement, pour de là passer à la distillation. Cette opération qui exige des soins minutieux (car d'elle dépendent la qualité et la finesse de la liqueur), consiste à faire macérer d'abord dans l'alcool des plantes de grande absinthe, combinées avec la mélisse, le fenouil et l'anis, puis à les distiller soit à la vapeur directe, soit au bain-marie ; ce dernier procédé est plus lent, mais bien préférable. Le produit ainsi obtenu, incolore, passe ensuite dans des appareils spéciaux, appelés colorateurs, où l'hysope et la petite absinthe lui communiquent cette brillante teinte verte sous laquelle elle est livrée dans le commerce.

Dans les temps anciens et au moyen-âge, *le vin d'herbes*, composé comme aujourd'hui d'absinthe, d'hysope et d'anis, était déjà connu, puisque, selon Pline, il était offert aux vainqueurs dans les courses de chars. Mais ce n'est guère que vers la fin du siècle dernier que la composition de cette liqueur fut trouvée par un médecin français, Ordinaire, alors exilé en Suisse: celui-ci en garda le secret jusqu'en 1797, époque à laquelle le procédé de fabrication devint la propriété de quelques personnes, et parmi elles de M. Henri-Louis Pernod, grand-père du fondateur de l'usine de ce nom. Contrairement donc au préjugé vulgairement répandu, l'absinthe est incontestablement d'origine française et non suisse, et c'est à M. Henri-Louis Pernod que revient le mérite d'avoir créé à Couvet la première distillerie de ce genre, quelques années avant la fondation de son établissement de Pontarlier.

Cette industrie, alors à son berceau, était loin d'avoir le développement qu'elle a acquis de nos jours. Pour donner une idée de son importance, qu'il nous suffise de dire que la superficie du sol affecté à la culture de cette plante est actuellement de 200 hectares dans l'arrondissement de Pontarlier, et qu'en 1893 les distillateurs de cette ville ont produit 66,850 hectolitres d'absinthe. Quelques distilleries du Francbourg et du Vèzenay, localités voisines, contribuent à augmenter quelque peu ce chiffre.

La *liqueur verte* de Pontarlier a maintenant une réputation universelle. Les modifications successivement apportées dans les appareils de distillation, l'emploi scrupuleux des matières choisies et surtout d'alcools parfaits ont donné à ce breuvage de luxe un renom que la plupart des distillateurs pontissaliens ont eu à cœur de maintenir jusqu'à ce jour, et qui explique suffisamment le chiffre presque prodigieux de cette production.

La véritable absinthe, préparée avec des procédés honnêtes et consommée à petite dose, est-elle un poison lent, autant qu'on a voulu le dire ? — Si parfois son abus amène la démence, accusons plutôt dans ce cas les alcools inférieurs et les ingrédients malsains que la spéculation étrangère, avide et coupable, ne craint pas de faire entrer dans la composition de cette liqueur, au détriment de la santé publique.

BERTHE DE JOUX

Il était chatelaine
De beauté souveraine
Et d'un charme divin.
Mais, sombre destinée,
Berthe l'infortunée
Dame de Joux devint.

Des semaines entières,
Au fond des sapinières,
Le vieux baron chassait :
Et la dame seulette,
Ainsi qu'une fleurette
Sans soleil, languissait.

Brûlant d'amour pour elle,
Un jour, sous sa tourelle,
Le beau page Luiz
D'une gente ballade
Vint lui donner l'aubade
Pour charmer ses ennuis.

A ses chants l'âme ouverte
Las ! l'imprudente Berthe
Fut prise sans recours,
Et le sire à la chasse,
Des loups suivant la trace,
Courait, courait toujours....

Une nuit qu'à la belle
Une amour éternelle
Le beau page jurait,
Grand Dieu ! soudain le Sire,
En éclatant de rire,
Devant eux apparaît !

La Dame confondue,
De terreur éperdue,
Regarde en chancelant
Choir à ses pieds le page,
Comme tombe en l'orage
Un doux ramier sanglant !

Mais point n'est assouvie
Du sire la furie :
Il sonne à pleins poumons
De sa trompe de chasse
Dont la fanfare glace
Et fait trembler les monts.

Varlets, dit-il, qu'on creuse
Vite une cave affreuse
Dans le profond rocher :
Là, toute votre vie,
Loin des galants, ma mie,
Je saurai vous cacher.

La pauvre prisonnière,
Nuit et jour en prière,
Sous les arceaux suintants,
Le cœur plein d'épouvante,
En sa tombe, vivante,
Demeura dix-sept ans !

A l'heure où la nuit gagne
Et couvre la montagne
De son voile étoilé,
Encor dans le silence,
Du noir caveau s'élance
Un long cri désolé !

C'est de la Chatelaine
La plaintive âme en peine
Qui revient chaque soir,
Aux portes des chaumières,
Quêter quelques prières,
Autour du vieux manoir.

Louis MERCIER.

LA DISTILLERIE PERNOD FILS, à PONTARLIER.

C'est dans cette ville que la première fabrique d'absinthe fut installée en 1805 par H.-L. Pernod, originaire de Couvet (Suisse), grand-père de M. Louis Pernod, actuellement l'un des chefs de la célèbre maison Pernod fils, dont les produits sont répandus et appréciés dans le monde entier. L'établissement primitif, dont les débuts avaient été bien modestes, est devenu la vaste et magnifique usine qui s'élève au bord du Doubs et qui est actuellement la propriété de MM. Veil-Picard, les banquiers bien connus de Besançon.

Les nombreux voyageurs qui passent à Pontarlier, les officiers que leur service appelle dans cette petite ville frontière ne manquent jamais de visiter l'usine Pernod fils, dont les connaisseurs admirent la parfaite organisation.

La vaste salle de distillation où 50 alambics et colorateurs produisent chaque jour des centaines d'hectolitres d'absinthe, — la mise en bouteilles qui s'opère automatiquement au moyen d'ingénieux appareils, — l'atelier de fabrication des caisses, — les caves, vastes comme les cryptes d'une cathédrale, où sont alignés dans une majestueuse ordonnance plus de deux cents foudres et d'immenses bacs métalliques renfermant des millions de litres d'absinthe et d'alcool de vin, — les magasins, avec leurs profondes perspectives formées par les amoncellements de bouteilles, de ballots, de graines et d'herbes, de caisses pour les expéditions, — la judicieuse distribution de la force motrice, — le mouvement continuel provoqué par le va-et-vient des arrivages et des expéditions, l'usine étant reliée au chemin de fer par une voie spéciale qui pénètre jusque dans l'intérieur des magasins, — l'entrain au travail des ouvriers et des ouvrières dont l'effort est réduit au minimum, grâce à un outillage des plus perfectionnés, — l'ordre et la propreté qui règnent partout, — tout dans ce magnifique établissement produit la plus favorable impression. On s'explique en un tel milieu les résultats auxquels il est possible d'arriver, quand des capitaux importants sont mis au service d'une direction intelligente, et quand celle-ci puise sa force dans les expériences renouvelées de chaque jour, depuis bientôt un siècle.

On voit bien que les chefs de cette maison n'ont qu'une seule préoccupation : assurer l'excellence du produit que la maison Pernod fils offre à la consommation. Ce but est atteint : personne ne le contestera, car le nom de Pernod a remplacé, dans le langage courant, le nom générique d'absinthe pour désigner un produit de qualité supérieure.

Ajoutons que, dès 1871, M. Pernod fils a introduit dans sa maison, en faveur des employés et des ouvriers, la participation aux bénéfices, et que ses successeurs, MM. Veil-Picard ont eu à cœur de maintenir ce système dont l'application généralisée contribuerait puissamment à la solution pacifique des problèmes sociaux.

A tous égards, la Maison Pernod fils occupe une place d'honneur parmi les industries franc-comtoises.

LA DISTILLERIE D'ABSINTHE, DORNIER-TULLER, à PONTARLIER.

A l'entrée du joli Val-de-Travers si connu des touristes qui se rendent en Suisse, en passant par Pontarlier et Neufchâtel, se trouve le paisible village de Fleurier, à deux pas des Verrières, non loin de la frontière française. Environné par les sapins qui couronnent les crêtes des montagnes et recouvrent leurs flancs d'un sombre manteau de verdure, traversé par un cours d'eau qui serpente lentement au fond de la vallée, ce petit centre industriel dresse ses habitations coquettes, d'une structure élégante et d'un aspect presque

FLEURIER

PONTARLIER

luxueux, au pied d'une roche immense que sa conformation bizarre a fait désigner sous le nom de *Chapeau de Napoléon*. C'est là qu'en 1878, M. Dornier-Tuller fonda sa première distillerie à vapeur pour la fabrication de l'absinthe, et à laquelle furent bientôt annexés de nouveaux laboratoires pour la préparation de différentes liqueurs, du kirsch, du vermouth et de la gentiane.

Distiller une absinthe d'une pureté absolue et d'une saveur irréprochable, tel fut dès sa création le programme de cette maison dont les produits attiraient déjà l'attention à l'Exposition de Bordeaux, en 1882, où ils obtenaient une médaille d'argent.

L'établissement avait à peine quelques années d'existence que déjà l'excellence de sa fabrication était connue non seulement en Suisse, mais encore au-delà du Jura. Ce succès mérité amena la création d'une seconde distillerie que M. Dornier-Tuller installa à Pontarlier, en 1880, afin d'être en communication directe avec sa clientèle de France. Cette nouvelle usine dont le besoin s'était si vivement fait sentir fut pourvue des meilleurs appareils de distillation. Des caves spacieuses, bien ventilées et mieux éclairées encore, reçurent de vastes foudres d'une capacité considérable : dans les uns s'emmagasine l'alcool destiné à la fabrication ; dans les autres repose l'absinthe, depuis sa sortie des appareils colorateurs jusqu'à sa mise en bouteilles pour la consommation.

Des locaux particulièrement appropriés à cet effet reçoivent les plantes de toutes sortes mises en réserve. L'absinthe, l'anis du Tarn, le fenouil doux du pays, triés chacun séparément dans un magasin spécial, attendent après quelques mois de dessication à l'air libre, le moment où ils seront soumis à la chaleur de l'alambic, et où ils redonneront à l'industriel, avec leur arôme et leur parfum, les précieuses qualités encore secrètement renfermées dans leurs tiges et dans leurs feuilles.

Une visite aux usines de Pontarlier et de Fleurier ne peut manquer d'offrir un grand intérêt à l'étranger que ses affaires amènent dans cette région. Si la réputation de l'absinthe Dornier-Tuller s'est étendue au loin, n'oublions pas que ce résultat doit être attribué non-seulement au choix consciencieux des plantes, à une régularité rigoureuse dans la fabrication entièrement confiée aux deux fils de la maison, mais aussi et surtout à l'emploi unique des alcools de vin dont la supériorité, tant au point de vue du goût qu'à celui de l'hygiène ne saurait être contestée.

Les récompenses obtenues aux Expositions de Paris, en 1885, et de Toulouse, en 1887, n'ont fait que confirmer le renom de cet Etablissement qui ne le cède en rien à ses rivaux, ni pour la bonne organisation de ses laboratoires, ni pour la finesse de ses produits.

L'INDUSTRIE FROMAGÈRE

DANS LE DOUBS

———— ⋙⋘ ————

La préparation du gruyère s'effectue depuis des siècles sur les hauts plateaux de la Franche-Comté, dans des fromageries par association, les *fruitières*. C'est là vraisemblablement qu'elle a pris naissance et non en Suisse, comme on le croit généralement. Tout au moins le document le plus ancien que l'on possède à ce sujet signale-t-il la fabrication du « *fromage de fruclère* » en 1288, à Déservillers (Doubs), dans une région aujourd'hui encore renommée pour la qualité de ses produits.

A l'origine, la fruitière, basée sur la confiance et la bonne foi réciproques, pouvait être considérée comme l'extension de la famille. C'était une société de fait, sans contrat, sans mise en commun de tous les produits : c'était, en réalité, une société de *prêts de laits* mutuelle.

Le jour où l'on commençait la fabrication, celui qui apportait la plus grande quantité de lait devenait possesseur du fromage fabriqué, de la crème prélevée, des résidus. Il fournissait le bois nécessaire à la fabrication et même le local, car il n'y avait pas de chalet spécial. Il aidait le fruitier dans son travail et le nourrissait. Le mode de comptabilité était très simple. Le fromager marquait, sur une double taille de bois, d'un côté les quantités livrées en avoir par le sociétaire, de l'autre ce qu'il redevait. Les apports successifs du sociétaire qui avait eu le premier fromage servaient à éteindre sa dette, à rendre à ses co-associés le lait qu'ils lui avaient prêté, jusqu'au jour où, possesseur de la plus forte quantité en avoir, il avait de nouveau « *le tour* » c'est-à-dire les produits de la journée.

Le matériel était rudimentaire. Les foyers, ouverts à la partie antérieure, laissaient échapper la fumée dans le local et dépensaient une grande quantité de combustible. Une pierre servait à donner la pression. La cave, mal abritée contre les variations de température extérieure, ne pouvait permettre une fermentation régulière dans le cours de l'année.

Limitées d'abord aux hautes montagnes, les fruitières s'étendirent peu à peu, surtout pendant la première moitié de ce siècle. Mais partout elles s'établirent avec les mêmes défauts dans l'organisation technique et économique.

Les premiers perfectionnements remontent à une vingtaine d'années. C'est surtout à partir de 1880, sous l'impulsion de la société départementale d'agriculture, que le progrès s'accentua. Cette association subventionna les fruitières qui réalisaient des progrès dans leur installation et leur fonctionnement.

Tout d'abord, la taille fut remplacée par l'inscription des quantités fournies sur des carnets individuels et sur un registre. Le système de fruitière dit « *au petit carnet* » ou « *en petite société* », qui ne permet pas une répartition équitable des produits, céda la place dans maints endroits à la « grande société », dans laquelle les fromages sont non plus attribués à tour de rôle à tel ou tel sociétaire, mais vendus en commun. On établit des bassins réfrigérants dans les chambres à lait, les rondots métalliques furent substitués aux vases en bois, des foyers perfectionnés utilisèrent mieux le combustible, les presses graduées permirent de varier à volonté la pression. Les primes ainsi données aux *chalets modèles* excitèrent l'émulation.

Les fromageries de Pontarlier, Amathay-Vesigneux, Fertans, Mérey-sous-Montrond, Montrond, Sancey-le-Grand, Sancey-le-Long, Mouthiers, Vernierfontaine, Bannans, Chouzelot, Jallerange, etc.., donnèrent l'exemple qui gagna bientôt de proche en proche.

Néanmoins, la Suisse, dont les progrès étaient plus anciens, nous faisait une concurrence heureuse sur nos propres marchés. C'est alors que la Société d'agriculture, grâce aux efforts de son dévoué président, M. l'avocat Gauthier, actuellement juge de paix à Besançon, obtint d'un ministre de l'agriculture franc-comtois, M. Viette, la création d'une école théorique et pratique destinée à former des fromagers (1er novembre 1888). On choisit, comme siège de l'établissement, Mamirolle, village situé à quelques kilomètres de Besançon, sur la ligne de Morteau. M. Ch. Martin, ancien élève de l'Institut agronomique, fut chargé d'organiser la nouvelle école et y réussit à merveille.

L'enseignement donné à Mamirolle dure une année. La rentrée a lieu deux fois par an, le 1er octobre et le 1er avril.

Les cours théoriques portent sur les objets suivants : Industrie laitière. — Chimie générale. — Chimie laitière. — Technologie. — Zootechnie. — Botanique appliquée. — Comptabilité. — Géométrie (mesure des surfaces et des volumes). — Arithmétique et système métrique.

L'enseignement pratique comprend les divers modes d'écrémage par le repos et par la centrifuge, la préparation du beurre au moyen des appareils à moteur et à bras, la fabrication des gruyères et des emmenthals dans la chaudière à feu nu et dans celle à vapeur, le contrôle des laits, la conduite de la machine à vapeur. On enseigne, en outre, sur une moins grande échelle, la préparation du lait stérilisé et celle de différents fromages à pâte molle (Brie, Camembert, Mont-Dore, etc...) : la manipulation journalière s'étend en été à deux mille litres.

Depuis sa création, l'Ecole de Mamirolle s'est préoccupée de dégager, par des expériences nombreuses, les lois de la fabrication du gruyère. Le contrôle scientifique des manipulations, rendu possible par l'établissement d'un laboratoire de recherches, qui fonctionne depuis le 1er janvier 1893, a conduit à formuler des règles précises dont l'application donne au fromager toute garantie de réussite. Il faut citer notamment le dosage de l'acidité, dont l'utilité se traduit de deux façons. A l'aide de ce titrage, on peut éliminer les laits altérés capables de compromettre la fabrication. D'autre part, l'application de la méthode donne au fruitier le moyen de connaître la nature du lait mis en chaudière et de diriger les manipulations sur une base certaine.

Les perfectionnements proposés par l'Ecole de Mamirolle permettent d'arriver à supprimer les déchets. Le chauffage méthodique des caves notamment empêche la lainure, défaut grave dont une grande partie de la production d'automne et d'hiver en Franche-Comté était autrefois atteinte. D'autre part, le maintien d'une température régulière et suffisante pendant la maturation avance sensiblement l'époque de livraison des produits.

Ces procédés de chauffage, indiqués par l'Ecole de Mamirolle, se sont répandus dans un grand nombre de fruitières, en même temps que les divers perfectionnements proposés : aussi l'industrie fromagère du Doubs a-t-elle fait de sensibles progrès depuis quelques années. Le Directeur de l'établissement, M. Martin, a publié récemment un livre complet sur l'industrie du gruyère. L'organisation économique, l'organisation technique (bâtiments et matériel), le contrôle du lait, les diverses manipulations, la préparation du beurre, l'utilisation des sous-produits, le commerce du gruyère, tous les sujets sont traités en détail dans cet ouvrage qui doit être un véritable guide pour les fromagers comme pour les gérants des fruitières.

Mentionnons, parmi les fruitières qui se sont organisées d'après l'exemple de Mamirolle et sont devenues de véritables modèles, celles de Saint-Vit, du Château-Bournel, due à l'initiative de M. le député de Moustier, de Grand-Combe de Morteau, etc...

Le mouvement de progrès, déjà très net, ira toujours en s'accentuant, grâce aussi à l'initiative prise par la société d'agriculture pour organiser la visite des fruitières. Ce service a été confié à un praticien très habile qui, se tenant en relations constantes avec l'école, peut, tout en surveillant la fabrication et en contrôlant les laits dans les fromageries abonnées, vulgariser facilement les nouvelles méthodes.

L'évaluation approximative de la production fromagère dans le Doubs peut se résumer ainsi :

Production en fromages	4,635,879 kilogrammes.
Prix moyen des 100 kilogs	124 francs.
Valeur en argent	5,748,490 francs.
Production en beurre	510,743 kilogs.
Prix moyen des 100 kilogs	234 francs.
Valeur en argent	1,195,139 francs.
Valeur totale de la production, fromages et beurre :	6,943,629 francs.

LE FRUITIER

Je suis vrai Fribourgeois du pays de Gruyères,
Où les vaches, la nuit, dorment dans les bruyères :
Les paysans d'ici m'ont voulu pour fruitier,
Et je trouve, ma foi, que c'est un bon métier.

Tout bien considéré, j'ai dans cette commune
Une position charmante et peu commune ;
D'autant qu'avec des bras dodus comme ceux-ci,
L'ouvrage ne me met nullement en souci.

Autant de seaux de lait dans mon chaudron je brasse,
Autant de frais minois tous les matins j'embrasse,
Quand les filles, jurant toujours ne pas vouloir,
Viennent l'une après l'autre autour de mon couloir.

Chez nous les filles font de bien autres femelles,
Des femmes de six pieds, aux robustes mamelles,
Et des mollets plus durs que jamais ne le fut
Un canon de Fribourg couché sur son affût.

Ah ! pour cela, c'est vrai : mais, bah ! tout se compense :
Chez nous, les fruitiers n'ont pour se garnir la panse
Que du lait fade et blanc au fond de leur chalet ;
Le vin rouge d'ici davantage me plaît.

Allons, la belle enfant, donnez donc votre *taille*,
Que je marque dessus, par une croix de taille,
Comme quoi vous aurez le fromage demain.
Et les amours sont-ils toujours en bon chemin ?

A quand la noce ? a-t-on déjà fait les emplettes ?
Vos douzaines de tout doivent être complètes,
Car votre père dit souvent en souriant
Que vous aurez de tout douze en vous mariant.

Après tout, il en a bien le droit, ma mignonne !
— Et vous, vieille Gothon, dont le museau trognonne,
Ne pourra-t-on donc pas vous faire décrotter
Quelque peu votre seille, avant de l'apporter ?

Quand votre crasse aura fait brécher mon fromage,
Sur qui retombera, s'il vous plaît, le dommage ?
Sur le fruitier !... La vieille, au large ! et dépêchons !
Allez voir chez vous s'il reste encor des torchons !...

— Ah ! vous voilà, Jean-Claude, heureux célibataire !
Vos vaches ont un ventre à balayer la terre :
Nous marquons aujourd'hui trois pintes, un chauveau.
Mais dans peu vous aurez chaque semaine un veau.

— Dans trois jours c'est pour vous qu'on travaille, Claudine.
N'oubliez pas qu'aussi c'est chez vous que l'on dîne,
Et de votre salé mettez cuire un quartier,
Que diable ! on peut bien faire honneur à son fruitier.

Puis viendra la Saint-Jean. Pour ce jour-là, ma chère,
Plus vestige de crème à mettre à la beurrière :
Le fromage est alors gratis pour le curé,
Chez qui le bon fromage est toujours adoré.

Voici mon bâton blanc, ma toile et ma présure :
Tenez, vous allez voir si j'ai la coupe sûre,
Et s'il me faut, à moi, bien des coups de filet
Pour pêcher mon fromage au fond de votre lait.

Un !... et deux !... Mais avant la fin de la journée,
J'ai de ma chambre encore à faire la tournée,
Pour saler chaque pièce en me bien dépêchant,
Et cela, jusqu'au jour où viendra le marchand.

Ce jour-là les écus pleuvent sur la balance
Que les intéressés regardent en silence :
Le fromage en tonneaux se met à voyager,
Après quoi chacun songe à se bien goberger.

Je suis vrai Fribourgeois du pays de Gruyères,
Où les vaches, la nuit, dorment dans les bruyères :
Les paysans d'ici m'ont voulu pour fruitier,
Et je trouve, ma foi, que c'est un bon métier.

MAX BUCHON. — *Poésies* (1)

(1) Paris, Sandoz et Fischbacher, édit.

JURA

———— ✳ ————

Le département du Jura est, comme celui du Doubs, voisin de la Suisse. Il a pour limites : au Nord, les départements de la Haute-Saône et du Doubs ; à l'Est, la Suisse et le département du Doubs ; au Sud, le département de l'Ain ; et à l'Ouest, la Côte-d'Or et Saône-et-Loire. Sa superficie est de 505,356 hectares, et sa population de 273,028 habitants.

Il se divise en quatre arrondissements : *Lons-le-Saunier, Dôle, Poligny* et *Saint-Claude*, subdivisés en 32 cantons et 584 communes. Il fait partie du 7ᵉ corps d'armée et comprend un évêché, celui de Saint-Claude, suffragant de l'archevêché de Lyon.

L'industrie s'y trouve représentée par les hauts-fourneaux, la tréfilerie, la tôlerie : la faïencerie, la poterie, la tuilerie ; la taille des pierres fines, l'horlogerie, la tabletterie de Saint-Claude ; la fabrication en grand du beurre et des fromages façon Gruyère et de Septmoncel. Son commerce s'exerce particulièrement sur les bois de construction, les vins, les céréales, le sel, les ustensiles de ménage en bois de sapin, les bois de tannerie et de sellerie, les fils de fer et les clous.

Le département du Jura est un des plus boisés de France et compte au nombre des plus pittoresques : un tiers de sa surface est recouvert de forêts. Il possède de nombreuses carrières qui fournissent une pierre estimée. L'air y est pur et vif, excepté toutefois dans la région basse, en raison des nombreux étangs qui la rendent marécageuse et par conséquent peu salubre. Les curiosités naturelles y abondent : on y trouve des lacs étendus, de magnifiques cascades, des vallées superbes, des forêts de sapins grandioses, des rochers incomparables, des défilés sauvages, des torrents impétueux, et des abîmes insondables. L'escarpement des montagnes imprime aux vallées une variété d'aspect qu'on ne rencontre nulle part. Parmi celles-ci, et pour ne parler que des plus remarquables, il faut citer :

La *vallée de l'Ain*, avec ses gorges sombres et silencieuses qui se déroulent jusqu'à la *Perte de l'Ain* et au *Saut de la Saisse*, où cette rivière forme une chute de 18 mètres en aval de Pont-de-Poitte.

La *vallée de la Saine*, où l'on voit, au fond de la *Langouette*, la double cascade des Planches qui se précipite dans un gouffre de quarante mètres de profondeur, et dont l'ouverture présente à peine 5 ou 6 mètres au faîte.

La *vallée de la Bienne*, au lit profond et resserré, où l'on admire, au milieu d'un des sites les plus austères du Jura, une ancienne Chartreuse, fondée en 1139, et dont les jardins suspendus sur douze arches de pierre, sont particulièrement dignes d'attention.

La *gracieuse vallée de la Cuisance*, qui prend naissance aux Planches, près d'Arbois, et qui développe fièrement ses riches coteaux et ses jardins fertiles jusqu'aux immenses prairies au milieu desquelles est assise la ville de Dôle.

Les sommets les plus élevés situés soit dans le département, soit sur les confins de la Suisse, sont : *la Dole*, à 1732 mètres au-dessus du niveau de la mer ; *le Reculet*, à 1717 mètres ; *le Noirmont*, à l'est du lac des Rousses, dont l'altitude est de 1550 mètres ; *le Risoux*, dont la cime la plus élevée, *le Crêt-à-la-Dame*, à l'ouest du même lac, mesure 1386 mètres.

Les montagnards du Jura sont, avec ceux du Doubs, remarquables par leur haute stature et leur grand amour de la liberté. Ils ont pour le sol qui les a vus naître un attachement sans bornes, et si la nécessité les contraint à passer leur vie dans des contrées lointaines, ils conservent toujours au fond du cœur l'espoir et l'ardent désir de venir finir leurs jours au sein de leurs chères montagnes, que rien ne saurait leur faire oublier. Aussi, à l'époque des guerres du moyen-âge, et surtout pendant l'invasion française, les moindres villes du département et ses châteaux furent-ils le théâtre de batailles sanglantes, dans lesquelles les Comtois firent preuve d'un courage rare et d'une énergie peu commune, pour défendre leur territoire contre les armées qui venaient pour les asservir, et notamment contre celles de Louis XIV.

Après Lons-le-Saunier, qui en est le chef-lieu, les principales villes du département sont : *Dôle, Poligny, Saint-Claude, Salins, Arbois* et *Morez*.

LONS-LE-SAUNIER, CHEF-LIEU

La ville de Lons-le-Saunier, autrefois appelée *Lons, Lædo, Lædo-Salnerius, Ledon-le-Saulnier*, s'étend à l'entrée d'un riche bassin arrosé par la Vallière et encadré par un immense cirque de montagnes et de collines verdoyantes. Des sommets qui la dominent l'œil embrasse de magnifiques horizons. Elle tire son nom d'une source d'eau saline qui prend naissance à 2 kilomètres, à l'ouest, au village de Montmorot, couronné par les ruines d'un vieux donjon.

Son origine est fort ancienne. Longtemps avant l'invasion romaine, un bourg important s'élevait sur le plateau de Richebourg, aujourd'hui occupé par un quartier de la ville. Sous la domination romaine, ce bourg prit un développement considérable et devint un des centres les plus vivants de la Séquanie : il eut son forum, son palais et ses temples.

Pendant plusieurs siècles, Lœdo fut le théâtre de guerres incessantes et eut à subir tour à tour les ravages des hordes germaniques, des Francs et des guerres civiles. En 1364, Philippe de Vienne, Seigneur de Pymont et de Montmorot, et Tristan de Châlon, Seigneur de Montaigne, autorisèrent la ville à se construire des remparts dont la garde fut confiée aux bourgeois de la cité. « Les habitants de Lons, dit Lecourbe, étant fermés de murailles, formèrent dès lors une jolie petite ville qui fut mise au nombre de celles qui envoyèrent leurs députés aux Etats assemblés et tenus jusqu'en 1674. » Sa position jointe à son commerce en fit bientôt une des villes les plus importantes du Comté de Bourgogne.

De 1510 à 1638, elle fut quatre fois ravagée et bouleversée par des incendies qui la détruisirent presque totalement. La peste et la famine décimèrent la population, et les guerres de partisans, sans cesse renaissantes sur tous les points de la Comté, accumulèrent sur le pays d'effroyables calamités. Ce fut pendant ces guerres que s'illustra Claude Prost, connu sous le nom de capitaine Lacuzon, « gouverneur des bourg et chasteau de Saint-Laurent de la Roche, et bourgeois de la ville de Sainct-Oyan. » dont Xavier de Montépin a dépeint les périlleuses aventures.

Après une période de calme occasionnée par la mort de Louis XIII. la guerre se ralluma en 1668, Louis XIV ayant fait valoir ses droits à la succession de Philippe IV, roi d'Espagne, son beau-père. Lons-le-Saunier, mal fortifiée, mal défendue, et partageant le sort du pays tout entier, se rendit aux troupes françaises... Par le traité d'Aix-la-Chapelle, en 1668, elle fit retour à l'Espagne : mais, après une seconde invasion, elle fut définitivement annexée, la Franche-Comté ayant été déclarée province française par la paix de Nimègue, en 1678.

Lons-le-Saunier, dont la population était, en 1790, de 6.518 habitants, compte aujourd'hui dans son sein près de 13.000 âmes : son altitude est de 258 mètres au-dessus du niveau de la mer. Placée sur la ligne du chemin de fer de Besançon à Lyon, elle est distante de Paris de 409 kilomètres à vol d'oiseau, et de 430 kilomètres par la voie ferrée.

Parmi les hommes célèbres qui ont illustré leur pays natal, nous mentionnerons :

Pierre *Mareschal*, secrétaire de Charles-le-Téméraire, 1473 ; — *Philibert de Châlon*, prince d'Orange. Chevalier de la Toison d'Or, vice-roi de Naples, tué au siège de Florence, 1502-1530 ; — Claude-François *Boquet de Courbouzon*, président à mortier au Parlement de Franche-Comté, et fondateur de l'académie de Besançon, célèbre littérateur, 1682-1762 ; — le général de brigade. Xavier *Chaillet de Verges*, condamné à mort par le tribunal révolutionnaire, en l'an II, 1704-1794 ; — le comte Pierre-Alexis *de Rotalier*, maréchal de camp, 1738-1807 ; — le comte Théodore *Vernier*, président de l'Assemblée Constituante et de la Convention, sénateur de l'Empire et pair de France, 1731-1818 ; — *Rousseau de l'Espinay* (Louis-Hyacinthe), docteur en théologie, aumônier de Mme Elisabeth de France, 1743-1825 ; — René-François *Dumas*, président du tribunal révolutionnaire, mort sur l'échafaud, 1757-1794 ; — Pierre-Joseph *Rouget de Lisle*, l'immortel auteur de la Marseillaise, né à Lons-le-Saunier, le 10 mai 1760, et mort à Choisy-le-Roi le 27 mai 1836 ; — le général de brigade Claude-Pierre *Rouget*, dit le Batave, frère du précédent, né en 1770 ; — le général comte *Lecourbe*, un des généraux les plus célèbres de la Révolution, né à Ruffey, près de Lons-le-Saunier (1760-1815), et à qui cette ville a élevé une statue en 1857 ; — Jean-Baptiste *Roux de Rochelle*, ministre plénipotentiaire de France à Hambourg et aux Etats-Unis, 1768-1849 ; — le général baron *Desvernois*, Nicolas-Philibert, 1771-1859 ; — Jean-Baptiste *Perrin*, jurisconsulte, historien, fabuliste, 1778-1862 ; — Nicolas *Guy*, aide de camp de Joseph Bonaparte, grand d'Espagne, marquis de Rio-Milanos, 1773-1845 ; — etc...

Au nombre des principales curiosités monumentales que possède le chef-lieu du département du Jura, on remarque : *L'hôtel de ville* (1733-1743) qui occupe l'emplacement du château appartenant autrefois aux princes de Châlon, et où sont installés le Musée et la Bibliothèque de la ville. Le Musée possède une riche collection minéralogique et une quantité d'objets de l'époque gallo-romaine provenant des fouilles faites dans les environs. On y voit également quelques-unes des œuvres de Perraud, célèbre sculpteur, né à Monay, près de Sellières, (1821-1876). La bibliothèque comprend plus de 20.000 volumes.

L'hôpital, fondé en 1734, et construit sur le modèle de celui de Besançon, est remarquable par sa magnifique grille en fer forgé que sa valeur artistique a fait classer parmi les monuments historiques : au milieu de la cour, s'élève le buste de Bichat, Marie-François-Xavier, célèbre médecin, né à Thoirette, près d'Arinthod, dans la vallée de l'Ain, le 11 novembre 1771, et mort le 22 juillet 1802.

L'Eglise des Cordeliers, avec ses chapelles des XIVe et XVe siècles, et où se trouve la sépulture des princes de Châlon.

L'Eglise Saint-Désiré, construite sur les ruines d'un temple païen, et placée sous le vocable d'un ancien évêque de Besançon, né à Lons-le-Saunier en l'an 414.

L'hôtel de la Préfecture, qui occupe les dépendances de l'ancien couvent des Bénédictins, récemment restauré.

Le théâtre, construit en 1845, sur les plans d'une église inachevée, dressés par Soufflot.

La maison où naquit Rouget de l'Isle, et sa statue, œuvre de Bartholdi, sur la promenade de la Chevalerie.

La *statue du général Lecourbe*, qui couronne une fontaine, sur la grande place, au milieu de la ville.

Lons-le-Saunier forme le centre d'un territoire doté d'une fécondité et d'une richesse exception-nelles : Le sol, très fertile, y est en grande partie recouvert de vignes produisant des vins très appréciés. On y fait le commerce des grains, des bois de construction et de chauffage, et surtout des vins blancs mousseux champagnisés très renommés qui s'exportent en quantités considérables. Des sources salées y étaient exploitées depuis les temps les plus anciens, et notamment pendant la domination romaine, si l'on en juge par les nombreux débris d'antiquités que des fouilles successives ont fait découvrir. Les bains salins y ont pris récemment une sérieuse extension.

EXCURSIONS

ET CURIOSITÉS NATURELLES

Les environs de Lons-le-Saunier présentent des sites très pittoresques et les curiosités naturelles s'y rencontrent à chaque pas. Parmi les excursions les plus agréables et les plus intéressantes, il faut signaler :

LE CHATEAU et les SALINES DE MONTMOROT, à 2 kilomètres de la ville. On y voit les ruines d'un château-fort, ancienne propriété des sires de Vienne, dont la tour se profile encore gracieusement sur l'horizon, et où Clotilde, nièce de Gondebaud, fut enfermée, dit la tradition du pays, avant son mariage avec Clovis. Dans ce village se trouvent des salines qui attirent l'attention par les vastes proportions de leurs bâtiments, devant lesquels ont été découverts les restes d'une villa romaine du temps d'Auguste.

MONTAIGU, assis au milieu des vignobles dominant la Vallière, à une altitude de 450 mètres, apparaît comme un château-fort construit pour défendre Lons-le-Saunier. C'était autrefois la résidence de Rouget de Lisle. Le comte Etienne de Bourgogne y avait fait élever un château dont il ne reste aujourd'hui aucune trace. On découvre de cette hauteur un magnifique panorama.

LE PÉLERINAGE DE SAINT-ÉTIENNE DE COLDRES, près de Conliège, à 595 mètres d'altitude. Au sommet de la montagne, d'où la vue embrasse un horizon très étendu, et à côté des vestiges d'un ancien camp romain, s'élève la petite église de Saint-Etienne de Coldres, une des plus anciennes de la chrétienté, et dans laquelle reposent les restes de plusieurs chevaliers de Saint Jean de Jérusalem.

LE CHATEAU DU PIN, près de Moutain-Lavigny, à 6 kilomètres de Lons-le-Saunier. Le vieux donjon, qui domine majestueusement les collines chargées de vignobles qui l'entourent, fut construit en 1242 par Jean de Châlon. On voit encore dans cet édifice, que le temps a épargné, la chambre et le lit où coucha Henri IV, lorsqu'il vint en 1595 faire la conquête de la Franche-Comté.

LE CHATEAU, LES RUINES et les GROTTES D'ARLAY, à 11 kilomètres de Lons-le-Saunier. Arlay, bâti sur la Seille, aux confins de la Bresse, et à l'entrée d'une plaine fertile, était une des plus puissantes baronnies de la province, sous la dépendance des comtes de Bourgogne. Le château moderne occupe une position merveilleusement pittoresque, non loin des ruines importantes d'un castel du XIe siècle, qui fut incendié en 1479.

On visite avec intérêt des grottes à stalactites dans lesquelles on découvre, au milieu de pierres et de bois ornés de gravures, des ossements d'animaux remontant à l'époque du renne. C'est une des stations préhistoriques les plus curieuses de la région jurassienne.

CHATEAU-CHALON, sur le premier escarpement du Jura, à 16 kilomètres de Lons-le-Saunier, et à une altitude de 467 mètres, est célèbre par ses vins, dits de *garde*, qui rivalisent avec les Tokay et les Madère. Une caverne naturelle s'étend sous le village, dans lequel subsistent encore les restes d'un château édifié par Charles-le-Chauve.

LA MAGNIFIQUE VALLÉE DE BAUME-LES-MESSIEURS, à 17 kilomètres de Lons-le-Saunier. Encadré par un cirque de rochers perpendiculaires de 100 mètres d'élévation, le village de Baume, placé au confluent de la Seille et du Dard, est situé au milieu d'une gorge sauvage et dans une vallée profonde semblable à un précipice. Il renferme les ruines d'une ancienne abbaye noble, fondée au VIe siècle, qui donna naissance en 817 à l'ordre de Cluny et fut sécularisée en 1759. Il ne reste guère aujourd'hui de ce monastère que l'église abbatiale et une partie du cloître occupée actuellement par des habitations particulières. On remarque, dans l'église, les sépultures de Renaud de Bourgogne, comte de Montbéliard ; d'Amédée de Châlon, abbé de Baume ; de dom Jean de Vatteville, et d'Alix de Villars, femme de Hugues de Vienne.

Non loin de l'abbaye, la source de la Seille jaillit en double cascade, au pied d'une roche aux flancs creusés par les années et qui renferment un lac aux eaux verdâtres, dont on n'a jamais pu mesurer la profondeur. Au fond de l'hémicycle formé par le vallon, plusieurs grottes naturelles, ornées de stalactites étincelantes, font l'admiration du visiteur ; des débris fossiles trouvés dans le sol attestent d'une façon irréfutable le séjour de l'homme préhistorique dans ces cavernes.

Notons encore en passant, et en les recommandant spécialement à nos visiteurs :

LA TOUR DU MEIX, près d'Orgelet, à 23 kilomètres de Lons-le-Saunier, avec le magnifique défilé de *la Pile* et les ruines imposantes d'un château-fort qui appartenait aux abbés de Saint-Claude. On y rencontre des antiquités gauloises assez remarquables : le tumulus de Tourney ; la grotte de la Thomassette, la grotte à Varoz et le champ des Sarrasins qui abrita, dit-on, le corps du curé Marquis, héroïque compagnon d'infortune du capitaine Lacuzon.

LA CHARTREUSE DE VAUCLUSE, sur le territoire d'Onoz, à 9 kilomètres de Lons-le-Saunier, et dont nous avons déjà fait mention précédemment, est située sur le cours de l'Ain à une altitude de 582 mètres. La vallée de l'Ain présente en cet endroit l'aspect le plus imposant qu'on puisse imaginer. La rivière calme et silencieuse laisse paisiblement couler ses eaux bleuâtres entre deux collines dont les pentes, assombries par le noir feuillage des buis et des sapins, projettent au milieu de ce sombre défilé un demi-jour qui rappelle les tons adoucis du crépuscule. Un silence de mort plane sur ce tableau presque féerique qui évoque le rêve et amène la mélancolie.

A mi-côte, émergeant des massifs de la forêt, l'abbaye détache majestueusement ses murailles grisonnantes lézardées par le temps, sur lesquelles serpentent le lierre et dont les piliers séculaires descendent baigner leurs assises jusque dans le cours de l'Ain. Du haut de la terrasse, où s'étalaient autrefois les superbes jardins soutenus par leurs arches, la vue se repose délicieusement sur ce paysage incomparable qui frappe l'imagination du voyageur et laisse dans son esprit un souvenir ineffaçable.

LES LACS DE CLAIRVAUX ET DE CHALAIN. — A l'époque préhistorique, le Jura était couvert de lacs de grandeurs et de dispositions différentes. Des fouilles pratiquées dans la profondeur de leurs eaux ont amené la découverte d'objets en silex, curieux vestiges de l'âge de pierre. Les lacs de Clairvaux et de Châlain, tous deux dans le canton de Clairvaux, en ont révélé les plus intéressants spécimens, poteries, armes, instruments divers, en pierre, en os et en bois, collectionnés avec soin par leur propriétaire, M. Le Mire, au château de Mirevent, près de Pont-de-Poitte.

Le lac de Châlain, d'une superficie de 250 hectares, avec son vieux château et le gigantesque cirque rocheux qui l'environne, offre un coup d'œil des plus gracieux et déverse ses eaux dans la rivière de l'Ain.

INDUSTRIE

———— ✳ ————

Alors que le chêne et le hêtre sont plus particulièrement exploités dans les moyennes montagnes du Doubs, le sapin, au contraire, est répandu sur la presque totalité des montagnes du Jura. Il a donné naissance aux nombreuses usines semées à chaque pas dans cette partie accidentée de la Comté, ainsi qu'à l'industrie spéciale et unique pratiquée de temps immémorial à Morez et à Saint-Claude. L'Etat possède dans le Jura de riches et immenses sapinières : les forêts de Levier et de Lajoux, dans le Doubs, et celle de la Fraisse, dans le Jura, occupent ensemble une superficie de plus de 5,000 hectares.

Le sapin croît surtout dans la zone moyenne des montagnes, à une altitude comprise entre 600 et 900 mètres : il forme les trois dixièmes des forêts de Franche-Comté. La plupart des essences répandues dans la première zone se rencontrent encore dans cette région, mais dans des conditions inférieures de développement et de végétation : le pin sylvestre, le mélèze, l'épicéa, et l'if commun, sont les espèces résineuses qui viennent naturellement dans ces parages.

A une altitude plus élevée, qui commence à 900 mètres et qui forme la troisième zone montagneuse, viennent en abondance l'épicéa, l'érable et le pin de montagne. Le *Reculet* et le *Crêt-de-la-Neige* sont les points culminants de cette portion du Jura : leurs sommets atteignent plus de 1,700 mètres. C'est dans cette région supérieure et aussi dans la région moyenne, que se fait pendant quatre mois de l'année, et à partir de juin, le pacage du bétail, dans les immenses domaines dont quelques-uns ont plus de deux cents hectares de superficie. Çà et là apparaissent les chalets rustiques, destinés à la fabrication des fromages. Parquées dans ces verts pâturages, les vaches laitières ne rentrent à l'étable qu'en octobre : et ce long séjour en plein air, sur les plateaux élevés des montagnes, ne contribue pas peu à donner au lait des *fruitières* cette richesse et cette saveur exquise qui ont fait la réputation des fromages de la Comté.

Le sapin, utilisé spécialement par l'industrie du bâtiment, forme l'élément principal de l'exploitation du pays. Champagnole, Salins, La Chaux-des-Crotenay, façonnent maintenant sur place les billes de bois qui, descendues des montagnes, s'expédiaient autrefois à l'état brut et n'étaient débitées qu'à leur arrivée à destination. Aussi la partie haute du Jura, depuis Saint-Hippolyte à Saint-Claude, comprend-elle quantité de scieries ; parmi elles beaucoup d'ordre secondaire, il est vrai, mais où le travail ne s'arrête jamais. Cette industrie, bien que très répandue, ne remonte pas à un temps bien éloigné, et un quart de siècle à peine nous sépare de l'époque à laquelle se fondait à Salins la première scierie importante du pays.

L'arrondissement de Dôle compte un grand nombre d'établissements, affectés au travail du sapin qu'ils transforment en planches, en poutres, et en chevrons. Au *Moulin Rouge*, station du chemin de fer à proximité de

Dôle, une usine spéciale, créée en 1868, fabrique les produits pyroligneux et leurs dérivés, goudron végétal, acide acétique, acétate de soude, etc... A Dôle, à Salins, à Poligny, à Saint-Claude, on rencontre d'anciennes tanneries, toutes en pleine prospérité, qui se procurent dans les immenses forêts environnantes les écorces d'excellente qualité donnant à leurs produits une supériorité bien marquée.

La bruyère et le buis, qui abondent aussi sur le sommet des montagnes, ont fait naître et alimentent à Saint-Claude une industrie d'un genre particulier, connue au loin, qui constitue pour ainsi dire l'unique ressource du pays. Là se font les jouets, les mesures linéaires, les pipes, les robinets, en un mot tous les objets en bois tourné. Certaines maisons travaillent spécialement pour l'exportation et se sont créé à l'étranger des comptoirs et des succursales pour la vente de leurs produits. On pratique également dans cette ville la taille du diamant, des pierres précieuses et des pierres fausses : l'art du lapidaire y est intelligemment et habilement exécuté. On évalue à 18 millions de francs le chiffre d'affaires traitées pour l'exportation dans cette localité.

A Morez, l'industrie, beaucoup plus variée que celle de Saint-Claude, occupe pourtant un nombre moindre d'ouvriers. En général, la fabrication de Morez demande une précision très grande et surtout un goût très développé de la part de l'artisan. Celui-ci, habitué dès l'enfance à un travail dont il a reçu les premiers enseignements sous le toit paternel, acquiert en grandissant l'adresse et l'habileté qui font sortir de ses doigts ces milliers de menus objets, d'un travail si minutieux et si parfaitement fini. Appareils électriques, pendules, lunetterie de toutes sortes, orfèvrerie de Ruolz, émaillage sur cuivre, peinture sur émail, argenture et nickelage, tournebroches et miroirs d'allouettes, cuivrerie estampée, fabrication des mesures linéaires en cuivre et en bois, horloges à poids, dites horloges de Comté, horloges monumentales, taillerie de pierres fines et fausses, les ateliers de Morez excellent dans tous ces genres de travaux qui ont valu à cette région haute du Jura une réputation universelle.

La Meunerie, dans le département, compte moins d'éléments que dans le Doubs et la Haute-Saône : l'arrondissement de Dôle est celui qui comprend le plus grand nombre de moulins. Presque tous sont d'importance médiocre et leurs produits ne franchissent guère les limites des départements limitrophes. Les quelques moulins situés dans le canton de Clairvaux, sur le cours de l'Ain, sont également d'une production très restreinte.

Le Jura renferme de très belles carrières de marbre : celles de Saint-Ylie, de Damparis, et de Sampans fournissent des sortes très appréciées, et leur exploitation nécessite un personnel nombreux.

L'industrie céramique possède beaucoup de tuileries, notamment dans l'arrondissement de Dôle : plusieurs fabriques, par suite de l'extension de leurs affaires, ont modifié et perfectionné leur outillage, en substituant à l'ancien mode les procédés à la mécanique.

A Nans-sous-Sainte-Anne, une manufacture de porcelaine et de faïence, fondée au commencement du siècle, emploie un certain nombre d'ouvriers. Une fabrique du même genre, établie à Salins, produit des faïences bien connues dans le commerce pour leur finesse et leur excellente qualité. Mont-Sous-Vaudrey, Tassenières, Etrepigney, ne fabriquent que la poterie commune et ordinaire.

Les verreries, autrefois nombreuses dans la région, ont disparu peu à peu du pays : seule, la verrerie de la Vieille Loye, située au milieu de la forêt de Chaux, subsiste encore. Cette fabrique, qui date du XVIe siècle, n'a pas changé son genre primitif et continue encore aujourd'hui la cuisson au bois qui assure et maintient sa vieille réputation.

Ainsi que dans le Doubs, la métallurgie est représentée par bon nombre d'établissements, presque tous d'une véritable importance. C'est dans le Jura que la Société anonyme des Hauts-Fourneaux et Forges de Franche-Comté possède ses usines les plus florissantes : Fraisans, Pont-du-Navoy, Champagnole, Bourg-de-Sirod. En 1860, pour lutter contre l'introduction des fers suédois et des machines anglaises, cette société dut s'imposer de lourds sacrifices et bouleverser son outillage. Grâce à ses efforts, l'industrie métallurgique comtoise conservait son existence et assurait l'avenir aux milliers d'ouvriers employés dans ses ateliers. Nous consacrons plus loin quelques pages aux divers établissements qui composent ce groupe industriel, un des plus remarquables de Franche-Comté.

A Baudin, près de Sellières, une fonderie, établie en 1804, occupe 90 mouleurs à la fabrication des objets en fonte et fournit annuellement plus de 1,000 tonnes d'articles de tous genres, et près de 10,000 appareils de chauffage.

A Dôle, plusieurs usines méritent d'être signalées : une fabrique d'estampes sur fer et sur acier, des fonderies de fer et de cuivre, des ateliers de construction de machines agricoles, et un atelier de construction de pompes à incendie fournissent du travail à des centaines d'ouvriers et forment un ensemble d'une réelle valeur au point de vue de la production métallurgique.

Dans un autre ordre, citons encore, dans la même localité, plusieurs fabriques de savon et de cirage, de bleu pour l'azurage du linge, et une ancienne stéarinerie fondée en 1835, qui fournit la bougie dite de " l'Étincelle ".

Arbois, Poligny, Salins, Lons-le-Saunier possèdent des vignobles renommés. Que dirons-nous, qui ne soit connu déjà, de leurs vins généreux qui rivalisent avec les meilleurs de la Bourgogne, et de leurs vins mousseux, dignes émules des grands crûs de la Champagne ? Rappelons seulement que leurs titres de noblesse datent de loin, et que le bon roi Henri IV, qui savait si bien apprécier la finesse de ces vins, leur a dû certains moments de gaieté dont l'histoire nous a transmis le joyeux souvenir. Les vins du Jura occupent une large place dans la production naturelle du pays : aussi leur avons-nous consacré un article spécial que nos lecteurs parcourront sans doute avec intérêt.

Les *Sauneries* de Salins sont les premières qui aient été exploitées en Franche-Comté. Après la conquête de la province, elles faisaient partie du domaine royal et étaient abandonnées à des fermiers. En 1844, la société des anciennes Salines domaniales de l'Est acquit de l'État le groupe des Salines de Franche-Comté, tel qu'il existe actuellement. Ce groupe comprend les salines de : *Salins, Montmorot, Arc-et-Senans,* et *Grozon*. Des sondages furent pratiqués et facilitèrent l'augmentation de la production, en permettant de mettre en œuvre des procédés d'exploitation plus économiques.

La Saline de Montmorot, près de Lons-le-Saunier, possède aujourd'hui dix trous de sonde qui permettent de puiser les eaux salées au cœur même des couches de sel gemme : sa production actuelle est évaluée à 400,000 quintaux.

La Saline exploitée à Salins est alimentée par trois trous de sonde qui, au moyen d'une canalisation de 18 kilomètres, envoient une partie de leurs eaux jusqu'à Arc-et-Senans, où elles sont évaporées.

La Saline de Grozon n'est pas exploitée en ce moment : on évalue sa production à 3,000 tonnes par an.

Les Salines de Franche-Comté peuvent fournir environ 520,000 quintaux annuellement : mais ce chiffre est sujet à de nombreuses variations par suite de l'abondance ou de la rareté des sels de mer qui, dans les années favorables, font aux sels de Franche-Comté une concurrence inévitable et très préjudiciable.

Deux nouvelles couches de sel ont été récemment découvertes dans le Jura. L'une, à Poligny, qui a donné naissance à une soudière : l'autre, à Perrigny, près de Lons-le-Saunier, qui sera sous peu mise en exploitation.

Les Salines sont une source puissante de revenus pour le Trésor : le quintal de sel est frappé d'un impôt de 9 fr. 60, perçu par les agents du fisc sur les lieux même de production, et au moment de l'expédition.

L'industrie fromagère, si répandue dans le département, livre annuellement au commerce plus de cinq millions de kilogrammes de fromage de gruyère dont l'excellente qualité est due à la richesse des pâturages qui recouvrent une bonne partie des montagnes, principalement dans la région moyenne et dans la haute région. Cette fabrication, particulièrement localisée dans la Comté, présente un caractère trop spécial dans le Jura, pour que nous ne lui réservions pas une notice plus étendue dans cet ouvrage.

Parmi les industries artistiques dignes d'attirer l'attention, la maison Demay, de Lons-le-Saunier, bien connue dans la province par ses travaux photographiques, se place au premier rang. Ses portraits et ses agrandissements au charbon ont fait sa réputation, et une médaille d'or vient tout récemment, à l'exposition de Dôle, d'en reconnaître le mérite. Dans un pays aussi riche en beautés naturelles, le talent de l'artiste peut se donner libre carrière : aussi la collection des vues pittoresques du Jura, composée par M. Demay, est-elle un véritable travail d'art qui fait honneur à son auteur et donne satisfaction au touriste désireux de posséder la reproduction des sites merveilleux qu'il a parcourus.

ÉTABLISSEMENT BALNÉAIRE SALIN DE LONS-LE-SAUNIER

Situé à trois heures de Lyon et aux portes, pour ainsi dire, de Dijon, Mâcon, Bourg et Châlon-sur-Saône, la station thermale saline de Lons-le-Saunier peut se placer au premier rang de tous les établissements similaires, tant en France qu'à l'étranger, par le confort de son installation, par la salubrité exceptionnelle de son climat, et surtout par la supériorité de ses eaux.

L'analyse qui en a été faite par M. Duvillier, professeur de chimie industrielle à la Faculté des sciences de Marseille,

accuse, dans un litre d'eau vierge, 293 grammes 286 de chlorure de sodium, pour 313 grammes 842 de sels divers.

Dans un bain de 300 litres, il y a, dès lors, 94 kil. 152 grammes de sels.

Souveraines dans tous les cas d'anémie, de rachitisme, de scrofule, ces eaux bromo-chlorurées-sodiques sont aussi d'une efficacité universellement reconnue dans les maladies suivantes : les déviations de la colonne vertébrale si fréquentes chez les enfants, les adolescents, et les jeunes filles en particulier ; les troubles de la menstruation ; les maladies de matrice ; les fibromes et les tumeurs fibreuses de l'utérus ; la paralysie, les rhumatismes, la goutte atonique, le diabète, l'impuissance et la stérilité, etc...

L'établissement, aux proportions aussi grandioses qu'élégantes, est situé dans un parc de 7 hectares, qu'agrémentent des points de vue ravissants, un lac aux eaux transparentes et un élégant casino. Les baigneurs y trouvent donc tout ce que l'on peut souhaiter dans une station thermale, et les sites pittoresques qui ont fait comparer la Franche-Comté à la Suisse et à l'Ecosse, réservent aux touristes les excursions les plus agréables et les plus fortifiantes.

Aux portes mêmes de Lons-le-Saunier, plusieurs curiosités naturelles sont de véritables merveilles que le baigneur peut visiter en quelques heures, sans nuire à la cure thermale. Un peu plus loin, *Champagnole* et ses environs réservent aux excursionnistes les plus intéressantes surprises : et enfin, dans le Haut-Jura, les pics de *la Dôle*, d'où 100 lieues de pays se déroulent sous les yeux étonnés du visiteur, les cascades de l'*Abyme* et du *Flumen* complètent cet ensemble de beautés tour à tour grandioses et sévères, fraîches et riantes, qu'ont admirées et décrites Charles Nodier, Lamartine et Xavier Marmier.

Ouvert le 15 Juin 1893, l'établissement balnéaire salin de Lons-le-Saunier a vu affluer, dès la première année, un nombre considérable de baigneurs, et l'on peut lui prédire le plus brillant avenir. C'est qu'en effet la minéralisation élevée de ses eaux, en se prêtant à une addition d'eau douce dans des proportions variables, permet de les employer dans tous les cas spéciaux où elles sont recommandées aux malades, et que, par une graduation intelligente on peut amener les tempéraments les plus délicats à les supporter jusqu'à la plus forte dose de saturation. D'ailleurs, un médecin est attaché à l'établissement, et les malades trouvent dans cet excellent praticien un conseil et un guide aussi sûr qu'intelligent.

VIGNOBLES DU JURA

——*——

I. — LEUR IMPORTANCE ET LEUR SITUATION

——*——

Outre ses céréales, ses forêts, ses belles prairies et ses riants pâturages, le Jura possède encore de riches vignobles. Ces derniers ne se trouvent ni dans la plaine, ni dans la montagne, mais seulement sur une étroite bande de collines, intermédiaires à la plaine et à la montagne, qui s'étendent sans interruption depuis Saint-Amour jusqu'au nord de Mouchard. Par Saint-Amour, ils se continuent avec ceux de l'Ain et du Revermont, par Mouchard et Port-Lesney, avec ceux du Doubs.

Autour du massif de la Serre, séparés de la zone précédente par les larges vallées du Doubs, de la Loue et de leurs affluents, se trouvent les vignobles des environs de Dôle, formant une région à part, distincte de la précédente et par le système de culture, et par les cépages, et par la qualité des produits.

Dans le Jura méridional se trouvent encore, aux flancs des vallées de l'Ain et de ses affluents, quelques vignobles à l'état sporadique, distincts également du lambeau principal et par le sol, et par les cépages, et par le mode de culture.

Il y a vingt-cinq ans, à l'époque où la vigne avait dans le Jura son maximum d'extension, on en comptait environ 20,400 hectares se répartissant ainsi : arrondissement de *Lons-le-Saunier*, 11,643 ; arrondissement de *Poligny*, 5,183 ; arrondissement de *Dôle*, 3,530 ; arrondissement de *Saint-Claude*, environ 100 hectares. On voit par ces chiffres que l'arrondissement de Lons-le-Saunier contient plus de vignes que tous les autres à la fois, et plus du double que celui de Poligny.

« D'après mes propres renseignements et mes calculs, disait le docteur Jules Guyot, dans son étude sur
« les vignobles de France [1], le revenu brut des 20,000 hectares de vignes du Jura s'élève au moins, en effet, à la
« somme de 18 millions (40 hectol. à 22 fr. 50 = 900 francs, qui multipliés par 20,000 hectares, donnent
« 18,000,000). Ces 18 millions entretiennent 18,000 familles ou 72,000 habitants, le quart de la population qui est
« de 298,477 individus [2], sur la vingt-cinquième partie du territoire, dont la superficie se monte à 499,401
« hectares, et produisent plus du quart du revenu total agricole qui est de 72 millions. »

Depuis 1868, ces chiffres demandent quelques rectifications. La superficie plantée en vignes a notablement diminué : l'enquête agricole de 1882 ne donnait plus que le chiffre de 19,254 hectares, et depuis lors les attaques du phylloxéra l'ont réduite encore. D'autre part, la production qui oscillait autour de 600.000 hectolitres s'est

(1) Paris, Imp. impér. 1868.

(2) Cette population a considérablement baissé depuis cette époque.

sensiblement amoindrie depuis quelques années, par suite des saisons pluvieuses que nous avons subies et par suite du mildiew qui ne nous a pas épargnés. L'aisance du pays en a éprouvé une diminution corrélative.

Le sol sur lequel la vigne est plantée, dans la partie principale du département tout au moins, est éminemment favorable à cette culture. Les premiers gradins du Jura sont constitués par un abrupt orienté à l'ouest. Mais, cet abrupt est fréquemment coupé par des vallées profondes et plus ou moins enfoncées dans la montagne, donnant passage à des cours d'eau tributaires de la Saône et du Doubs. C'est aux flancs de ces vallées principales ou secondaires que se trouvent les vignobles dont le sous-sol est constitué par les riches marnes du lias, du trias, et aussi quelques lambeaux oxfordiens.

Dans le Jura, la vigne ne se cultive que rarement sur le calcaire, circonstance des plus favorables pour la reconstitution de nos vignobles sur racines américaines au moyen de la greffe.

Dans les lignes qui vont suivre nous nous occuperons surtout de la culture de la vigne et de ses produits dans l'arrondissement de Lons-le-Saunier.

II. — CÉPAGES DU JURA

Avant de faire connaître le produit, c'est-à-dire le vin, il semble rationnel de dire quelques mots du producteur, c'est-à-dire du raisin.

Le Jura a des raisins blancs et noirs, des cépages ordinaires plus ou moins grossiers, et des cépages fins à la chair juteuse et sucrée, au goût délicat et relevé. Parmi ces cépages fins ou grossiers, quelques-uns lui sont propres et spéciaux et ne se trouvent à peu près que dans sa région : d'autres lui sont communs avec les régions voisines, qu'ils y aient été importés ou qu'ils en aient été exportés. Nous distinguerons les cépages noirs des cépages blancs : puis nous les classerons dans des catégories distinctes, suivant leur degré de finesse et suivant qu'ils servent plus particulièrement à la production des vins fins, des vins bons ordinaires de table, ou des vins de consommation courante.

CÉPAGES NOIRS. — Ils se divisent en trois sortes de première catégorie : le *poulsard noir*, le *trousseau*, le *pineau noir*. Les deux premiers sont spéciaux au Jura, tout au moins à la région ; le troisième lui est commun avec la Bourgogne et la Champagne.

Le *Poulsard*, au grain oblong, à la chair juteuse, sucrée et relevée, à la peau fine et résistante, est un délicieux raisin de table, et un excellent raisin pour les vins rouges et blancs, vins mousseux ou vins de liqueur, dits de paille. C'est le raisin par excellence des bonnes marnes du lias et de celles du trias : taillé à long bois, il produit beaucoup, pourvu que le temps favorise sa fleur assez délicate.

Le *Trousseau*, comme le *Poulsard*, est de la deuxième époque, et ce qui a été dit du premier s'applique également au second.

Les cépages servant à la production des vins bons ordinaires de table sont : le *gamay noir*, le *beilan*, le *mornen* ou *mournans*, le *corbeau*. Le beilan est spécial au Jura : le gamay et le mornen lui sont communs avec la Bourgogne et le Lyonnais, le corbeau avec la Savoie et le Dauphiné.

Les cépages servant à la production des vins de consommation courante sont : le *gueuche* ou *foirard*, l'*enfariné*, la *mondeuse*. Les deux premiers sont spéciaux au Jura : la troisième nous vient de la Savoie. Ces trois cépages sont les gros producteurs et sont surtout cultivés à ce titre. Malheureusement, ils ont un grand défaut, leur maturité tardive, ce qui fait que le vin qu'ils produisent a une qualité très variable, suivant les années.

CÉPAGES BLANCS. — Un tiers environ de nos vignes sont complantées en cépages blancs. Mais ces cépages ne sont pas tous convertis en vins blancs : une notable partie est versée dans le vin rouge pour en relever la qualité et en augmenter le titre alcoolique.

Nous ne ferons des cépages blancs que deux catégories : celle des cépages fins et celle des cépages communs. Dans la première catégorie, celle des cépages fins, nous mettrons en première ligne le *Savagnin blanc* ou plutôt *jaune*, appelé aussi *naturé* à Arbois ; en second lieu le *pineau Chardonnay*, peu connu sous ce nom dans le Jura, mais auquel il est absolument nécessaire de rendre son nom vrai. Car les deux noms sous lesquels il est désigné ne lui conviennent absolument pas : ce n'est pas, en effet, un *gamay*, comme on le dénomme dans le sud du département, ni un *melon* comme on l'appelle dans le nord. En troisième lieu, nous ajouterons le *poulsard blanc*.

Le *Savagnin jaune*, raisin de Noël, sert surtout à la confection des vins de garde ou de Château-Châlon.

Le *Pineau Chardonnay*, dont la culture est des plus répandues, est le cépage des vins de l'Étoile et entre pour une large part dans la constitution des vins mousseux.

Les autres cépages blancs sont : le *gamay blanc*, à feuilles rondes, le *gueuche blanc*, le *chasselas*, le *plant de Saint-Pierre*, le *lignon blanc*. Mais ces différents cépages sont loin d'avoir l'importance des premiers : ils n'entrent dans la composition des vins rouges ou blancs qu'accessoirement et à titre d'adjuvants.

III. — VINS DU JURA

VINS ROUGES

Il convient de distinguer trois sortes de vins rouges : 1° *Vins rouges fins de bouteille* ; 2° *Bons ordinaires de table* ; 3° *Vins rouges de consommation courante ou de coupage*.

Les *vins rouges fins de bouteille* s'obtiennent dans de nombreux vignobles et proviennent du poulsard, du trousseau et du pineau noir, avec adjonction de certains cépages blancs, Savagnin ou pineau Chardonnay. Les plus estimés viennent des terrains marneux chauds, bien exposés au soleil et constitués par les marnes oxfordiennes, les marnes du lias ou celles du trias. Des différences sensibles dans le goût se remarquent dans les vins suivant leur provenance. Ceux des marnes liasiques sont plus vifs, plus corsés, plus solides ; ceux des marnes triasiques sont plus doux, plus moelleux, plus tendres ; ceux des marnes oxfordiennes sont moins pâteux, plus francs et plus neutres de goût.

Ces mêmes qualités ne sont pas spéciales aux vins rouges fins, mais se rencontrent encore dans toutes les sortes. La mise en bouteilles doit se faire dans les deux années qui suivent la récolte, suivant l'origine, mais rarement plus tard.

Les vins rouges *bons ordinaires de table*, sont produits par le gamay et ses accolytes de la deuxième catégorie : souvent aussi ils proviennent d'un mélange de plants de première catégorie avec ceux de la deuxième, et même dans les bonnes années, de la troisième. Ils sont vifs, savoureux, et conservent leur goût et leur saveur, même avec une notable adjonction d'eau. Ils doivent être consommés dans les deux ou, au plus, trois années qui suivent la récolte.

Les vins de *consommation courante* ou *de coupage* sont plus durs, plus acides, moins alcooliques et moins liquoreux que les précédents, surtout ceux d'enfariné. Mais ils ne tardent pas à s'adoucir dans les bonnes années, et alors font des vins fort passables pour la consommation. Dans les mauvaises années, on a avantage et profit à les couper avec des vins d'autres régions. Ils y perdent leur rudesse et communiquent aux autres leur vinosité.

Une remarque est ici à faire : quel que soit le vin du Jura dont il s'agisse, transporté dans les montagnes, il acquiert une finesse et une qualité qu'il n'a pas dans la plaine et même dans son pays d'origine.

VINS BLANCS

VINS BOURRUS. — Sitôt sorti du pressoir, à peine débourbé, avant la fermentation ou par l'arrêt de celle-ci, le vin blanc se livre à la consommation à la grande joie des aubergistes, des consommateurs peu délicats et des propriétaires avisés. Naturellement les vins ainsi écoulés ne sont ni les meilleurs comme qualité, ni ceux qui ont atteint la maturité la plus complète.

VINS BLANCS DE TABLE. — Ces vins, quoique provenant des mêmes cépages, diffèrent quelque peu de goût les uns par rapport aux autres, d'abord suivant leurs provenances, et ensuite suivant leur fabrication.

Les uns sont cuvés, les autres soumis directement au pressoir. Cuvés, ils sont moins vifs, plus pâteux que les autres. Tous ces vins marquent assez facilement 11 à 12° d'alcool : c'est dire qu'ils sont capiteux et qu'il est bon de s'en tenir en garde.

VINS MOUSSEUX BLANCS OU ROSES. — Traités à la façon du Champagne, les vins du Jura prennent la mousse, soulèvent le bouchon comme lui, et comme lui crèment et pétillent dans le verre. C'est autour de l'Etoile que cette fabrication a commencé. Quand et à quelle époque ? — Il n'est pas facile de le dire. Longtemps l'usage en est resté limité aux besoins des propriétaires récoltants : puis il s'est étendu au commencement du siècle. Des maisons importantes se sont fondées qui livrent à la consommation du voisinage, envoient au-dehors, à l'étranger, et dans tous les pays du monde. Le pineau Chardonnay et le poulsard servent surtout à faire ce vin.

VII. BLANC SEC DE GARDE, OU DE CHATEAU-CHALON. — Comme valeur, comme qualité, comme prix et comme réputation, c'est le premier vin du Jura : l'abbaye des Dames chanoinesses de Château-Chalon a été son berceau.

Il est le produit exclusif du Savagnin jaune, le *traminer* des Allemands. Ce raisin, les années favorables, est laissé sur le cep jusqu'aux premières gelées : coupé alors, il est conduit directement au pressoir. Le jus en est mis en futaille et oublié jusqu'à dix, douze ou quinze ans. Pendant ce temps, il subit diverses fermentations alcooliques et autres dont le résultat est de développer chez lui certains arômes particuliers qui le rendent comparable au Xérès ou au Johanisberg. Le savant professeur Bouchardat, l'œnologue bien connu, le proclamait à la tribune de l'Académie de médecine et dans ses cours le premier vin du monde.

VIN DE LIQUEUR, DIT DE PAILLE. — Nous avons mis le Château-Châlon le premier : devons-nous mettre celui-ci second ? Oui, non ; non, oui... mettons les ex-æquo.

Celui-ci est l'équivalent du Tokay : son mode de fabrication, dont il tire son nom, du reste, a de nombreux rapports avec celui de son congénère de Hongrie. Un automne beau et sec survenant, les raisins mûrs à point, on cueille un tiers de poulsard, un tiers de savagnin, un tiers de pineau Chardonnay. Les raisins sont suspendus au sec dans une chambre, ou bien étendus sur une claie garnie de paille, d'où leur nom. L'atmosphère de la chambre est desséchée au besoin par un peu de feu. Noël arrive : les raisins sont repris, nettoyés avec soin et portés à la presse. Il en sort un jus excessivement sucré que l'on met en cercle pour l'y conserver quelques dix ans. Plusieurs fermentations y développent alcools et éthers dont la saveur se marie agréablement avec celle du sucre qu'il a conservé.

Voilà les vins : mais pour être complet, un mot sur un dérivé du vin, l'eau-de-vie.

EAU-DE-VIE

On ne fait que peu d'eau-de-vie de vin dans le Jura : le vin y est d'un prix trop élevé. Mais les marcs sont cuits et donnent une eau-de-vie dont la réputation est fort légitime, surtout lorsque cette liqueur provient de marc de raisin blanc ou de rouge fin, qu'elle a été bien faite, et qu'elle est vieille de quelques années. Fraîche, son goût n'est pas sans charme pour l'amateur, mais pour lui seul : vieille, elle est du goût de tous.

IV. — GROUPEMENTS SPÉCIAUX DU VIGNOBLE

Nous venons de voir la diversité en qualités et en espèces des vins du Jura. Mais chacune de ces qualités ou de ces sortes n'est pas l'apanage exclusif d'une seule localité. Les mêmes qualités et les mêmes sortes se rencontrent dans des localités voisines et présentant les mêmes sols et les mêmes cépages : d'où la possibilité d'établir des groupements par produits similaires. Voici ceux que nous proposons : ces groupes sont établis par ordre géographique et n'indiquent aucun classement relatif des produits.

GROUPE DE GHATEAU-CHALON. — Château-Châlon, Menetru, Frontenay, Domblans, Voiteur, Nevy, Baume, Lavigny : vins de garde et de paille, vins fins rouges de bouteille, bons ordinaires rouges et blancs.

GROUPE DE PASSENANS. — Saint-Lothain, Mantry, Bréry, Sellières : quelques vins de garde, quelques vins fins de bouteille, mais surtout bons ordinaires rouges et blancs.

GROUPE DE L'ÉTOILE. — L'Etoile, Quintigny, Arlay, Saint-Germain, Ruffey, Plainoiseau, Montain : vins mousseux de grande réputation en Bourgogne et à l'étranger, bons rouges ordinaires de table, très bons blancs de table.

GROUPE DE LONS-LE-SAUNIER. — Pannessières, Perrigny, Conliège, Revigny, Montaigu, Montmorot, Vernantois, Macornay, Courbouzon, Chilly-le-Vignoble, Gevingey : vins mousseux (Gevingey-Montaigu), vins rouges de bouteille, vins blancs de table, bons vins rouges de table.

GROUPE DE SAINT-LAURENT-LA-ROCHE, avec les crûs de Grusse, Vincelles, Césancey (vins mousseux), Rotalier, Beaufort, Maynal, Cousance, Gizia (clos de Montferrant) : vins mousseux de premier ordre, vins rouges de bouteille, vins blancs de table, bons ordinaires de table.

GROUPE DE SAINT-AMOUR, avec Nans, Villette, Saint-Jean d'Etreux : bons ordinaires rouges, bons blancs de table.

Nous avons dit au commencement de cette notice, et en empruntant au Docteur Jules Guyot une de ses citations, ce qu'était, il y a vingt-cinq ou trente ans, la vigne pour le Jura : c'était une de ses richesses. Depuis lors, la situation a changé. Le soleil a été parcimonieux de ses rayons, le mildiew a séché les feuilles et les grappes, le phylloxera s'est attaqué aux racines. La production de nos vins diminue : va-t-elle disparaître ? Non. Le soleil nous rendra ses chauds rayons pour mûrir nos grappes, sécher l'atmosphère et restreindre les ravages du mildiew que le sulfate de cuivre nous permet d'ailleurs de combattre directement.

Notre sol, beaucoup moins calcaire qu'on ne dit, n'est pas incompatible avec les racines américaines. Partout, dans le Jura méridional on sait greffer, partout on greffe : partout, presque sans interruption, on est en mesure de substituer aux vignes mourantes des vignes nouvelles pleines de sève et de vigueur. En aurons-nous les mêmes produits ? Incontestablement. — Sans doute quelques cépages nouveaux seront importés. Mais nos cépages anciens, ceux qui ont fait notre gloire et notre fortune, seront conservés et avec eux nos vins. Forts même de l'expérience du midi, sachant bien que la qualité est la première des nécessités, nos vignerons abandonnent nos cépages les plus communs, quoique les plus productifs, pour s'attacher aux plus fins, à ceux qui nous donnent nos liquoreux vins de garde, nos pétillants vins mousseux, et nos délicats vins de table, blancs ou rouges, qui pour être appréciés ne demandent qu'à être connus.

VINS MOUSSEUX DU JURA, Vᵛᵉ A. DEVAUX, à LONS-LE-SAUNIER

Après la description que nous avons faite des différents vins du Jura, il est difficile de ne point signaler une maison bien connue et des plus estimées pour la production spéciale des vins mousseux : nous voulons parler de l'établissement de Mᵐᵉ Vᵛᵉ A. Devaux, de Lons-le-Saunier.

Les étrangers ne manquent guère, lorsqu'ils viennent dans cette ville, de visiter cette splendide installation dont les magnifiques caves occupent une superficie de 2,400 mètres carrés, et où dorment, vieillies, en attendant le moment de l'expédition, plus de 300,000 bouteilles. Fleur de l'Etoile, Grand Crémant, et autres, ne laissant rien à désirer, ni sous le rapport de l'habillage gracieux des bouteilles, ni au point de vue de ce sang généreux de la vigne, qui bout dans sa robe de verre.

Il en est du vin mousseux comme de beaucoup d'autres produits. On le goûte, on l'apprécie, sans s'inquiéter de son origine, et sans connaître les moyens à l'aide desquels il se transforme, de jus trouble et épais qu'il est au sortir du pressoir, en cette liqueur limpide, auprès de laquelle le cristal le plus pur semble souvent terni.

La maison Vᵛᵉ A. Devaux, qui va bientôt fêter son cinquantenaire, a su tirer parti des merveilleuses qualités des vins du Jura dont le bouquet et la finesse, déjà aux époques les plus lointaines, avaient conquis les faveurs royales du bon Henri IV.

La mise en bouteilles se fait au printemps. Bientôt la mousse du vin se développe, et lorsqu'on le juge opportun, les bouteilles sont descendues des celliers où elles étaient, dans des caves fraîches. Là se modère l'effervescence du captif qui parvient souvent à briser sa fragile cellule. Deux ou trois ans après, suivant le degré de maturité du vin, il est apte à subir le travail nécessaire pour l'expédition, c'est-à-dire qu'il passe successivement par les différentes phases d'une préparation toute spéciale, qui consiste en mise sur pointe, remuage pour faire tomber le dépôt sur le bouchon, dégorgeage pour enlever ce dépôt et changer le bouchon, ficelage, habillage des bouteilles, emballage et expédition. Ces opérations, d'une délicatesse souvent extrême, demandent des ouvriers adroits et exercés.

Les miss gracieuses, qui trempent leurs lèvres roses dans les coupes dorées des vins mousseux Vᵛᵉ A. Devaux, ne se doutent pas que chaque bouteille a subi une manipulation au moins trois cents fois répétée : le bouchon part vite, et les fumées délicates de ce doux nectar font briller à leurs yeux plus d'un rêve enchanteur !

La Maison Vᵛᵉ A. Devaux a fondé en Champagne un établissement semblable à celui de Lons-le-Saunier : son installation d'Epernay est aussi irréprochable que celle des Rochettes. Ainsi que les anciens, les grands du jour ne dédaignent pas ces vins exquis : la maison Vᵛᵉ A. Devaux est le fournisseur attitré du grand-duc Wladimir, du comte Schouvaloff, de beaucoup

d'ambassades Russes à l'étranger, et de résidents français qui n'ont fait que suivre en cela le bon goût d'un ancien Président de la République française qui, dans ses réceptions officielles, ne faisait servir que les vins mousseux de cette provenance.

L'établissement vinicole de Mᵐᵉ Vᵛᵉ A. Devaux est, sans contredit, le plus important de Franche-Comté : depuis sa fondation en 1846, la supériorité de ses produits a été consacrée par plus de 40 médailles à toutes les Expositions.

DOLE

Dôle, chef-lieu d'arrondissement, autrefois *Dolla, Dolum, civitas Dollana*, était jadis la capitale du comté de Bourgogne. Bâtie sur une colline en amphithéâtre, à une altitude de 220 mètres, elle voit couler à ses pieds le Doubs et le canal du Rhône au Rhin : elle est située à 47 kilomètres de Lons-le-Saunier, à 361 kilomètres de Paris, et forme le point central d'un grand nombre de routes qui convergent vers elle de tous côtés. Sa population est de 14,253 habitants. L'industrie y est très florissante : on y fabrique notamment le bleu-indigo pour l'azurage du linge, spécialité qui s'exporte au loin, même à l'étranger.

La position de Dôle est des plus pittoresques : d'un côté, le Doubs sillonne de ses mille détours une riante vallée qui se déroule depuis Rochefort comme un large tapis de verdure ; de l'autre, les habitations coquettes du village d'Azans s'échelonnent en gradins jusqu'au bord du Doubs ; plus loin, la forêt de *Chaux* s'étend comme un sombre ruban qui tranche sur la nuance verdoyante de la prairie ; là-bas enfin, la majestueuse montagne du Mont-Roland élève son sommet, couronné d'une chapelle, au-dessus d'un vaste horizon couvert de nombreux villages et limité par une longue chaîne de collines.

L'origine de la ville est des plus incertaines. On suppose qu'elle doit être attribuée aux premières peuplades gauloises venues pour s'établir dans cette région : (les fouilles pratiquées dans la ville et les environs semblent confirmer cette opinion). Sous la domination romaine, Dôle acquit une très grande importance : on y a retrouvé les traces incontestables du *castrum*, du *pallatium*, et enfin de *la cité* proprement dite, division que l'on remarquait dans tous les centres de création romaine. L'ancien amphithéâtre, *Arenae* ou *Arènes*, a donné son nom à la rue des Arènes, et le faubourg des *Commards* a tiré sa dénomination du cirque d'alors. A cette époque, la ville était un des entrepôts les plus importants du commerce qui se faisait par la voie du Rhône, de la Saône et du Doubs.

Depuis le VIIe jusqu'au XVIIe siècle, la population fut à maintes reprises décimée par la peste et par la famine. La peste de 1636 fut la dernière et la plus terrible : elle éclata pendant le siège de cette ville et enleva en peu de temps plus de 7.000 personnes.

Dôle fut le siège d'un parlement fameux par son intégrité et ses vertus civiques, et surtout par son esprit de résistance à l'ambition des gouverneurs militaires et aux empiètements de la noblesse. Marguerite d'Autriche, Charles-Quint, Philippe II accrurent considérablement les pouvoirs de cette cour souveraine qui s'attira l'admiration universelle par sa conduite héroïque, lors du siège de cette ville en 1636. Suspendu de ses fonctions en 1668, sous l'accusation d'avoir trahi son pays, le parlement dôlois fut rétabli en 1674, puis transféré en 1676 à Besançon qui acheta cette faveur moyennant la somme de 100,000 écus. Jean Boyvin fut un des présidents les plus illustres de cette haute assemblée. Notons encore que l'Université de Franche-Comté, érigée à Gray en 1287, fut transférée à Dôle en 1422-23, où elle fonctionna, non sans renom, jusqu'en 1691, date à laquelle elle rejoignit le Parlement à Besançon.

La ville de Dôle possède quelques beaux monuments, parmi lesquels on distingue :

L'Eglise Notre-Dame, monument de style gothique du XVIe siècle. D'un aspect lourd et peu gracieux, elle passe pourtant pour l'une des plus remarquables églises de l'ancien comté de Bourgogne. Commencée en 1509, elle ne fut consacrée que le 24 juin 1571. Le clocher, couronné d'une plate-forme, est flanqué de quatre clochetons de forme octogonale : sur la plate-forme était autrefois le logement du *clochetier*, chargé de sonner les heures et le tocsin, en cas d'incendie. Dans l'église, on remarque le mausolée du chancelier Carondelet ; à l'extérieur, du côté du nord, une fontaine surmontée de la statue de la Paix (1884), qui a remplacé celle de Louis XVI, démolie en 1793.

Les bâtiments de l'ancien parlement, occupés par la *Halle aux grains* et *l'Hôtel de ville*.

La maison où se voit encore la fameuse *cave d'Enfer*, qui perpétue le souvenir de la défense désespérée de quelques citoyens en 1479, contre Charles d'Amboise, lieutenant du roi de France.

L'hôtel-Dieu, construit d'après les plans de Jean Boyvin, et dont on admire le magnifique balcon de pierre avec ses consoles finement sculptées.

La *bibliothèque*, riche de plus de 40,000 volumes et de près de 700 manuscrits ; le *musée* qui renferme de bonnes toiles et de rares antiquités ; plusieurs maisons de la Renaissance ; la belle promenade du *Pasquier*, tracée sur les plans de Lenôtre, et où les anciens chevaliers de l'arquebuse se livraient à leurs exercices ; enfin le superbe *Cours Saint-Maurice*, établi en 1691, d'où l'on découvre une ravissante perspective sur la vallée du Doubs.

Dôle est le berceau de *Jean de Vienne*, célèbre amiral, créateur de la marine en France (1396) et de *Claude-François de Malet*, général bien connu par sa conspiration contre l'Empire, en 1812.

YSEULT

(Fragment)

Bon pèlerin, si trouvez en voyage
Beau **Val-d'amour** et beau ciel sans nuage,
Plaine féconde et tranquille rivage
Que mollement baigne un fleuve égaré ; (*)
Si, près du fleuve, est riant pâturage,
Coteau vineux, bois touffu, frais ombrage,
Verte prairie et sillon tout doré ;
Si d'aventure avisez tour superbe
Qui survit seule à d'illustres remparts,
Mais tour qui tombe et va mêler, sous l'herbe,
Ses vieux débris à leurs débris épars ;
Si rencontrez peuple d'humeur paisible,
Brave et courtois, généreux et sensible,
Fidèle à Dieu, soumis à son devoir,
Qui n'a souci de l'or ni du pouvoir,
Peuple indolent, et dont l'unique affaire
Est de dormir ou veiller sans rien faire :

Gardez-vous bien d'aller dormir ailleurs !
Restez ici dans la mousse et les fleurs !
Dôle est le nom du pays où vous êtes.
On trouve à Dôle un bois obscur et frais ;
Jamais l'amour n'y trahit ses secrets,
Et les plaisirs, sous des myrtes discrets,
Y sont bercés par les grâces muettes.

Pas n'oubliez de visiter Gujans,
Ses arbres verts et ses jardins riants,
Le lit de joncs de sa nymphe peureuse,
Sa roche antique et son onde amoureuse,
Onde inquiète, image de nos jours,
Qui, faible et vaine, a pris trop tôt sa course
De vers le fleuve, où périt pour toujours
Sa gloire errante . . . . . à vingt pas de sa source.

(*) Le Doubs, en latin *Dubis* ou *Dubius*, de l'incertitude de son cours.

Yseult de Dôle. Chronique du VIII° siècle.
Traduction de Léon Dusillet, 1821.

SOCIÉTÉ ANONYME DES HAUTS-FOURNEAUX, FONDERIES & FORGES DE FRANCHE-COMTÉ. — Siège Social à BESANÇON (Doubs)

La Franche-Comté, riche en minerais de fer d'une grande pureté, couverte de magnifiques forêts, sillon- née de cours d'eau rapides, devint de temps immémorial, un centre de pro- duction du fer. De nombreuses usines fort mo- destes d'abord, s'élevèrent sur son sol, puis se développèrent successivement sur les points les plus favorisés, et grâce à l'amélio- ration des voies de transport, portèrent au loin leurs produits universellement réputés. Vers la moitié de notre siècle, le combustible végétal, qui était l'une des bases d'alimentation des Usines, atteignit un prix relativement élevé, car on était loin du temps (1526)[1] où Marguerite de Bourgogne accordait à titre gracieux au propriétaire de la forge de Fraisans l'autorisation de puiser dans la forêt de Chaux, les bois nécessaires à sa consommation.

En 1855, la plupart des maîtres de forges de Franche-Comté se réunirent pour former une grande Société et atténuer ainsi, par une concurrence plus restreinte, les prix de leurs approvisionnements en charbon de bois. Onze hauts-fourneaux au bois, avec leurs gisements métallifères, 52 feux d'affinerie répartis en 27 usines formèrent le noyau de cette Société qui se compléta par la création, à Rans et à Fraisans, de 5 hauts-fourneaux au coke et d'une importante usine à la houille. A cette époque, en effet, l'essor donné à la construction des voies ferrées, l'emploi de plus en plus familier du fer dans les travaux publics, rendaient indispensable ce complément à la première industrie franc-comtoise.

Les traités de com- merce de 1860, et plus tard les découvertes, en d'autres pro- vinces, de nombreux gisements de fer, mieux à la portée des bassins houillers, les perfectionnements apportés dans l'épuration des minerais inférieurs, et enfin l'appa- rition du fer homogène ou acier doux, ont porté atteinte à la métallur- gie franc- comtoise et lui ont imposé de lourds sacri- fices. La fabri- cation des fontes et fers au bois, qui constituait pour elle

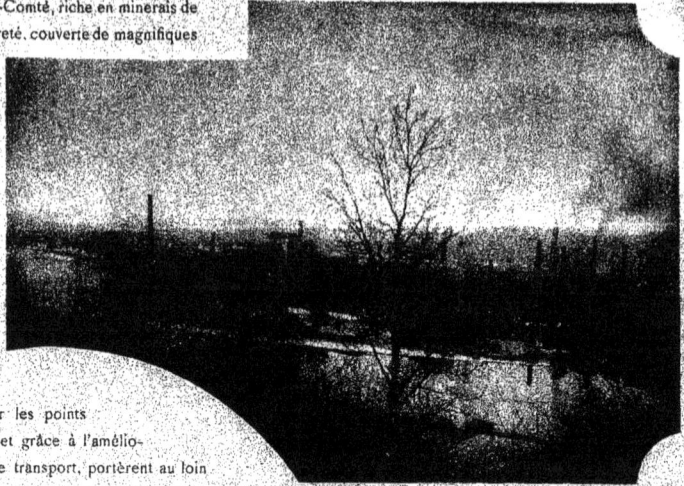

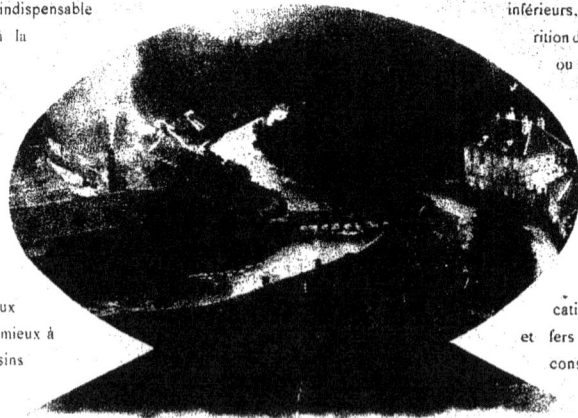

(1) Concession octroyée à Pierre Nardin de Besançon, le 27 mars 1526, par Marguerite, Archiduchesse d'Autriche, Comtesse de Bourgogne, et confirmée le 2 novembre 1527, par Charles-Quint, Roi des Espagnes, Empereur des Romains et Duc de Bourgogne.

un monopole, a perdu la plus grande partie de son importance. La Société des Forges de Franche-Comté a dû transformer ses moyens de travail et concentrer en onze usines tout son outillage. Les produits très variés n'ont rien perdu de leur ancienne réputation, ainsi qu'en témoignent les nombreuses récompenses obtenues dans les grandes expositions internationales ; ils sont recherchés, non-seulement en France, mais aussi à l'étranger. La supériorité de sa fabrication lui permet de conserver encore des débouchés importants en Italie,

en Espagne, en Orient et en Amérique. L'Usine de Fraisans, munie d'une force motrice vapeur de 2,500 chevaux, répartie en 52 moteurs, située sur la voie ferrée et sur la voie fluviale, s'adonne surtout à la fabrication des produits lourds. Elle comprend un haut-fourneau, des aciéries Bessemer et aciéries Martin, des fours à puddler, des trains de laminoirs à fers en barres et à tôles, des fonderies, etc...

Sa production annuelle de 30,000,000 de kilogrammes en fer et en acier, est livrée sous forme de rails, fers à planchers, fers, tôles et cornières de coques de navires, et en général sous toutes les formes et qualités exigées par le commerce, les grandes administrations de l'Etat et les Compagnies de chemins de fer. Des ateliers de construction annexés aux Forges sortent annuellement plus de 6,000,000 de kilogrammes de travaux métalliques, ponts, charpentes, réservoirs, matériel de voies, etc....

On peut citer parmi les nombreux travaux exécutés :

La grande galerie d'honneur de l'Exposition universelle de 1889 ; les viaducs de Gagnières (Gard), du boulevard de Bercy, à Paris ; les rotondes de locomotives et ateliers de levage de Besançon, Dijon, Avignon, Veynes, Villeneuve-Saint-Georges, Chalindrey et Amagne ; les ponts sur la Meuse à Verdun, sur la Moselle à Epinal ; les portes zinguées du bassin Duquesne à Dieppe, du canal du Hâvre à Tancarville ; le bateau-porte de Bordeaux ; le syphon dans le lit du Cheliff (Algérie) ; les ponts sur la Toundja et de Solna-Mahala (Bulgarie) ; et une quantité d'autres ouvrages livrés aux principales compagnies de chemins de fer. au Génie militaire, à l'Artillerie, aux Ponts-et-Chaussées. à la Marine. aux Postes et Télégraphes. au Service vicinal et à l'Industrie privée.

Les autres établissements de la Société sont situés dans les départements du Doubs : Usines de Lods, Buillon, Chenecey, Quingey ; du Jura : Usines de Champagnole, Bourg-de-Sirod, Pont-du-Navoy, La Saisse, Rans ; et à Paris, 116, avenue Daumesnil. Des chûtes puissantes actionnent 72 moteurs hydrauliques d'une force de 2,000 chevaux et permettent d'élaborer 25,000,000 de kilogrammes de produits dont la diversité égale le bien fini, tels que fils de fer, tôles, fers-blancs, pointes, clous de chaussures, clous à ferrer, chaînes, essieux, roues en fer, etc....

L'ensemble des bâtiments et chantiers de la Société couvre une surface de 105 hectares, et une population de 4,000 ouvriers y trouve ses moyens d'existence. Le personnel présente un exemple remarquable de stabilité. Une statistique dressée récemment indique que 90 pour 100 du nombre actuel des ouvriers n'ont jamais travaillé ailleurs que dans les usines de Franche-Comté.

Aux habitations ouvrières sont annexés des jardins; des boulangeries et des sociétés coopératives assurent économiquement une partie de l'alimentation. Des associations mutuelles, subventionnées par la Société, permettent de donner au personnel des secours médicaux et tous autres à domicile, en cas de maladie ou d'infortune. La fréquentation des écoles d'enfants et d'adultes a été facilitée et encouragée soit par une participation à la création de salles d'asile et d'école, soit par des subventions scolaires annuelles.

Tel est l'état actuel de la métallurgie en Franche-Comté. Des efforts persévérants continuent à être faits pour que ces belles et importantes usines soient tenues au niveau des progrès incessants. Les difficultés qui ont été surmontées dans ces dernières années viennent confirmer une fois de plus l'adage bien connu qui caractérise la population persévérante et froidement énergique de notre Province : « Comtois, rends-toi ! — Nenni, ma foi.... »

Les vignettes ci-dessus représentent des vues des Usines de Fraisans, de Bourg-de-Sirod et de Quingey.

Nous avons aussi cru devoir intéresser nos lecteurs en leur donnant les profils de quelques forgerons franc-comtois dans leur tenue de travail.

FABRIQUE DE PRODUITS CHIMIQUES, J. CRÉBELY, à MOULIN-ROUGE

La fabrique de produits chimiques de Moulin-Rouge qui a pour spécialité la carbonisation du bois en vases clos, la distillation, la rectification et la cristallisation de ses dérivés, est établie dans une situation exceptionnelle.

Sur la lisière d'un massif forestier (forêt domaniale de Chaux, forêts communales et particulières), dont l'ensemble superficiel n'est pas inférieur à 30,000 hectares, directement desservie par le canal du Rhône au Rhin, par une route nationale et par le chemin de fer de Dijon à Belfort, dont Moulin-Rouge est une station, cette fabrique réunit les conditions d'exploitation les plus favorables. Le fondateur (1868) M. Justin Crébely, en a su tirer le meilleur parti. A la fabrication de l'acide pyroligneux rectifié, du pyrolignite de fer, de l'acétate de chaux, de l'acide acétique, du méthylène et du goudron végétal, a été adjointe, en 1885, celle de l'acétate de soude.

Ces divers produits ont acquis en France et à l'étranger une réputation comme qualité qui prime celle des industries similaires.

Enfin, tout récemment, en 1894, un produit particulièrement délicat à fabriquer avec supériorité et pour lequel on était jusqu'à ce jour, en France, tributaire de l'étranger, l'acétone techniquement pur, est venu compléter la variété des produits issus de la distillation du bois.

Cette fabrication nouvelle en France répond à des besoins importants et constitue un véritable succès pour l'usine de Moulin-Rouge, succès dont les propriétaires-exploitants, MM. Crébely père et fils, sauront assurer la continuité et la progression, car ils réunissent toutes les conditions nécessaires d'aptitude, d'activité et de persévérance.

Leur fabrique, installée dans les bâtiments agrandis de l'ancien haut-fourneau au bois, est, avec les dépendances, d'une étendue superficielle de 82,000 mètres carrés, dont 5,000 mètres couverts en bâtiments. Elle consomme annuellement 15,000 stères de bois et produit 7,500 mètres cubes de charbon épuré, et 2,500,000 kilogrammes d'acide pyroligneux d'où sont extraits les dérivés précités.

La production des produits pyroligneux remonte à près d'un siècle. C'est Philippe Lebon d'Humbersin qui le premier soumit le bois à la distillation, en vue d'utiliser à l'éclairage les gaz combustibles et de recueillir les produits goudronneux et les acides formés. Né à Brachay (Haute-Marne) en 1767, il avait à peine vingt-cinq ans, lorsqu'il fut nommé ingénieur des ponts-et-chaussées à Angoulème. C'est à trente ans qu'il commença ses essais de distillation du bois qui firent une véritable révolution dans l'industrie. Lebon prit un brevet qui expira en 1811 : les Anglais se firent délivrer un brevet d'importation et tournèrent leurs efforts surtout vers le gaz d'éclairage.

Ce sont les frères Mollerat qui les premiers réalisèrent la fabrication de l'acide acétique extrait du bois mais les procédés dont ils se servaient alors ont été perfectionnés dans les fabriques qui se sont installées depuis, en vue d'obtenir l'acide acétique et les divers autres produits résultant de la carbonisation du bois en vases clos.

L. L.

LA VERRERIE DE LA VIEILLE-LOYE

La Vieille-Loye, située au milieu d'une vaste clairière de la forêt de Chaux, au nord du Val-d'amour, forme un village de six cents habitants, limité par deux cours d'eau qui arrosent ses prairies, la Tanche et la Clauge. A deux kilomètres du village, s'élèvent les vieux bâtiments de la verrerie dont le nom s'est transmis au pays qui lui doit encore sa prospérité actuelle.

Si l'on en croit certains historiens, l'origine de la Vieille-Loye remonte à l'époque des Druides : quelques cavités semées çà et là dans la forêt, qui rappellent les *Mottes* ou *Mallus* où les gaulois avaient coutume de célébrer leurs fêtes religieuses, permettent d'ajouter quelque créance à cette assertion. Quelque hasardée que soit en effet cette hypothèse, une charte du XIe siècle, signée de Raymond, fils du comte de Bourgogne et plus tard roi de Castille, révèle d'une façon indiscutable l'existence d'un château-fort au confluent de la Tanche et de la Clauge, au lieu dit « la *Nouvelle-Loye* » : ce document permet donc d'affirmer avec certitude que la « *Vieille-Loye* » existait déjà à une époque bien antérieure. Son appellation de *Vieille-Loye*, *vetus logia* au moyen-âge, lui vient de ce que les comtes de Bourgogne avaient fait construire en cet endroit une *logia*, ou abri, qui leur servait de station de chasse. Ce château-fort, tombé en ruines et réédifié en 1407 par Jean-sans-Peur, duc de Bourgogne, puis renversé par les armées de Louis XI, fut enfin constitué en fief par Charles-Quint en 1548 : on en retrouve à peine l'emplacement aujourd'hui.

Ce fut en 1506 qu'une concession de Marguerite d'Autriche, comtesse de Bourgogne, concession confirmée en 1551 par Charles-Quint, autorisa la création d'une verrerie à la *Vieille-Loye* : les bâtiments occupaient alors un emplacement situé à 4 kilomètres, à l'ouest de la verrerie actuelle, et y subsistèrent jusqu'en 1636, époque à laquelle ils furent incendiés par les troupes françaises. Trente-huit ans s'écoulèrent. Cette industrie semblait à jamais éteinte dans ce coin de la Comté si merveilleusement favorisé pour ce genre de travail, quand deux gentilshommes verriers, les frères Duraquet de l'Orme, obtinrent de la Chambre des Comptes de Dole, le 25 mai 1674, une place dans la forêt de Chaux, *au Grand Buisson*, avec l'autorisation d'y exploiter une verrerie et de puiser dans la forêt tout le bois nécessaire à l'alimentation des fourneaux. A cette époque, les verriers jouissaient de grands privilèges, et, dès 1448, ils possédaient le titre de gentilshommes : considérés comme nobles, exempts de la taille, ils avaient droit de porter l'épée, fiers qu'ils étaient de leur titre, dont les autres corps d'état se montraient très jaloux.

Après quelques années d'un travail tranquille et lucratif, la verrerie allait traverser une période encore plus difficile. Louis XIV venait de conquérir définitivement la Franche-Comté, et les verriers, subissant la loi du vainqueur, retombèrent dans le droit commun. Cette caste de gentilshommes s'éteignit avec les Duraquet de l'Orme, dont les armes sont restées celles de la verrerie : d'azur au croissant d'argent accompagné de trois membres de griffons d'or. Incendiée en 1719, interdite en 1724 par un arrêt du Conseil d'Etat, la verrerie eut à lutter encore contre des obstacles d'un autre genre. Les difficultés et la cherté des moyens de transport, le prix élevé des bois recherchés davantage par les forges voisines, et peut-être aussi une administration défectueuse, créèrent à cette fabrique une situation des plus critiques. Cependant, en 1740, la fabrication annuelle atteignait le chiffre de 288,000 bouteilles : mais cette ère d'activité ne devait pas durer, et chaque année la fabrication perdait de son importance.

Une impulsion nouvelle, une direction mieux entendue étaient nécessaires au relèvement de cette vieille industrie, et la tâche était délicate et rude à entreprendre. Deux habiles industriels allaient se mettre à l'œuvre et, grâce à leurs efforts réunis, rendre à la Vieille-Loye son activité première. En 1845, MM. Tumbœuf et Ph. Neveu prenaient la direction de l'usine, alors la propriété de M. de Mondragon. Les soins assidus, l'incessante surveillance, les aptitudes reconnues de ces deux intelligences tendant au même but y ramenèrent promptement la prospérité : en 1858, MM. Tumbœuf et Neveu devenaient à leur tour propriétaires de la verrerie, qui depuis s'est accrue de nombreux et riches domaines. Malheureusement la mort arrêta trop tôt dans l'accomplissement de leur œuvre ceux qu'on peut appeler à juste titre les fondateurs de la verrerie actuelle : mais leurs successeurs étaient dignes de continuer cette tâche si péniblement commencée et si vaillamment entreprise. Mme Vve Tumbeuf et M. Emile Neveu ont eu à cœur de conserver le même mode de travail, la même méthode de fabrication depuis si longtemps en usage, en un mot de rester fidèles aux traditions de l'établissement.

Aucune transformation essentielle ne s'est produite : les bouteilles subissent le même façonnage qu'au temps de Marguerite d'Autriche. Les creusets sont exclusivement chauffés au bois torréfié, condition essentielle qui donne aux bouteilles une résistance et une qualité depuis longtemps éprouvées, en même temps qu'elle leur assure une supériorité indéniable sur les bouteilles cuites au charbon, en les dégageant des matières graisseuses produites par la combustion de la houille et nuisibles au premier chef à la bonne conservation des vins. Aussi cette double qualité les fait-elle apprécier partout, surtout en Bourgogne et en Champagne, où elles trouvent un écoulement considérable.

Aujourd'hui, la verrerie de la Vieille-Loye possède deux fours et fabrique plus de 1,100,000 bouteilles par année. Elle tire comme autrefois le sable qui lui est nécessaire de Belmont, petit village distant de 6 kilomètres. Les creusets destinés à la fusion du verre sont construits en terre réfractaire et fabriqués à l'usine même par des ouvriers spéciaux.

L'Etablissement actuel comprend l'usine proprement dite, avec ses dépendances, poteries, forges, menuiserie, et charronnage. De vastes bâtiments annexes sont consacrés à une exploitation agricole modèle, avec ses larges écuries, ses étables d'une propreté presque luxueuse, ses hangars et ses magasins, son élégant pavillon d'habitation, son parc et enfin ses 35 hectares de prés et de champs admirablement entretenus et cultivés, sous l'intelligente administration de M. Emile Neveu qui, par une étude persévérante et l'application raisonnée des procédés les plus modernes, est arrivé à transformer ces terres et à les doter d'une fertilité inaccoutumée dans la région.

Cette vieille ruche industrielle et agricole, cachée au milieu des massifs de l'immense forêt de Chaux, est vraiment bien digne d'admiration, tant par son installation si pittoresque et si bien comprise que par l'intérêt qu'offre au visiteur cette laborieuse colonie ouvrière : presque tous ses membres, nés dans le pays, se sont attachés profondément au sol natal dont chacun possède une parcelle acquise par son travail et son économie, et qu'il lègue avec orgueil à ses enfants.

POLIGNY

Poligny, *Poluiacum*, une des principales villes du Jura, sur la voie ferrée de Dôle à Lons-le-Saunier, est située à l'entrée d'un charmant vallon, la culée de Vaux, arrosé par la *Glantine*, et par l'*Orain* qui prend naissance au pied d'une roche élevée, la Dent. Sa population est de 4,333 habitants, et son altitude de 324 mètres.

Un cirque immense de rochers, semblables aux murs d'une forteresse et tapissés de riches vignobles dont la pente s'incline doucement vers la plaine, entoure la ville qui s'étale capricieusement au pied de la montagne de Grimont : De ce point culminant on découvre un panorama vraiment enchanteur. Là, isolé par les gorges profondes de la première chaîne du Jura, se dressait un château-fort très célèbre au moyen-âge, où les souverains de Bourgogne abritaient leurs chartes et leurs trésors, avec les manuscrits de la Cour. Construit au IX° siècle par Gérard de Roussillon, restauré par Louis XI en 1479, il fut détruit par Condé en 1643 : on en reconnaît à peine la trace aujourd'hui.

La *Dent de Bretagne*, la *Roche du Midi*, les *Grottes du Pénitent*, du *Trou de la Baume*, et du *Trou de la Lune*, sont autant de curiosités naturelles intéressantes à visiter. La *pierre qui vire*, ou *pierre branlante*, qui rappelle la forme d'un homme chargé d'une hotte, tourne chaque siècle sur elle-même, dit la légende, à la fête de Noël, à minuit.

Poligny, dont l'origine remonte au-delà de la conquête romaine, et qui fut de tout temps une des villes les plus florissantes de la Séquanie, possède une sous-préfecture, une justice de paix, et diverses écoles. L'industrie y est peu développée, l'agriculture faisant particulièrement la richesse du pays. Le sol, d'une grande fertilité est réparti moitié en plaine, moitié en côtes : il produit des céréales et surtout des vins rouges très estimés.

A différentes époques, Poligny fut cruellement ravagée par le feu, la peste et la famine, notamment en 1576, 1580, 1585 et 1586. En 1627 et 1628, la peste éclata avec une telle violence, que la ville fut presque totalement abandonnée.

Parmi les monuments curieux dignes de remarque, il faut signaler :

L'*ancienne église prieurale de Montivilliard*, qui existait déjà en 915, et qui était autrefois le centre d'une vaste paroisse. Elle portait autrefois le nom de *Notre-Dame-la-Vieille*, du *Vieux-Moutier*, de *Montévilard* : son clocher, carré à sa base, est flanqué de quatre clochetons ouvragés. On voit dans cette église un magnifique retable en marbre du pays, représentant l'*Annonciation*, la *Nativité*, et l'*Adoration des Mages* : soixante personnes, en trois groupes, y sont sculptées en haut-relief. Ce chef-d'œuvre, dû à Jehan Dagay de Poligny, en 1534, a été sérieusement endommagé pendant la première révolution.

L'*Église paroissiale de Saint-Hippolyte*, une des plus belles de Franche-Comté. On admire, sous le porche, un monolithe colossal, le Christ, et un bas-relief, l'apothéose de Saint-Hippolyte ; à l'intérieur, des statues du XV° siècle et d'excellentes peintures.

L'*Hôpital*, fondé par Jean Chapuis, bourgeois de Poligny, en 1600, et par les confrères du Saint-Esprit, en 1605, qui donnèrent leur maison et leur chapelle pour y installer l'hospice. Cet établissement hospitalier fut considérablement agrandi sous les règnes de Louis XIV et de Louis XV.

L'*Hôtel-de-Ville* (1684-1780), le plus beau monument de la ville, où sont installés le Musée et la Bibliothèque.

Le *Couvent des Clarisses*, fondé le 2 juin 1414, par une donation de Jean-sans-Peur, duc de Bourgogne, te Colette. On y voit un puits dont on attribue l'existence à un miracle de cette religieuse.

L'*ancienne église des Jacobins*, qui date du XIII° siècle, est devenue la halle au blé. Le couvent, occupé aujourd'hui par la sous-préfecture, recèle encore dans ses sous-sols de vieux cachots de l'Inquisition.

La *statue en bronze du général Travot* (1767-1836), engagé volontaire, devenu général de division, et pair de France pendant les Cent jours.

Enfin, sur la promenade Crochet, le buste en bronze de *François-Félix Chevalier*, conseiller à la Cour des comptes et historien distingué. Cette œuvre est due au ciseau de Max Claudet, de Salins.

LA PIERRE QUI VIRE

(Légende)

I

Regardez cette roche énorme,
D'un rond dolmen ayant la forme :
Est-ce l'ouvrage des Titans,
Du démon ou de la nature ?
Point on ne sait : — mais on assure
Qu'elle tourne tous les cent ans.

Cette pierre maudite ou sainte,
A Noël, lorsque minuit tinte,
Lentement se prend à virer.
Et le pâtre, à qui son bon ange
Fait voir tourner ce roc étrange,
Obtient ce qu'il peut désirer.

Or, aux rives de la *Glantine*,
Berthe, de beauté fleur divine,
Tenait brillante cour jadis :
Tous les hauts barons épris d'elle,
Pour un sourire de la belle,
Eussent donné le paradis.

Mais la fantasque châtelaine
Leur avait déclaré, hautaine,
Que pour servant elle n'aurait
Que celui dont la main heureuse
De la *Vouivre* (1) rare et fameuse
Le rubis lui rapporterait.

Les amoureux, par les collines,
Au bord des lacs, par les ravines,
Sont tous en chasse du joyau ;
Plus d'un Seigneur se voue au diable.
Mais la *Vouivre* reste introuvable,
Et Berthe rit en son château.

Et cependant l'altière Dame
Ne se doutait pas qu'en son âme
Le petit chevrier Aubry
L'aimait aussi d'amour immense,
Et que de douleur, de démence,
Il se mourait, le cœur meurtri.

Plus gracieuse qu'une Ondine,
Sous les aulnes de la *Glantine*,
Il l'avait aperçue un jour ;
Et depuis, le pâtre sauvage,
Tout embrasé de son image,
Etait devenu fou d'amour.

Un matin que par les fontaines
Il s'en allait rempli de peines,
Le serpent lumineux guettant,
Il fit rencontre d'une fée,
En vieille sorcière attifée,
Et qui lui dit en l'arrêtant :

« Gentil berger, à ton front blême,
J'ai deviné ton mal extrême,
Sèche tes yeux de pleurs troublés :
Oui, des cent ans l'heure est bien proche.
Ce soir, va voir tourner la roche,
Et tes souhaits seront comblés ! »

II

Dans sa triste et froide chaumière,
Aubry veille sa vieille mère,
La vieille Marthe agonisant.
La nuit est orageuse et sombre,
Et tordant les sapins dans l'ombre,
L'aquilon passe en rugissant.

A chaque coup de la rafale,
La moribonde toute pâle
Tressaille et tremble de terreur.
« O mon Aubry, murmure-t-elle,
Cette nuit me sera mortelle,
Reste, mon fils, là ! sur mon cœur !

« Mais ta figure est anxieuse,
Et malgré la tempête affreuse,
Quoi, pauvre enfant, tu veux sortir ?
Vois, la mort m'étreint et me glace,
Ne t'en va pas : seule, de grâce,
Oh ! ne me laisse pas mourir ! »...

Ce joyau, ce trésor suprême,
Oh ! n'est-il pas l'étrange emblème
Du bonheur toujours décevant ?
Comme le rubis de la *Vouivre*,
Maint fou s'acharne à le poursuivre,
Et se brise le front souvent.

Le pâtre, la tête égarée,
N'entend pas sa mère éplorée
Qui l'appelle pleine d'effroi.
Au loin, comme un glas, minuit tinte ;
Il fuit. — Et d'une voix éteinte
Marthe gémit : « Malheur sur toi ! »

L'enfant, d'espoir l'âme agitée,
Arrive. La pierre enchantée
S'ébranle, et près d'elle à l'instant
Il voit, ô surprise inouïe !
Resplendir la *Vouivre* endormie
Avec son rubis éclatant !

Comme un vautour fond sur sa proie,
Le pâtre frémissant de joie
Arrache à l'hydre son joyau ;
Le monstre jette un cri terrible,
Et le chevrier insensible
Se sauve à travers le coteau.

Il court ! ... et plus fort la tourmente
Sur lui se déchaîne hurlante,
L'enveloppe, fouette son front,
Et toujours la voix désolée
De la pauvre *Vouivre* aveuglée
Fait sangloter l'écho du mont.

Aubry, que le bonheur enivre,
Presse le joyau de la *Vouivre*
Sur son cœur qui bat triomphant.
Mais soudain, sous son pied qui glisse,
S'ouvre un immense précipice,
Dans l'abîme roule l'enfant !...

. . . .

Pendant toute la nuit l'orage
Par les bois et les monts fit rage :
Et là on trouva le lendemain,
Dans la neige de sang couverte,
Un cadavre la tête ouverte,
Serrant un rubis dans sa main !

Louis MERCIER.

(1) *Nymphe serpent aux écailles de cuivre, dont la tête était surmontée d'un rubis enflammé.*

L'INDUSTRIE FROMAGÈRE

DANS LE JURA

Le Jura possède 540 associations fruitières, c'est-à-dire une en moyenne par mille hectares et deux par mille habitants. Cinq cents d'entre elles se livrent exclusivement à la fabrication du fromage de gruyère : les autres fabriquent, tantôt uniquement, tantôt simultanément avec le gruyère, d'autres sortes de fromages, notamment le *Septmoncel* et le *Mont-d'Or*. Cent quatre-vingt-douze fruitières seulement fonctionnent sans interruption pendant toute l'année.

Fromages de Gruyère. — En 1892 [1], la production gruyèrienne du Jura était évaluée comme suit :

Arrondissement de Poligny	. . . .	2,586,779 kilogs.	3,037,547 francs.
—	Lons-le-Saunier. . .	1,772,472 —	1,936,237 —
—	Saint-Claude. . .	994,398 —	1,128,325 —
—	Dôle	311,772 —	314,839 —
		5,665,421 kilogs	6,416,948 francs.

Les fruitières les plus importantes sont celles d'Ivory, 47,000 kilogs par an ; Cernans, 41,000 kilogs ; Lemuy, 39,000 kilogs ; Pont d'Héry, 35,000 kilogs ; Crotenay, 34,000 kilogs ; Chilly-sur-Salins, 34,000 kilogs ; Grozon, 33,000 kilogs ; Valempoulières, 31,000 kilogs.

L'arrondissement de Poligny occupe le premier rang au double point de vue de la quantité et de la qualité ; viennent ensuite ceux de Lons-le-Saunier, de Saint-Claude et de Dôle. Cette supériorité très marquée de la qualité du fromage de gruyère fabriqué dans l'arrondissement de Poligny, qui se traduit par une plus-value de plus de 10 fr. par 100 kilogs, est due à l'usage plus général de l'outillage perfectionné et à une production laitière mieux comprise et plus intensive.

Contrairement à l'opinion généralement admise, ce sont les fromages du premier plateau et de la plaine qui atteignent les prix de vente les plus élevés. Cette circonstance résulte des nombreux perfectionnements apportés à l'organisation des chalets et dans le mode de traitement du lait.

Le Crédit agricole par la fruitière a été innové et préconisé pour la première fois en France par M. Gagneur qui en a fait une heureuse application, en 1849, à Bréry, près de Poligny. Il est regrettable que, depuis cette date, ce mode de prêts sur nantissement des fromages en cave ait été à peu près complètement abandonné.

Fromages divers. — La valeur totale des fromages divers fabriqués dans le Jura, en 1892, se répartissait comme suit :

Septmoncel	. . . . .	458.416 francs
Fromage de boîte	. . .	19.057 —
Chevrets	. . . . . .	112.265 —
Morbier	. . . . . .	19.580 —
Mont-d'Or	. . . . .	13,800 —
		623.128 francs

(1) L'Industrie laitière dans le Jura en 1892, par M. H. Friant, Directeur de l'Ecole de laiterie de Poligny.

C'est l'arrondissement de Saint-Claude qui entre dans ce total pour la plus grande part, soit 592,770 fr., puis celui de Poligny, pour 16,558 francs, et enfin celui de Dôle pour 13,800 francs. Ces fabrications sont surtout confinées dans quelques cantons de la montagne. Elles sont totalement absentes dans l'arrondissement de Lons-le-Saunier. Enfin, on ne prépare le Mont-d'Or qu'à la fromagerie de Falletans.

Production fromagère du Jura en 1892

Fromage de Gruyère	5,665,421 kilogs	6.416.948 francs.
— à pâte molle	530.257 —	623,128 —
	6.195,678 kilogs	7.040.076 francs.

En ce qui concerne les améliorations réalisées dans l'organisation économique et matérielle des chalets, le Jura occupe sans contredit le premier rang parmi les départements où s'exerce l'industrie du gruyère. 220 fruitières fabriquent en grande société ; 386 ont substitué la comptabilité au livret à la taille ; 27 préparent le beurre au chalet ; 503 possèdent des chambres à lait, dont 76 sont pourvues de réfrigérants ; 115 disposent d'une chambre à petit lait ; 150 sont alimentées par de l'eau courante ; 130 possèdent deux caves ; enfin 207 caves de maturation ont un calorifère.

Si nous nous reportons à la statistique de 1882 établie par M. Tisserand, l'éminent directeur de l'agriculture, nous trouvons que trente-deux départements se livrent plus ou moins à la fabrication du gruyère et que, dans ce nombre, il y en a cinq qui produisent à eux seuls 91 pour 0/0 de la production totale française, savoir :

Le Jura	5.382,074 kilogs	L'Ain	1.969,562 kilogs
Le Doubs	4.635.879 —	La Haute-Savoie	740,329 —
La Savoie	712,374 kilogs		

Nous trouvons également que la production laitière est placée au troisième rang parmi les productions agricoles du Jura :

Blé	22.067,021 francs (grains et paille)	Lait	14.274,630 francs
Fourrages	18,762,622 —	Vin	6,804,890 —

Les progrès considérables accomplis par l'industrie fromagère du Jura ont été provoqués surtout par le Conseil général en attribuant depuis quelques années des primes aux fruitières qui s'imposent les sacrifices nécessaires pour être érigées en chalets modèles.

Le département a également organisé, en 1889, à Poligny, une **Ecole de laiterie** destinée à former des fruitiers expérimentés et capables d'appliquer et de vulgariser les connaissances scientifiques sur lesquelles doit reposer l'industrie laitière. Depuis 1892, cette Ecole est devenue un établissement national.

Cette école, dont la direction est confiée à M. Friant, ancien élève de l'Institut national agronomique de Paris, comporte une installation des plus complètes et des mieux agencées. Elle reçoit dix élèves-boursiers par an, en deux séries correspondant aux deux périodes de fabrication (été et hiver). Une session d'examens a lieu le quatrième lundi de mars et le quatrième lundi de septembre. Les candidats doivent avoir dix-huit ans au moins dans le courant de l'année où ils se présentent.

Le régime de l'Ecole est l'externat, et la durée des études est fixée à un an. L'enseignement est gratuit ; les élèves n'ont qu'à pourvoir aux frais de leur entretien. La bourse est de 500 francs.

L'enseignement théorique embrasse les matières suivantes : Industrie laitière. — Elevage et exploitation du bétail. — Agriculture. — Eléments de chimie, de physique, de mécanique et de botanique. — Comptabilité. — Français. — Arithmétique. — Géométrie et arpentage. — Les élèves sont en outre exercés aux manipulations du laboratoire relatives à l'analyse et au contrôle du lait.

L'enseignement pratique comprend l'exécution de tous les travaux de l'école : Ecrémage spontané. — Ecrémage centrifuge. — Fabrication du beurre, du gruyère, du Septmoncel, du Mont-d'Or, du Camembert, du Brie et du lait stérilisé. — La quantité du lait dénaturé chaque jour varie entre 900 et 1,500 litres. Un laboratoire agricole, une étable expérimentale et un champ de démonstrations sont annexés à l'école.

ARBOIS

Quelques antiquités gallo-romaines, des médailles, un cachet d'oculiste trouvés sur le territoire d'Arbois prouvent que ce lieu a été connu et fréquenté des Romains. Une colonie de Bourguignons est venue s'y établir au VIe siècle.

Le nom de Faramrand, que porte encore aujourd'hui le faubourg le plus populeux de cette

ville, rappelle leur souvenir, et c'est assurément à eux que les Arboisiens doivent la liberté civile et politique dont ils ont joui sans interruption depuis cette époque. Les titres les plus anciens nous les montrent exerçant de temps immémorial le droit de concourir à l'administration communale.

Les comtes de Bourgogne, qui avaient cette ville dans leur domaine direct, y ont quelquefois résidé. L'empereur Frédéric Ier Barberousse y a signé, en 1157, la bulle d'Or, connue sous le nom de bulle d'Arbois. Cette ville possédait une mairie à vicomte-mayeur, depuis Maximilien (1403) : elle devint plus tard le siège d'un

bailliage royal. Elle comptait avant la Révolution un grand nombre d'établissements religieux, entre autres un prieuré, bénéfice de nomination royale qui ne s'accordait qu'à de hauts dignitaires. Elle occupait le cinquième rang aux États de la province : sa noblesse et sa bourgeoisie étaient justement considérées. Les souverains ont, en plus d'une circonstance, rendu hommage à la bravoure, à la fidélité, à la loyauté chevaleresque des habitants.

Les Arboisiens, en effet, se sont toujours signalés par leurs qualités martiales et par leur patriotisme : c'est avant tout une race guerrière. Ils résistent vaillamment à Charles d'Amboise, en 1479, et contribuent à la journée de Dournon, en 1493. Ils tiennent tête à Henri IV en 1495, et ne capitulent qu'après une lutte héroïque. Le capitaine Morel, pendu par ordre de Biron, malgré la foi jurée, paie de sa vie l'honneur d'avoir arrêté plusieurs jours une armée royale. Les étrangers ne manquent pas de visiter, dans la vieille Église de Saint-Just, le monument élevé en l'honneur du héros arboisien par la piété et la reconnaissance de ses compatriotes.

En 1638, cette ville est saccagée par le duc de Longueville : elle subit alors, pendant près de dix ans, toutes les horreurs de la guerre. En 1674, le comte d'Aspremont l'assiège. Repoussé, il se venge de son échec en incendiant tous ses faubourgs. Ce n'est qu'un peu plus tard qu'Arbois entra pour toujours dans la grande famille française, et l'histoire de ses désastres prend fin.

Restée pure de tout excès pendant la Révolution, elle donne à la France plusieurs hommes de guerre, le vice-amiral d'Achey, les généraux Pichegru, Baudrand, David, Delort, d'Oussières. Elle revendique à bon droit comme un de ses enfants le grand Pasteur qui, né à Dôle, a passé ses jeunes années à Arbois où il revient, presque chaque année, se reposer de ses travaux, dans la maison paternelle, à l'époque de la maturité des raisins.

En dépit d'un tempérament fougueux, qui parfois le porte à des manifestations plus tapageuses que violentes, l'Arboisien est franc, gai, jovial ; son esprit naturel éclate en saillies originales. Il répète volontiers avec ses voisins qui le jalousent peut-être : « L'eau peut manquer à la Cuisance, s'il lui plaît ; les ânes d'Arbois boiront du vin. » Il est fier de ce magnifique vignoble qui depuis des siècles, lui versant à flots un vin pétillant et joyeux, lui donne en même temps la confiance, la santé et la bonne humeur. Ce n'est pas lui qui fera mentir le dicton : « A Arbois, on y rit, on y sonne, on y boit. »

Les retraités, les négociants retirés des affaires, veulent finir leurs jours dans ce pays plantureux, terre promise des gourmets. Ces gens avisés connaissent le proverbe latin : « *Arbosium repete, si vis dormire quiete.* » « *Veux-tu dormir d'un bon sommeil! Reviens à Arbois.* » Peut-être traduisent-ils : « *Redemande du vin d'Arbois.* » Nous ne les en blâmons pas : On peut choisir entre les deux.

L'indication en tout cas est bonne pour ceux que la vie moderne a détraqués et qu'on voit chaque automne sur les chemins qui mènent aux villes d'eaux et aux plages à la mode : Le surmenage les y attend encore. *Arbosium repete* : Arbois, la vie calme et reposante, les habitudes simples, régulières, le régime conforme à la nature, et avec cela, un site pittoresque, des coteaux aux lignes harmonieuses, un vallon, une rivière à cascades, de grands bois, un air salubre, une brise des montagnes chargée de senteurs forestières, des cépages variés auxquels la science reconnaît les propriétés médicales les plus diverses ! Qu'ils viennent ! S'ils n'y trouvent pas d'établissement thermal, ils se rattraperont sur la cure des raisins, et les médecins leur diront qu'ils ont tout à y gagner.

Arbois est distant de Paris de 402 kilomètres ; sa population est de 4,355 habitants.

LES VINS D'ARBOIS

Arbois, *la meilleure cave de Bourgogne*, suivant Gollut, est presque au point central de cette riche zône viticole qui, s'étendant sur les pentes occidentales du Jura, de Salins à Lons-le-Saunier, précisément en face de la Côte-d'Or, semble opposer aux vins si vantés de Chambertin, de Vougeot et de Beaune, les crûs non moins appréciés des Arsures, d'Arbois, de Pupillin, de Château-Chalon et de l'Etoile. Entre ces différents vignobles des côtes du Jura, celui d'Arbois tient le premier rang par son étendue aussi bien que par la variété de ses produits, sinon par leur excellence absolue.

Le territoire d'Arbois comprend de 1000 à 1100 hectares consacrés à la culture de la vigne. La production, en y ajoutant celle des Arsures et de Pupillin, peut atteindre et même dépasser, dans les années favorables le chiffre de 50,000 hectolitres.

Vins rouges, fins ou ordinaires, vins blancs, vins clairets, vins rosés, vins de dessert, vins de paille imitant le Malaga, vins jaunes qualifiés de *Madère perfectionné* par M. Dietz-Monin, vins mousseux qui soutiennent la comparaison avec les meilleures marques de Champagne, telle est, on peut le dire, la gamme complète des vins d'Arbois. A eux seuls et sans apport étranger, ces vins suffisent amplement aux exigences les plus raffinées d'un menu bien ordonné et d'une table luxueusement servie. Ils ont même, dit M. Bousson de Mairet, cette qualité précieuse de pouvoir, sans rien perdre de leur mérite propre, de leur nature généreuse et de leur salubrité, acquérir par de simples manipulations, le goût et le parfum des espèces les plus renommées. Ils imitent le Muscat, le Tokay, le Malaga, l'Alicante, le Champagne, dans une perfection telle que les connaisseurs les plus habiles et les plus délicats s'y méprennent facilement. Certains d'entre eux se conservent indéfiniment : un arboisien a envoyé à l'Exposition universelle de 1889 une bouteille d'un vin vieux de cent ans, et un diplôme d'honneur a couronné ce glorieux centenaire.

Cette diversité d'aptitudes, cette variété des produits sont dues à un choix habile de cépages mélangés dans d'heureuses proportions, de manière à en équilibrer les éléments et à en pondérer les nuances. Les principaux cépages sont : le ploussard ou pulsard, appelé aussi plant d'Arbois, le trousseau, le noirin, puis le savagnin ou naturé, et le melon, dont nous avons déjà parlé précédemment. Rappelons encore que c'est au ploussard que nous devons ces vins rosés et ces vins blancs mousseux, légers, pétillants, limpides, charmants, qui, suivant le langage d'un vieux chroniqueur franc-comtois, « entremeslant une miellée douceur avec une gaillarde et piquante chaleur, ont je ne sais quoi de souef qui ne peut bonnement être exprimé par la plume et la parole. »

Ces vins généreux ne sont pas seulement bons à soutenir les forces corporelles et intellectuelles ou à réjouir le cœur de l'homme, ils ont aussi des propriétés hygiéniques et médicales connues depuis longtemps et que le Docteur Paul Rouget a mises en pleine lumière dans une thèse brillante soutenue en 1880 devant la Faculté de Paris. Suivant ce spécialiste, le vin jaune étendu d'eau constitue une tisane alimentaire des plus précieuses dans un grand nombre de maladies aiguës, et le vin de melon associé à l'eau de Vals est le remède le plus efficace de la goutte et de la gravelle urique.

Il n'est pas de vignoble en France dont la réputation soit aussi ancienne, dont la gloire s'appuie sur des témoignages aussi authentiques. Le nom d'Arbois est cité par Rabelais et par Olivier de Serres. Mais bien auparavant, durant tout le moyen-âge, les grands monastères de la province, les maisons féodales les plus puissantes avaient à cœur de posséder des vignes à Arbois. En 1493, l'empereur Maximilien accordait aux vins d'Arbois l'entrée en franchise dans toutes les villes de ses états héréditaires. Un peu plus tard les princes de la maison de Valois, mettaient ce vin à la mode en France. Le roi Henri IV en faisait ses délices. Le duc de Sully s'est plu à raconter d'une façon assez plaisante comment le vin d'Arbois scella la réconciliation du Béarnais avec Mayenne et mit fin aux guerres religieuses qui désolaient la France. « Je vous baille, dit Henri IV, pardonnant à son vieil ennemi, deux bouteilles de mon bon vieux vin d'Arboys : car je sçais bien que vous ne le haissez point ». Sully raconte aussi comment aux noces de Marie de Médicis, les dames d'honneur de la nouvelle reine se laissèrent gagner aux séductions traîtresses, au charme enivrant de ce joli vin qu'elles goûtaient pour la première fois.

Sous Louis XIII, ce vin était fort à la mode dans la haute société parisienne. Le bouillant Scudéry y puisait le secret de sa verve, et plus tard les bourgeois, au dire de Boursault, se piquant d'émulation, le recherchaient pour leurs parties de plaisir et leurs fêtes de famille. Au XVIIIe siècle, Voltaire le connaît : l'austère Rousseau ne recule pas devant le vol pour s'en procurer : Berchoux et Delille le chantent dans leurs vers. C'est à l'enseigne du vin d'Arbois qu'avant la Révolution, s'il faut en croire l'auteur du Tableau de Paris, les racoleurs en titre, dans la vallée de Misère, embauchaient les recrues pour le service du roi de France. De nos jours, de fins lettrés, Théophile Gauthier, Alexandre Dumas, Edmond About, Monselet, beaucoup d'autres encore, continuent d'en parler avec éloge, et nous voyons aujourd'hui de hautes notabilités dans le monde politique ou savant lui rester fidèles.

Ce n'est pas sans raison. Ce vin d'Arbois, si haut coté dans le passé, se montre toujours digne de sa vieille réputation. Chacune de ces grandes expositions qui se succèdent de dix ans en dix ans à Paris est pour lui l'occasion d'un nouveau triomphe. En 1867 notamment, six médailles d'argent, une de bronze affirment sa supériorité. Il est officiellement reconnu par le Jury que le vignoble d'Arbois peut produire des vins qui conservent leurs qualités exceptionnelles jusqu'à l'âge de 50 et même de 93 ans. Cette même année, la société de viticulture d'Arbois, que n'a cessé de présider depuis cette époque M. Parandier, aujourd'hui inspecteur général des ponts et chaussées en retraite, obtenait un second prix pour son exposition d'outils arboisiens et de pieds de vigne en pleine culture, installée à Billancourt dans un sol et dans des conditions pourtant bien différentes de la terre originaire.

Les vins mousseux d'Arbois gagnent du terrain à l'étranger. On en exporte en Russie, en Angleterre, en

Italie, en Hongrie. Ils partagent la faveur publique avec les grands crûs de Champagne. Mais, hâtons-nous de le dire, les vins d'Arbois ne sont pas tous des vins de luxe. Grâce à leur variété, ils se prêtent à toutes les situations, si modestes qu'elles soient. Les vins rouges, de consommation courante, avaient jusqu'ici leur principal débouché du côté de l'Est. La Suisse leur étant fermée (momentanément, espérons-le), ils s'essayent à prendre d'autres directions. C'est une tendance nouvelle : elle se développera d'autant plus rapidement que le commerce à Arbois est resté honnête, droit, loyal dans sa simplicité primitive. La population arboisienne, c'est son honneur, montre peu de goût pour les innovations suspectes, les pratiques louches et les réclames éhontées. Enfin la société de viticulture créée par M. Parandier, s'honore de compter M. Pasteur au nombre de ses membres honoraires : beaucoup de propriétaires et quelques négociants en font partie. Leur haute honorabilité est digne de toute confiance.

Ça, petit page, verse à moi !
Si le sceptre est chose pesante,
Mon verre, plus léger de soi,
Jamais vide ne se présente.
Ce vin n'est chrétien comme moi :
Néanmoins, pas un ne blasphème
Pour ce qu'il n'eut onc le baptême.
　　Voici que je bois
　　De mon vieil Arbois !
Chantons, Messieurs, à perdre haleine :
Hosanna, Bacchus et Siléne ! [1]

---

(1) Couplet cité par Monselet (gastronomie) et attribué à *Henri IV*.

LA MANUFACTURE DE CARTON-CUIR, HÉTIER Père et Fils
à MESNAY-ARBOIS

Au nord-est du village des Planches, près d'Arbois, à quelques pas seulement de la grotte pittoresque d'où la Cuisance, jaillissant en une superbe cascade, débouche au milieu d'un large hémicycle creusé dans les rochers de la Châtelaine, se trouve l'usine du Vernois, non loin du tunnel percé dans la montagne de Châtelbœuf, pour le passage de la route d'Arbois à Champagnole. C'est là que fut créé, en 1860, le premier établissement affecté par MM. Hétier à la fabrication du carton. A cette époque, cette manufacture n'avait encore qu'une importance bien secondaire, et jusqu'en 1880, on n'y travaillait que le carton gris employé pour la reliure et le cartonnage. Huit établirent, en 1875, ou dix ouvriers leur première machine à fabriquer seulement suffisaient le carton. Peu à à l'alimentation de peu le travail méca- l'usine qui s'en te- nique se substitua nait, du reste, à la à la préparation de fabrication unique la pâte par les pro- des cartons à *la cuve.* cédés primitifs et La production en 1880, l'usine d'alors n'était que commença à pren- de 50,000 à 60,000 dre un réel déve- kilogrammes par an loppement.

Désireux de dé- A ce moment velopper leur indus- une modification trie, MM. Hétier importante s'opérait dans la confection de la chaussure : pour arriver à livrer des produits d'un prix moins élevé, les fabricants français cherchaient à utiliser, pour la fabrication du contrefort, le carton-cuir importé du Canada. Mais l'emploi de ce cuir artificiel ne se généralisa pas tout d'abord, en raison de son prix de revient très élevé qui égalait à peu près la valeur du cuir ordinaire.

Cet obstacle attira particulièrement l'attention de MM. Hétier qui concentrèrent dès lors leurs études et leurs recherches à la découverte du carton-cuir qu'ils livrent aujourd'hui au commerce. Après quelques mois d'essais, ils parvenaient à jeter sur les marchés français, avec un rabais de 50 p. %, un produit aussi beau et aussi résistant que le carton de provenance américaine : le problème était résolu. Les effets d'une découverte qui intéressait si directement la chaussure ne se firent pas attendre. La consommation augmenta rapidement, et le carton-cuir fut adopté et mis en usage non-seulement pour la confection des contreforts, mais encore pour celle des talons, des cambrions, et même des dessus de galoches.

Les demandes du dehors affluèrent : une seconde usine fut installée, en 1882, à côté de la première, puis une troisième enfin, en 1885, au fond de la gorge des Planches, sur une chute d'eau de quinze mètres qui lui fournit sa force hydraulique. Trois ans plus tard, MM. Hétier faisaient l'acquisition de l'importante papeterie de Mesnay qui se transformait en fabrique de carton.

Aujourd'hui toutes ces usines fonctionnent et occupent plus de 200 ouvriers. La force hydraulique dépasse 350 chevaux, sans parler de trois machines à vapeur d'une puissance totale de 100 chevaux et qui permettent d'arriver à une production de deux millions de kilogrammes par an. A l'Exposition de Paris, en 1889, la maison Hétier recevait la plus haute récompense décernée à cette catégorie de produits.

De tels résultats se passent de commentaires : ils font honneur à l'initiative et à l'intelligence des créateurs d'une industrie qui, malgré ses quelques années d'existence, a su si rapidement prendre une place prépondérante dans le domaine industriel.

SALINS

Chef-lieu de canton de l'arrondissement de Poligny, la petite ville de Salins, *Salinae* ou *Salinis*, est située au fond d'une vallée transversale du Mont Jura, aux pieds du Mont-Poupet, sur la Furieuse, un des affluents de la Loue. Sa distance de Paris est de 400 kilomètres, et son altitude de 354 mètres ; sa population compte 6,068 habitants. Les sources salées, qui constituaient de longue date la principale richesse de la ville, lui ont valu son nom. Enfouie dans une gorge étroite, Salins n'a pour horizon que ses coteaux couverts de vignes et les roches qui les dominent. La rue principale s'étend sur une longueur de plus de cinq kilomètres, entre deux parois montagneuses aux sommets desquelles se découpent les lignes sévères des forts Belin et Saint-André.

Le fort Belin, qui englobe la redoute de Grelimbach bâtie en 1852, est formé du Haut-Belin et du Bas-Belin. Du Haut-Belin 182 marches d'escalier, que suit un mur percé de créneaux, descendent au Bas-Belin où se trouvait jadis l'ermitage de Saint-Anatoile.

Le fort Saint-André, en face du précédent, et séparé de lui par une distance de 1,100 mètres à peine, a la forme d'un quadrilatère irrégulier : construit sur les plans de Vauban, il servit au XVIIIe siècle de prison d'Etat, sous le nom de Fort-Egalité, où furent renfermés d'illustres personnages arrêtés en vertu de lettres de cachet. On lit encore sur la porte d'entrée de l'enceinte la devise royale : *Nec pluribus impar.*

Au nord, la lourde crête du Mont-Poupet, à une altitude de 858 mètres, détache sa masse imposante sur l'azur du ciel. Du haut de cette montagne la vue embrasse un panorama d'une rare splendeur. D'un côté, les vallées du Doubs, de la Loue, de l'Ognon et de la Saône ; de l'autre, les Vosges, le Jura et les chaînes de la Côte-d'Or étalent les plus ravissantes perspectives.

Salins, dont la fondation remonte au VIe siècle, s'est formée autour de l'abbaye de Saint-Maurice à laquelle Sigismond, roi des Burgondes, avait donné la propriété des salines des environs. La ville était partagée en deux parties, *Bourg-le-Sire* et *Bourg-le-Comte*, réunies en 1497. Longtemps elle fut la propriété des rois et des ducs de Bourgogne : assiégée plusieurs fois par les Français, prise en 1668 et en 1674, elle fut enfin annexée à la France par la paix de Nimègue, en 1678.

A différentes époques, Salins fut ravagée par de violents incendies. Le plus terrible, celui qui éclata le 27 juillet 1825, consuma pendant quatre jours la presque totalité de la ville, y compris les bâtiments des salines. Trois cent six maisons furent détruites : cet épouvantable sinistre laissait sans abri plus de 700 familles, et entraînait une perte de huit millions.

Les Salinois se sont de tout temps fait remarquer par leur activité commerciale et industrielle et par leur goût pour les arts. On fabriquait autrefois chez eux des armes de luxe de très haut prix, dont la gravure était un véritable chef-d'œuvre. Quelques années après l'invention de l'imprimerie, c'est un enfant de Salins, Jean Duprel, qui établit dans sa ville natale la première presse typographique et c'est à lui que Charles de Neufchâtel, archevêque de Besançon, confia l'impression d'un missel in-folio, ouvrage d'une exécution admirable, le premier sorti des presses de Franche-Comté. — Salins possède quelques édifices dignes d'attirer l'attention :

L'Eglise Saint-Anatoile, classée en 1843 au nombre des monuments historiques et fondée au XIe siècle par Hugues de Salins. On y admire les sculptures des stalles du chœur, les boiseries, et plusieurs pierres tombales des XIVe et XVe siècles. — *La Chapelle de Notre-Dame Libératrice*, qui fait partie de l'hôtel de ville, et où l'on voit une *Mater dolorosa*, en marbre blanc, due au ciseau du statuaire Huguenin, de Dôle. — *La statue du général Cler*, par Perraud (1855) sur la place d'armes ; en face des salines, une fontaine surmontée d'un *Vendangeur* en bronze, de Max Claudet. — *La bibliothèque* qui renferme plus de 20,000 volumes et des tapisseries de Bruges d'un grand prix. — *L'Etablissement des Bains Salins*, l'*Hôpital*, l'*Eglise Saint-Maurice*, etc.....

Salins est le berceau du général Cler, de Victor Considérant, disciple de Fourier, de Saint Claude, archevêque de Besançon, et du statuaire Max Claudet.

LE POUPET

Comme ils sont beaux à voir, groupés à l'aventure,
Ces effets contrastés de splendide nature,
Que déroule partout au regard enchanté,
Comme un royal écrin, notre Franche-Comté !

Pays des grands rochers, pays des grandes plaines,
Et des sources coulant d'emblée à rives pleines ;
Pays des vrais savants, des nobles songe-creux,
Des robustes soldats et des vins généreux.

A nous tous ces vallons, brillants palais de fées,
Où le vent libre et frais souffle à grandes bouffées ;
A nous tous ces coteaux tendus de verts tapis,
Moelleux velours formé de pampres accroupis.

A nous tous ces torrents dont d'abord on s'effraie,
Puis qui vont s'endormir derrière une oseraie,
A nous ces vieux sapins, famille de géants,
Pleins d'herbes, de murmure et d'oiseaux fainéants ;

Et les Alpes toujours, comme des nonnes blanches,
Drapant au loin, là-bas, leurs manteaux d'avalanches ;
Et les chalets au bord des glaciers suspendus,
Et les sentiers étroits dans les neiges perdus ;

Et le pâtre qui vient, sans qu'on la lui demande,
Egrainer à vos pieds sa roulade allemande,
Les Alpes ! et plus près, dans les cieux bleuissants,
Le Jura bigarré de troupeaux mugissants ;

Et notre vieux Poupet, tel qu'un pâtre de Brie,
Sur son coude appuyé, près de sa bergerie,
Recomptant, aussitôt qu'un peu de jour a lui,
Son Salins qui là-bas s'allonge devant lui,

A travers vignes, champs, ravines convulsées,
Que l'on prendrait, en mer, pour des vagues glacées
Par l'hiver, sous le coup d'horribles ouragans,
Chaos d'où nos deux forts surgissent arrogants...

Poupet, oui, c'est à lui qu'au loin tout se rallie.
Tenez, voilà Cicon, Haute-Pierre et la Tlie,
Puis Montmahoux, couvant du regard Sous-Lizon.
Les Vosges sont là-bas, derrière l'horizon.

Là-bas, c'est la Bourgogne et le clocher de Dôle :
Là-bas, c'est Nozeroy, le Mont d'Or et la Dôle,
Le Larmont, le Suchet, le Rixoux, tous grands monts
Qui se passent entre eux, pendant que nous dormons.

Leur qui-vive sacré, comme des sentinelles,
Et dressent au matin leurs cimes éternelles,
En échangeant sous cape un clin d'œil souriant,
Sitôt qu'une lueur pointille à l'Orient.

MAX BUCHON. (Poésies franc-comtoises.)

LES ÉTABLISSEMENTS ALFRED BOUVET & FILS, à SALINS

Les magnifiques forêts de La Joux et de Levier, qui appartiennent à l'Etat, ont une superficie d'environ 4.000 hectares : elles renferment les plus beaux massifs, les plus beaux sapins qui existent en Europe. Chaque année ces riches domaines et ceux des communes avoisinantes livrent à la consommation plus de 40,000 mètres cubes, dont l'écoulement se fait de vieille date par la vallée de Salins, soit qu'ils gagnent le port de Chamblay sur la Loue, soit qu'ils s'arrêtent aux scieries ou à la gare de Salins. — Aussi cette ville a-t-elle toujours été le siège d'un important commerce de bois : les scieries s'y sont rapidement développées depuis l'ouverture de la ligne ferrée. Les plus importants établissements de ce genre ont été créés par la Maison Bouvet qui a fondé, en outre, vers 1870, une vaste usine à vapeur au centre même de la forêt de Levier, à Villers-sous-Chalamont. Cette maison possède aussi des chantiers importants de sciages à Champagnole et à Pontarlier, de même qu'à Saint-Laurent et à Morteau. Elle expédie annuellement plus de 50,000 mètres cubes de bois dans le centre et dans le sud de la France.

Sur ses chantiers de Pontarlier et de Morteau, la Maison Bouvet injecte au sulfate de cuivre des poteaux télégraphiques pour l'Etat français et les sociétés d'éclairage électrique. A Salins et à Arc-et-Senans, elle fabrique de la paille de bois, cet emballage si propre et si universellement adopté aujourd'hui. A la scierie à eau et à vapeur établie à Salins est annexée une fabrique de caisses et de tonneaux en bois blanc, destinés à l'emballage des produits chimiques, des clous, des fromages, etc., etc. En dehors de ces diverses branches de commerce, la Maison Bouvet exploite aussi annuellement plus de 200 hectares de taillis, dont elle expédie les produits : chêne, bois de feu, étais, charbons, écorces, dans toutes les directions.

Enfin, elle possède à Salins un domaine viticole dont les produits sont utilisés pour la fabrication d'un excellent vin champagnisé, d'après la méthode de M. Thiébaud-Colomb, le plus ancien fabricant de vins mousseux du Jura, dont la Maison Bouvet a repris les caves et la suite d'affaires. Elle possède en outre d'importants services de roulage et de messageries, faisant le service des dépêches dans presque toute la Montagne du Jura, et reliant Morez et St-Claude au Col de la Faucille et à Genève.

La Maison Alfred Bouvet et fils occupe, on le voit, une des premières places parmi les établissements industriels du pays. Sa bonne organisation, l'expérience consommée de ses chefs lui ont valu l'heureuse prospérité dont elle jouit depuis longtemps et l'incontestable honorabilité qui est toujours restée attachée à son nom.

MANUFACTURE DE FAIENCES FINES, RIGAL & AMELINE, à SALINS

Parmi les industries intéressantes que renferme Salins, il en est une dont la création ne remonte pas à une époque très éloignée, mais qui n'en présente pas moins un intérêt des plus grands tant par la nature de son travail que par la qualité qu'elle a su imprimer à ses produits. Nous voulons parler de la fabrique de faïences établie depuis quelques années dans cette ville.

Cette manufacture, fondée par M. Rigal, en 1884, ne disposait à son début que de moyens modestes et d'une installation assez sommaire. Les faïences, travaillées avec soin présentaient toutes les qualités requises d'une excellente fabrication ; la netteté de la cuisson, le brillant des émaux donnaient des résultats remarquables. Mais, la production était restreinte et limitée, et ne pouvait suffire aux exigences de l'achat et aux demandes du dehors.

Une telle situation réclamait impérieusement non seulement un agrandissement de l'usine, mais encore une amélioration dans l'outillage ; MM. Rigal et Ameline, fils et gendre de M. E. Rigal, dont ils devinrent les successeurs, réalisèrent cette double transformation. Des bâtiments annexes furent construits, de nouveaux ateliers furent créés : le travail prit enfin un nouvel essor qui depuis ne s'est pas ralenti.

La manufacture actuelle possède 7 fours et moufles pour la cuisson spéciale des faïences dites *terre de fer*, dont les principaux éléments sont puisés dans les montagnes de la Franche-Comté. Là s'exécutent des variétés infinies de services de table, de tous styles, ornés de décors artistiques ou de fantaisie, en majolique, jaspés ou flambés. Un personnel de 150 ouvriers est divisé par catégories distinctes suivant les degrés divers de la fabrication, et c'est avec le plus vif intérêt que le visiteur peut suivre la marche du travail et ses différentes transformations. Ici, les éléments composant la terre, mélangés dans des proportions déterminées, acquièrent à travers les tamis de soie cette finesse impalpable qui transmet à la faïence une homogénéité parfaite. Là de puissants malaxeurs mécaniques amènent le mélange terreux et pulvérisé à l'état de pâte malléable et humide qui bientôt, sous les doigts habiles et exercés de l'ouvrier, prendra les formes les plus variées. Plus loin la cuisson du biscuit donne à ces objets de consistance molle la solidité et la dureté qui les rendent propres et résistants à l'usage. Ici enfin, le bain d'émail termine l'œuvre : la cuisson au bois des émaux céramiques, méthode spécialement appliquée par la maison communique à la faïence ce lustre et cet éclat brillant qui la font admettre sur les tables les plus luxueuses et les plus richement servies.

La décoration qui comprend des branches différentes, est confiée à des ouvriers d'une habileté consommée, sans parler du décor ordinaire, particulièrement réservé à la main des femmes, et qui s'exécute avec une rapidité et une régularité surprenantes.

L'amateur, qui s'arrête étonné devant les brillants étalages des grands magasins de Paris pour contempler les magnifiques faïences qui y sont symétriquement rangées, est loin de penser que les superbes pièces qui excitent son admiration ont exigé de la part de l'ouvrier des soins si minutieux et subi des transformations si diverses. Lorsque son choix s'est fixé sur une de ses admirables vasques, si finement flambées, qui doit faire un des plus beaux ornements de son salon, il ignore peut-être que cette véritable œuvre d'art est sortie d'un bloc informe d'argile et que c'est le doigt grossier d'un humble artisan, modeste habitant de nos montagnes, qui a su de cette terre docile tirer presque une merveille.

Aujourd'hui, la manufacture Rigal et Ameline a pris le premier rang parmi les industries de la céramique. A Toulouse, en 1887, elle remportait une médaille d'or : et, à Paris, en 1889, une médaille d'argent mettait définitivement en relief l'excellence de cette maison, qui enfin à l'exposition de Dôle, en 1894, était mise hors concours.

Disons en terminant qu'une société de secours mutuels, fonctionnant sous la direction même des ouvriers et la présidence des patrons, vient en aide à ses membres en cas de maladie, et que, grâce à un système de participation du personnel aux bénéfices, cet établissement a su grouper autour de lui une classe ouvrière fidèle, et que les agitations des grands centres industriels n'ont pas encore atteinte.

LES SCIERIES MÉCANIQUES LOUIS PERNET, à LA CHAUX-DES-CROTENAY

Un des points les plus pittoresques des hautes montagnes du Jura est, sans contredit, la zone qui s'étend de Champagnole à Saint-Laurent et des Planches-en-Montagne à Beaulieu. Ravins, collines, rochers à pic, cascades tumultueuses, ruisseaux limpides, lacs perdus au milieu des rocs ou dormant au fond des vallées, tout semble s'être réuni pour faire de cette contrée montagneuse une des plus belles de la Comté. L'industrie, elle aussi, est venue peu à peu y prendre place, et sans rien ôter au décor imposant et grandiose si merveilleusement tracé par la main de la nature, elle s'est plû à semer ce pays sauvage d'industries florissantes, sources d'une nouvelle vie et d'un bien-être longtemps inconnu dans ces parages élevés et autrefois si peu accessibles.

Au milieu des riches forêts Jurassiennes, le sapin a établi son domaine et règne en maître : lui seul forme l'élément principal de l'industrie du pays. Non loin du ravissant passage du Mont Cornu qui rappelle les admirables gorges de la Grande-Chartreuse, et à côté même de la gare de la Chaux-des-Crotenay, deux scieries importantes furent agrandies et perfectionnées par M. Louis Pernet, négociant en bois, à Salins, en 1890, époque de l'ouverture de la ligne du chemin de fer de Champagnole à Saint-Laurent. Les deux usines, séparées par la gare à laquelle elles sont reliées par des voies spéciales, transforment les sapins en divers sciages et principalement en charpentes et en planches, en solives, en lattes, et enfin en lames de parquets. Toutes deux, actionnées par la vapeur, empruntent aussi une partie de leur force à la rivière de la *Lemme* dont les eaux écumantes, tombant d'une hauteur de 14 mètres, forment en cet endroit une superbe cascade.

Des magasins spacieux, permettant l'accès des wagons dans leur intérieur, facilitent le chargement des bois fabriqués par les seize machines mises en œuvre dans les deux scieries qu'entourent de vastes chantiers où son déposées les gigantesques billes de sapin descendues de la montagne, ainsi que les bois façonnés fournis par les établissements voisins de moindre importance.

Des ateliers de forgerons et de menuisiers, des logements commodes, propres et coquets, entourés de jardinets bordés par la rivière, un dépôt pour les pompes à incendie, de larges écuries pour les attelages, une maison d'habitation enfin luxueusement construite complètent cette cité industrielle due à l'intelligente initiative de M. Louis Pernet, Président du Tribunal de commerce de Salins, dont un des ancêtres, M. Pernet-Godin, fut déjà, en 1803, le fondateur de la première maison de commerce de ce genre dans le pays.

Les nombreux touristes de passage visitent toujours avec intérêt cet établissement dont le fonctionnement attire leur attention, autant que le panorama grandiose dans lequel il est si magnifiquement encadré.

SAINT-CLAUDE

La ville de Saint-Claude, le *Condate* des anciens, située à 400 mètres d'altitude, aux pieds du Mont-Bayard, est bâtie au confluent de la Bienne et du Tacon, au milieu d'un bassin entouré de hautes montagnes. Sa population est de 9,782 habitants. Bien que son existence puisse remonter jusqu'à l'époque gauloise ou romaine, l'histoire de cette ville ne commence guère qu'à la fondation de son abbaye, l'une des plus anciennes des Gaules et des plus célèbres d'Europe.

Cette abbaye, instituée par Saint-Romain, en 390, ne relevait que du Saint-Siège. Elle fut réformée au VIIe siècle par Saint-Claude : pendant le moyen-âge, elle s'enrichit de dotations immenses et compta parmi les plus nobles chapitres de France. L'abbé avait droit de main-morte, pouvait anoblir et faire grâce : la justice se rendait en son nom. Quiconque habitait sur ses terres pendant une année devenait son serf. Ce droit féodal fut aboli en partie à la voix de Voltaire, mais ne disparut entièrement qu'à la Révolution. L'abbaye fut sécularisée en 1742. Il n'en reste aujourd'hui que l'église Saint-Pierre devenue cathédrale.

Un magnifique pont de fer suspendu, un des plus beaux de France, inauguré le 30 novembre 1845, et jeté avec une grande hardiesse sur la vallée du Bécon, à une hauteur de 50 mètres, relie la montagne des Etappes à la place Saint-Pierre. — Sur la vallée de la Bienne, un viaduc en pierre de 30 mètres d'élévation donne passage à la route de Saint-Claude à Morez et à Saint-Laurent. A l'entrée de ce viaduc, sur la promenade qui borde la ville, se dresse un monument à la mémoire de Voltaire et de Christin, les premiers dont la voix osa s'élever en faveur de l'affranchissement des serfs de cette terre.

Ainsi que nous l'avons dit, Saint-Claude est une des villes les plus industrielles du Jura. Les articles *dits de Saint-Claude* s'exportent dans toute l'Europe et jusqu'en Amérique. La *lapidairerie*, qui prit naissance dans le pays vers 1735, s'exerce particulièrement à Septmoncel et dans les localités environnantes.

Saint-Claude a vu naître *Dunod de Charnages* (1679-1752), un des plus célèbres historiens de Franche-Comté.

MOREZ

Construite pittoresquement sur la Bienne, à une altitude de 700 mètres, Morez présente une grande analogie avec Salins. Cachées au fond d'une gorge étroite, ses habitations s'échelonnent le long de la rivière, sur une longueur de 3 kilomètres, entre deux montagnes aux flancs escarpés : d'un côté, la *Mouille* dont le sommet ne mesure pas moins de 1048 mètres, de l'autre le *Risoux* qui atteint 1183 mètres.

La vallée de Morez, appelée *Combe noire*, était connue déjà des Séquanais. Mais ce n'est qu'au XVIe siècle qu'un moulin et un martinet, établis au lieu dit aujourd'hui la *Tirerie*, donnèrent naissance à la ville. Plusieurs fois pillée et ravagée au XVIIe siècle, Morez eut à subir encore de terribles inondations qui lui causèrent de sérieux dommages. — La ville actuelle, de création récente, est, comme Saint-Claude, une des plus florissantes du Jura. L'activité et l'esprit industriel de ses habitants en ont fait un centre actif dont les produits, appréciés sur les marchés du monde entier, sont toujours recherchés. — Nous avons parlé précédemment de son industrie qui s'applique particulièrement à la lunetterie et à l'horlogerie dite de Comté.

On ne trouve dans la ville aucun monument historique. Son église, bâtie en 1817, offre un assez bel aspect. *L'hôpital*, d'une architecture coquette, fut fondé en 1819, grâce au don fait par M. Etienne Jobez. *L'hôtel de Ville*, construit il y a quelques années seulement, comprend les groupes scolaires et divers services particuliers : cet édifice peut être considéré comme un des plus beaux de la région.

Morez est situé sur la route de Paris à Genève, à 30 kilomètres de Saint-Claude, et à 12 kilomètres de la station de Saint-Laurent. Sa population est de 5,124 habitants.

LA FABRIQUE DE LUNETTERIE, HENRI COLLIN, à MOREZ

En quel pays l'usage des lunettes, des bésicles, pour les désigner par leur véritable nom d'origine, a-t-il pris naissance? A qui doit-on attribuer le mérite de cette création, et à quelle époque faut-il la faire remonter? Autant de questions embarrassantes et qu'il est fort difficile de résoudre. On sait toutefois, d'après Du Cange, l'historien fameux à qui sa profonde érudition valut le titre de Varron français, que l'usage des lunettes se révèle pour la première fois en Europe en 1150, et quelques manuscrits de la fin du XIII° siècle en placent l'invention aux environs de l'année 1280. La Hollande, l'Allemagne et l'Italie se sont à l'envi disputé l'honneur de cette invention, mais il faut reconnaître que, sur ce point, les documents précis font absolument défaut. — Ce n'est qu'en 1821 que cette industrie d'origine si incertaine fait son apparition à Morez. Cette petite ville, cachée dans les replis du Jura, ne s'adonnait alors qu'à la fabrication des horloges, notamment de celles dites de Comté, et à la confection des tournebroches. Le commerce y avait une médiocre importance et l'exportation ne possédait pas à cette époque les débouchés qu'elle a aujourd'hui. Quelques industriels, désireux de doter leur pays d'une nouvelle source de travail, eurent l'idée d'établir des ateliers de lunetterie. Mais les moyens dont ils disposaient étaient bien primitifs, et les ouvriers inexpérimentés n'arrivaient qu'avec peine à exécuter un travail avec lequel ils étaient si peu familiarisés. Les débuts furent pénibles et hérissés d'obstacles, et ce n'est qu'après des années que la lunetterie de Morez commençait à se faire remarquer par son bien fini et sa délicate exécution.

Pour conserver à la fabrique morézienne sa réputation désormais acquise, plusieurs fabricants durent s'imposer de lourds sacrifices et modifier totalement leurs procédés. M. Henri Collin notamment accrut ses moyens dans des proportions considérables : d'importantes usines affectées jusque-là à la fabrication de l'horlogerie furent transformés en ateliers de lunetterie, et la seule préoccupation de M. Collin fut dès lors de développer davantage, en la perfectionnant, cette nouvelle industrie de son pays. Aujourd'hui, la production varie à l'infini : c'est par milliers que lunettes et pince-nez sortent journellement des ateliers, sous toutes les formes et de tous les calibres.

Aidé dans son œuvre par des collaborateurs dévoués, anciens ouvriers d'une compétence éprouvée, M. Henri Collin a appliqué à son personnel le système de la participation aux bénéfices groupant ainsi autour de lui un noyau d'ouvriers d'élite qui ont fait la force et la réputation de sa maison et dont il a assuré l'avenir.

En 1892, en présence des affaires toujours croissantes, un nouvel atelier devenait nécessaire et fut construit à côté des premiers. Là se trouvent réunis tous les avantages et le confort qu'on puisse exiger d'une installation industrielle moderne, dans des conditions de salubrité et d'hygiène qu'il serait désirable de voir se généraliser partout pour le plus grand profit de la classe laborieuse.

MANUFACTURE DE PIPES, HAAS & Cᵉ, à SAINT-CLAUDE.

La première pipe en racine de bruyère fut fabriquée à Saint-Claude, il y a une cinquantaine d'années. Avant cette époque, l'industrie locale végétait misérablement et ne produisait guère que quelques objets de piété, des tabatières, des articles dits « de tournerie » et quelques pipes en bois de hêtre ou en racine de buis. Ces objets fabriqués étaient envoyés à la foire de Beaucaire et écoulés ensuite en France et en Italie.

Un heureux hasard donna tout-à-coup un grand essor à ce nouveau procédé. Dans un des lots de racines de buis reçus par un négociant de Saint-Claude se trouva un jour un morceau de bois absolument distinct du reste de l'envoi : c'était une racine de bruyère. L'occasion était tentante pour un ouvrier intelligent : un tourneur eut la curiosité d'en faire une pipe et remarqua, à sa grande surprise, que son travail s'était effectué avec une facilité remarquable, et que l'objet obtenu avait un aspect séduisant et un cachet artistique inattendu. L'expérience ne tarda pas aussi à démontrer que cette pipe possédait toutes les garanties de solidité et de durée nécessaires, en même temps qu'elle donnait à la fumée de tabac un parfum vivement apprécié des amateurs. Il n'en fallut pas davantage pour engager les fabricants à faire des provisions énormes de la précieuse racine. La pipe de bruyère était désormais lancée dans la circulation.

La fabrication fut peu importante au début, et les nouveaux articles ne furent guère connus et estimés qu'à la suite de l'Exposition universelle de 1855. Les Anglais firent les premières commandes, et comme l'aristocratie d'Outre-Manche n'eut pas, pour la pipe, le dédain trop accentué que notre nation a témoigné à cette dernière, toutes les classes de la société britannique ne tardèrent pas à imiter l'exemple qui leur venait de si haut. Chacun se mit donc à utiliser la pipe dans le Royaume-Uni, et bientôt ce modeste auxiliaire y devint pour chaque fumeur un objet de première nécessité. Le goût anglais eut aussi pour conséquence de fixer définitivement la forme générale de la pipe, qui variait beaucoup suivant les caprices des fabricants et des consommateurs. Les colonies anglaises imitèrent l'exemple de la métropole : il en fut de même des Etats-Unis, à la suite de la guerre de Sécession. De proche en proche l'exemple gagna les divers Etats de l'Amérique et de l'Europe : les demandes affluèrent à Saint-Claude, où ne fit que s'accroître d'année en année la prospérité éclatante qu'on y constate aujourd'hui.

La ville de Saint-Claude expédie ses produits dans le monde entier. Après l'Angleterre et ses colonies, l'Australie, le Canada, et le Cap de Bonne-Espérance absorbent les deux tiers environ de la production. Le Brésil, l'Allemagne, les Pays-Bas et leurs dépendances, la Russie et les Etats Scandinaves doivent compter parmi les principaux clients de Saint-Claude.

La Maison Haas et Cᵉ, dirigée dès sa fondation par M. Rosambert, est une des plus importantes et une des plus connues pour ce genre de travail. Fondée en 1865, elle a apporté à la fabrication de la pipe en racine de bruyère tous les perfectionnements suggérés par une longue expérience et par des connaissances techniques approfondies. Elle possède à Saint-Claude, au lieu dénommé autrefois *aux Perrières* et mieux connu maintenant sous le nom de *Sous-le-Pré*, une usine hydraulique très importante. Bâtie sur la rive droite de la Bienne, la manufacture s'élève dans un site pittoresque, au fond du ravin où la rivière a creusé son lit, et à quelques mètres en aval du magnifique viaduc qui fait communiquer entre elles les deux rives de la Bienne.

Vu depuis la ville, l'établissement présente un aspect imposant. C'est d'abord la maison du directeur, non loin d'un vaste jardin et d'un beau parc qui étage ses massifs de verdure sur les flancs escarpés de la rive droite de la Bienne, au-dessous de la gare du chemin de fer. A côté, un bâtiment de construction récente, qui avait été en partie détruit par le cyclone du 19 août 1890, contient le cabinet du directeur, la caisse, les bureaux, les salles d'expédition et d'emballage, les ateliers de tournerie, de montage et de façonnage, et le séchoir. C'est dans cette pièce, que les morceaux de bruyère, ébauchés grossièrement à la scie dans les pays d'origine et nommés pour cette raison *ébauchons*, sont séchés dans des étuves à vapeur. Ce procédé de dessication, qui n'est en usage que depuis quelques années, est spécial à la maison. Tous les services de cet immense local sont reliés électriquement. — Dans le même groupe de constructions, mais sur le bord même de la rivière, se trouvent les ateliers qui occupent des locaux distincts. Une turbine de 70 chevaux produit la force nécessaire à la tournerie et au polissage, ainsi qu'aux machines à scier et à fraiser. Une dérivation pratiquée à la Bienne amène par un canal latéral l'eau qui doit actionner la turbine.

Le chiffre annuel de production de la maison Haas et Cie est en moyenne de plus de 1700 grosses, soit environ de 2 millions et demi de pipes, dont la valeur représente un million de francs.

La maison occupe 300 ouvriers. La division du travail, poussée à l'extrême, explique le chiffre important de la production et la qualité des produits. Chaque équipe a sa spécialité, *sa passe*, en terme du métier. Habitué très jeune au genre de travail qu'il ne quittera plus, l'ouvrier ne tarde pas à acquérir une habileté, une dextérité, un coup-d'œil surprenants. Les principales passes du façonnage sont : le *tournage* du fourneau et de la tige, opération qui transforme l'*ébauchon* en pipe ; le *perçage* de la tige ; le *fraisage* qui raccorde la partie du bois située à la jonction du foyer et de la tige ; le *râpage* qui termine l'opération précédente ; le *polissage* qui donne à l'objet le lustre et le brillant nécessaires, travail uniquement fait par des femmes dont le costume ne manque pas d'originalité ; enfin le *montage* qui fixe le tuyau à la tige, au moyen de machines spéciales pratiquant un pas de vis dans la pièce à ajuster. — Les tuyaux se faisaient autrefois exclusivement en os, en corne, et en celluloïde : bien que ces matières soient encore employées aujourd'hui, l'usage des tuyaux en caoutchouc vulcanisé importé d'Allemagne s'est extrêmement répandu et n'a pas peu contribué à augmenter considérablement la production.

Pour terminer, disons un mot de la bruyère, cette racine qui a eu sur le développement de la fabrication et sur le développement commercial de Saint-Claude une importance si considérable.

La bruyère (erica arborescens), plante monopétale, est un arbrisseau qui atteint de deux à trois mètres de hauteur sur huit à quinze centimètres de diamètre à la base. Elle croît spontanément dans les terrains de micaschiste, en compagnie des chênes-verts, des chênes-lièges, des myrthes et des lauriers. Sa fleur blanche paraît au printemps et donne aux collines qu'elle recouvre l'aspect de la neige fraîchement tombée. En été, de fines aiguilles desséchées se détachent des rameaux et constituent en peu de temps sur le sol des amoncellements considérables. Ces aiguilles extrêmement inflammables sont un danger permanent pour les forêts : les propriétaires ont donc un double intérêt à arracher les souches de bruyère pour les revendre au commerce. L'arrachage des souches se fait de septembre en mars : la racine, séparée de la tige et débarrassée de la terre et des pierres dont elle est couverte, est soumise à un lavage énergique, débitée à la scie pour la transformer en *ébauchon* et enfin bouillie pendant trente heures pour en extraire toute la sève. Les ébauchons sont classés ensuite par longueurs ou calibres, et mis en sac dont la contenance varie de 24 à 150 douzaines pour être enfin expédiés à Saint-Claude.

La bruyère présente sur les autres bois employés concurremment des avantages réels, bien connus des fabricants, et on peut l'appeler le véritable *arbre à pipes* par excellence. Le midi de la France, en première ligne les Pyrénées et la Corse, l'Italie, en particulier la Sardaigne et la Calabre, l'Algérie et l'Espagne sont les pays qui fournissent la plus grande quantité de bruyère. La ville de Saint-Claude met donc à contribution la presque totalité du bassin méditerranéen pour se procurer la matière première, et répandre dans le monde entier, parfois sous forme de véritables œuvres d'art, les produits de son intéressante fabrication.

LES MONTS JURA

Les voyez-vous surgir des brumes matinales
Et dresser dans les cieux leurs masses colossales,
Ces monts qu'avec amour le Très-Haut décora ?
Et toujours émergeant de ses voiles de gaze,
Dans le rutilement de l'aube qui l'embrase
Regardez resplendir la chaîne du Jura !

Cette cime, là-bas, ayant une auréole
De brouillards irisés, regardez, c'est la Dôle ;
    La Faucille à côté
Comme un fort de géants lève sa crête aride :
Puis voici le Mont-Tendre, avec sa pyramide
    Pleine de majesté.

Voici le Reculet tout fleuri de bruyères,
Les Noirs-Monts, le Risoux, avec leurs sapinières,
Le Mont-d'Or lumineux et l'imposant Suchet :
Dominant du Larmont la chaîne crénelée,
Voici du Grand-Taureau la tête âpre et pelée,
Puis enfin Haute-Pierre, Montmahoux et Poupet !

Et par de là ces monts radieux ou moroses,
Le Mont-Blanc au milieu des grandes Alpes roses
    Apparaît solennel :
Tel qu'un phare sublime, il plane dans l'espace
Et semble supporter sur ses longs pics de glace
    La coupole du ciel !

Ce Jura s'éveillant aux brises de l'aurore
Et souriant joyeux au soleil qui le dore,
N'est-il pas ravissant en sa sérénité ?
Pourtant plus grandiose il est, quand la tempête
L'assaille en rugissant, secoue et fend sa crête,
Et couronne d'éclairs son vieux front indompté !

Magique il est aussi, lorsque la lune blonde
Sur ses cols vaporeux se lève toute ronde.
C'est l'heure où dans la brume on voit passer encor
De messire de Joux la cavale écumante,
Ou le chasseur maudit lançant sa meute ardente
Et par les bois sonnants, à pleins poumons, du cor...

C'est l'heure où des rochers, de longs voiles couvertes,
En fantasques essaims sortent les Dames vertes,
Attirant par leurs chants le voyageur charmé :
C'est à cette heure enfin que rayonne la **Vouivre**,
Cette nymphe-serpent aux écailles de cuivre,
Sur sa tête portant un rubis enflammé !...

O mon Jura ! combien j'ai douce remembrance
De ces contes si chers qu'en mon heureuse enfance,
Au chalet paternel, j'écoutais tant surpris !

Et c'est avec un même amour qu'à tes guirlandes
Je m'en reviens cueillir ces fleurs de tes légendes,
Dont toujours je serai l'humble chanteur épris !...

Louis MERCIER.

HAUTE-SAONE

Le département de la Haute-Saône, formé de la partie septentrionale de la Franche-Comté, prend son nom de la source de la Saône, située non loin de ses frontières et le plus important des cours d'eau qui l'arrosent. Il est borné : au Nord, par les départements des Vosges et de la Haute-Marne ; à l'Est, par le Haut-Rhin ; au Sud, par les départements du Doubs et du Jura ; et à l'ouest, par ceux de la Côte-d'Or et de la Haute-Marne. Sa superficie est de 537,400 hectares et sa population de 280,856 habitants.

Il se divise en trois arrondissements : *Vesoul, Gray* et *Lure,* en 28 cantons et 583 communes, et fait partie du 7e corps d'armée.

Son industrie comprend des mines de fer, faïenceries, verreries, tuileries, filatures, papeteries, chapelleries, tanneries, distilleries et fabriques de kirsch. Son commerce s'exerce principalement sur les produits du sol, les tissus et les fers.

Le département de la Haute-Saône, qui s'étend au milieu d'un vaste bassin bordé par les Vosges, la chaîne de Langres, la Côte-d'Or et les montagnes du Doubs et du Jura, est partagé en deux zones très distinctes. La *première zone,* qui a deux centres principaux, Vesoul et Gray, ne renferme que des coteaux de hauteur moyenne, des vignes, des bois, et des prairies arrosées par l'Ognon, la Saône et leurs affluents : aussi cette région est-elle merveilleusement disposée pour la culture des céréales. La *seconde zone,* qui comprend l'arrondissement de Lure, offre un aspect contraire : partout on n'y voit que cascades, torrents, forêts et vallées. Mais, si la culture y est à peu près délaissée, les productions minérales y sont nombreuses et abondantes, et l'on y trouve des mines de fer, de lignite, de houille, et de sel gemme.

A l'époque gauloise, la Haute-Saône faisait partie de l'ancienne Séquanie et tomba sous la servitude romaine, en l'an 58 avant Jésus-Christ, jusqu'à la fin du IIIe siècle, lors de l'invasion des Bourguignons. Comme le Jura, et pendant toute la période du moyen-âge, elle fut bouleversée par des luttes et des guerres intestines qui ne prirent fin qu'à l'époque de l'annexion de la Franche-Comté à la France par Louis XIV, et auxquelles il faut attribuer l'origine des nombreux castels dont on voit encore les ruines disséminées sur tout son territoire.

Bien que par sa disposition topographique ce département soit en général peu élevé au-dessus du niveau de la mer, son territoire, en remontant vers le nord ou vers l'est, renferme pourtant quelques hautes cimes montagneuses. Le *Ballon de Servance*, le point culminant du département, s'élève à la limite des Vosges et de la Haute-Saône : son sommet mesure 1,189 mètres d'élévation. Le *Ballon de Lure*, ou *Planche des belles-filles*, a une hauteur qui varie entre 1,150 et 1,120 mètres. Au nord de Plancher-les-Mines, le *mont des Landres* atteint 1,128 mètres.

La Haute-Saône est sillonnée de nombreuses vallées d'une beauté ravissante et surtout d'une fertilité rare : les deux plus pittoresques et les deux plus riches sont, sans contredit, celles de la Saône et de l'Ognon.

Les principaux cours d'eau qui traversent le département sont : la *Saône*, une des plus importantes rivières de France, qui prend naissance aux monts Faucilles ; le *Coney*, qui a la même origine ; la *Mance*, qui naît dans la Haute-Marne ; la *Lantenne* ou *Lanterne*, dont la source est située au nord-ouest de Melisey ; le *Breuchin*, qui descend la vallée de Luxeuil ; la *Sémouse*, qui passe à Saint-Loup ; le *Durgeon*, qui arrose Vesoul ; la *Luzine*, qui gagne la Saône par Héricourt, et l'*Allaine* ou *Allan* qui traverse Montbéliard. L'*Ognon*, au cours sinueux, baigne la vallée de Villersexel et sert de limite entre la Haute-Saône et le Doubs, puis entre la Haute-Saône et le Jura.

Parmi les hommes célèbres que le département a vu naître, quelques noms sont à citer :

Le *Cardinal Jean de Jouffroy*, né à Luxeuil (1412-1475), qui fut aumônier de Louis XI. — *Jean-Pierre Billard*, célèbre médecin, né à Vesoul (1726-1790). — *François Devosges*, sculpteur, né à Gray (1732-1811), fondateur du riche musée de peinture de Dijon (1799). — Le *docteur Duchanoy, Claude-François*, né à Vauvillers (1742-1827), un des premiers propagateurs de la vaccine en France. — *Pierre-Joseph Desault*, chirurgien remarquable, membre de l'académie royale de chirurgie, né au Magny-Vernois, bailliage de Lure. (1744-1795). — *Romé de l'Isle*, physicien et minéralogiste, né à Gray (1736-1790). — *Bureaux de Pusy, Jean-Xavier*, né à Port-sur-Saône (1750-1805), chimiste, mathématicien, littérateur et ami de Lafayette. — Le *général Carteaux, Jean-François*, né à Aillevans (1751-1813), qui eut Bonaparte sous ses ordres au siège de Toulon. — Le *baron Percy*, célèbre chirurgien militaire, né à Montagney (1754-1825). — Le *peintre Gérôme, Jean-Léon*, membre de l'Institut, élève de Paul Delaroche, né à Vesoul (1824). — *Chaudey*, publiciste, né à Vesoul, qui se fit un nom pendant les troubles de la commune et mourut fusillé à Paris, en 1871. — Le fameux romancier *Xavier de Montépin*, né à Apremont en 1824.

Les villes les plus importantes du département sont, après Vesoul qui en est le chef-lieu : *Gray, Lure* et *Luxeuil*.

VESOUL CHEF-LIEU

Placée au centre du département de la Haute-Saône, Vesoul, ou *Vesulum*, est assise au milieu d'une gracieuse vallée entourée d'une longue chaîne de collines qui la dominent. Les vertes prairies qui l'entourent sont arrosées par le Durgeon, jolie petite rivière formée par de nombreuses sources, qui va se jeter dans la Saône. La ville s'étend au pied de la *Motte*, montagne en forme de cône, d'une hauteur de 400 mètres, qui fait face à un rideau verdoyant de coteaux couronnés de bois et de vignes, et qui s'élance comme une gigantesque pyramide de verdure au milieu de la plaine qui l'environne.

Vesoul qui, en 1784, ne comptait que 4,870 habitants, atteint aujourd'hui le chiffre de 9,770. Son altitude est de 235 mètres. Sa distance légale de Paris est de 362 kilomètres et de 381 kilomètres par le chemin de fer, sur la ligne de Paris à Belfort. A cheval sur quatre voies ferrées, la ville est appelée à acquérir une grande importance.

L'origine de *Vesulum* remonte à la plus haute antiquité. On a cru reconnaître en elle l'ancienne capitale de la Séquanie : mais cette hypothèse est moins que prouvée. Des fragments de travail romain, découverts au sommet de la Motte, font supposer, et avec plus de certitude, que la ville a été fondée aux premiers temps de la domination romaine. Pendant cinq à six cents ans, les Vandales, les Huns, les Sarrasins et les Allemands firent tour à tour des invasions qui bouleversèrent le pays et expliquent aujourd'hui suffisamment l'absence de documents relatifs à l'histoire de cette ville. Au IXe siècle, suivant un titre authentique, elle était une ville fortifiée, *castrum* : elle eut à subir, en 980, un siège de la part du duc de Bourgogne Henri, frère de Hugues Capet, et qui était assisté de Lambert, comte de Châlon. On sait également, d'une façon certaine, qu'à cette époque Vesoul était gouvernée par un vicomte, magistrat qui résumait en lui le pouvoir civil et militaire.

Un château dont on a découvert de nombreux vestiges, dressait ses tourelles au sommet de la Motte dont les flancs étaient recouverts de vignes. A côté de ce château, sur le versant oriental, fut fondé le prieuré de Marteroy par Gilbert, alors vicomte de Vesoul : prieuré dont l'existence s'est prolongée pendant plusieurs siècles. Vers le XIIe siècle, outre le vicomte-gouverneur, Vesoul possédait un prévôt et un maire, distinctions très rares à cette époque, réservées seulement aux grandes villes, et qui permettent d'affirmer qu'elle tenait le premier rang parmi les autres villes de la région.

En 1360, les troupes anglaises, ayant envahi la France, bouleversèrent Vesoul qui ne fut plus qu'un monceau de ruines. Le château de la Motte, considéré depuis comme imprenable, résista aux nombreuses attaques de l'ennemi. Au milieu de ses revers, la ville perdit son vicomté et sa mairie, mais elle ne tarda pas à renaître

peu à peu et à se relever de ses désastres. Le duc Philippe-le-Bon en fit rebâtir les murs et les tourelles, lui rendit ses anciens privilèges, et l'autorisa enfin à avoir son corps d'*échevinage*, c'est-à-dire quatre échevins qu'élisaient chaque année les notables et qui se partageaient l'administration intérieure municipale.

A la mort de Charles-le-Téméraire, Louis XI, roi de France, et Maximilien Ier, empereur d'Autriche, réclamèrent tous deux la succession du duc Charles et envahirent la Franche-Comté. Celle-ci fut alors le théâtre de guerres horribles qui détruisirent en partie les nombreux châteaux disséminés dans cette province. En 1479, Vesoul, pillée de nouveau par les troupes françaises, fut livrée aux flammes qui détruisirent le château de la Motte avec toutes les archives qu'il renfermait. La paix de Senlis, en 1493, ramena la Franche-Comté sous la domination de Maximilien d'Autriche : Vesoul reconstruit et fortifié voit encore une fois ses anciens privilèges confirmés par Philippe-le-Beau, puis par Charles-Quint qui lui rend sa vicomté et sa mairie.

Vesoul regagnait son importance : son château fut reconstruit. Malheureusement cette ère de prospérité ne devait pas être de longue durée. En 1580, une peste abominable se déclare et enlève la population presque entière. Peu après, cinq mille Lorrains et Français s'abattent sur la ville qu'ils ravagent de fond en comble, quand subitement les troupes espagnoles se présentent devant ses murs : la ville mal fortifiée capitula. C'est de cette époque (novembre 1595) que date la démolition définitive du château de la Motte. Au sommet de la montagne s'élève aujourd'hui une statue de la Vierge, monument élevé par la reconnaissance des habitants de Vesoul épargnés par le choléra, en 1854. — En 1611, un traité garantissait la Franche-Comté contre les luttes sans cesse renaissantes entre la France et l'Espagne et assurait la neutralité de cette province. Pendant ces quelques années d'une paix bienfaisante, plusieurs établissements publics et religieux furent fondés. De 1608 à 1627 furent construits : le *couvent des capucins*, converti en 1789 en hôpital militaire, en caserne d'infanterie, puis en séminaire, et rebâti en 1811 ; le *collège des Jésuites* ; les *Annonciades*, maison de détention pour les femmes pendant la Révolution, et aujourd'hui riche habitation particulière ; les *Ursulines*, en 1793, maison de détention pour les hommes, occupée aujourd'hui par l'Ecole normale primaire du département, et dont l'église est devenue la salle de théâtre de la ville ; et enfin une partie de l'*hôpital*. Seules les murailles et les fortifications n'étaient pas rétablies.

La ville était dans un médiocre état de défense quand Richelieu jeta les troupes françaises en Franche-Comté. Une période de dix ans de guerre allait s'ouvrir, pendant laquelle Vesoul fut prise et reprise, mutilée, rançonnée, puis ravagée par la famine et la peste. Enfin, épuisée par le passage continuel des armées françaises, comtoises, allemandes et lorraines qui s'arrachaient lambeau par lambeau les moindres parcelles de son territoire, ruinée pour l'entretien des troupes alliées qui venaient à son secours, la ville se rendit, le 29 mars 1644, au vicomte de Turenne qui la traita avec la dernière rigueur et y marqua son passage par des actes de la plus rude violence.

Quand Louis XIV fit la double conquête de la Franche-Comté (1668-1674), Vesoul était ville ouverte : rien ne restait de ses remparts. Aussi ne fit-elle aucune résistance, et la paix de Nimègue la rangea définitivement, avec le reste de la province, sous la domination française, sous (1678).

L'ancienne cité vésulienne avait, sur la fin du XVIe siècle, la forme d'un carré dont les côtés faisaient face aux quatre points cardinaux. A l'intérieur, des maisons bien construites, dont quelques-unes étaient ornées de tourelles avec leurs flèches élancées, et une belle église surmontée de deux clochers dont l'un, celui situé du côté de la Motte, renfermait l'horloge de la ville et la grosse cloche que l'on sonnait à l'ouverture du ban des vendanges. Cette coutume, qui datait de plusieurs siècles, s'est perpétuée très longtemps.

Aux XVIIe et XVIIIe siècles, les faubourgs commencent à se construire : des rues entières sont alignées, et les anciennes portes de la ville disparaissent pour faire place à de nouvelles issues mieux disposées et plus solides, mais qui toutes ont disparu en 1800.

L'église paroissiale actuelle, fondée en 1732 et terminée en 1745, fut vouée au culte et consacrée le 16 octobre 1756 par l'archevêque de Besançon, Antoine de Choiseul-Beaupré. On y voit un magnifique maître-autel et un sépulcre très ancien qui a son semblable à l'église Saint-Etienne-du-Mont, à Paris.

La construction de l'*hôpital* date du commencement du XVIIe siècle : en 1803, il devint la proie des flammes qui en détruisirent la plus grande partie, et fut reconstruit et agrandi de 1769 à 1770.

La *bibliothèque*, créée en 1771, ne comprenait à cette époque que 1800 volumes provenant d'un legs particulier fait par l'abbé Bardenet : aujourd'hui elle ne renferme pas moins de 25,000 volumes.

En 1814 et 1815, Vesoul eut à subir les lourdes charges occasionnées par le passage des armées alliées. L'empereur d'Autriche, le roi de Prusse et l'empereur Alexandre y séjournèrent quelques jours.

Pendant la guerre désastreuse de 1870, la population fut en proie à toutes les rigueurs de l'occupation allemande et vit passer chez elle les hordes innombrables de l'envahisseur qui chaque jour se succédaient sans interruption et s'avançaient lentement sur Paris. Réquisitions, impôts de toute nature, vexations inouïes, rien ne lui fut épargné. C'est grâce à l'énergie et au dévouement d'une humble religieuse, dont le nom restera longtemps vénéré des habitants de Vesoul, que la ville et l'hôpital échappèrent aux horreurs d'un bombardement et aux menaces inflexibles du trop fameux général prussien Werder.

Sur une des places principales, on remarque un beau monument qui consacre la mémoire des gardes mobiles morts pendant le siège de Belfort, en 1870-71.

CURIOSITÉS NATURELLES

Le département de la Haute-Saône, en raison de sa configuration topographique, ne présente pas de sites pittoresques et de curiosités naturelles comme le Jura et le Doubs. Nous ne trouvons, en effet, dans cette partie de la Comté, ni cascades, ni lacs à l'aspect et aux proportions grandioses, et les hautes montagnes y font à peu près défaut. Néanmoins, l'inclinaison fortement accentuée du sol fait qu'on y rencontre en assez grand nombre, d'une part, des gouffres profonds où se jettent les eaux, et d'autre part les fontaines que celles-ci alimentent, après avoir passé par ces sortes de syphons naturels dont l'étude n'est pas sans offrir quelque intérêt.

Non loin du village de Quincey, au sud-est de Vesoul, le *Frais-Puits*, bien connu dans toute la France, est un vaste entonnoir d'une profondeur de 18 mètres et de 60 mètres de circonférence, qui ne se remplit d'eau qu'à la suite des grandes pluies, et dont l'impétuosité est telle qu'il peut rejeter jusqu'à 80 mètres cubes par seconde. Dans ce cas, heureusement fort rare, la plaine de Vesoul se trouve convertie en un immense lac dont le trop-plein va grossir la Saône et la fait sortir de son lit.

Dans le canton de Rioz, à Pennessières et Corboux, la *Font-de-Corboux*, puits naturel creusé dans le rocher, offre beaucoup d'analogie avec le précédent. Sa profondeur est de 10 mètres et son pourtour de 150 mètres. Un faible ruisseau s'en échappe en temps ordinaire : mais, après la pluie, ce filet d'eau devient un véritable torrent qui va se jeter avec tumulte dans le cours de l'Ognon.

Le *Puits de Jacob*, à Cult, près de Marnay ; la *Fontaine d'Etuz*, dans le même canton, et beaucoup d'autres du même genre sont curieux à visiter.

Parmi les nombreuses cascades, d'importance secondaire, semées dans le département, celle de l'Ognon, à Servance, mérite une mention particulière, par sa chûte de 18 mètres de hauteur.

N'oublions pas quelques grottes assez belles, telles que : le *Trou de la Baume*, situé à Echenoz-la-Méline, qui renferme de nombreuses stalactites et stalagmites, et dans lequel on a découvert des ossements d'animaux anté-diluviens : la *Grotte de Fretigney*, et la *Baume-de-Chenebier*, où l'on a trouvé des armes et des instruments datant de l'âge de pierre ; et enfin la *Grotte de Chaux-les-Port*, qui renferme des ossements de rennes, et des fragments de silex taillé.

INDUSTRIE

Les forêts du Doubs et du Jura, par l'abondance des arbres résineux qu'elles renferment, sont la source d'une exploitation lucrative qui ne rencontre pas les mêmes éléments dans les bois de la Haute-Saône. Aussi, bien que la superficie forestière de celle-ci soit supérieure à celles des deux autres départements, son rendement est loin d'accuser les mêmes résultats au point de vue de l'intérêt commercial. Dans la zone inférieure de cette région, les bois ne possèdent pas la même richesse : le sapin y fait à peu près complètement défaut. Le chêne et le hêtre dominent encore sur certains points ; mais presque partout on ne trouve que des coupes en bois taillis d'un rapport médiocre. Le petit bois, appelé charbonnette, trouvait autrefois un écoulement facile dans les établissements métallurgiques et les hauts-fourneaux dont il était l'unique combustible. Mais, depuis que cette industrie a substitué l'usage de la houille à celui du bois, la charbonnette est à peu près complètement délaissée et n'a plus maintenant qu'une valeur bien réduite.

Les forêts de la Haute-Saône produisent des écorces qui font à Vesoul l'objet d'un commerce très étendu. Leur qualité excellente pour la préparation du cuir est fort recherchée par les tanneries assez nombreuses établies à Lure, à Vesoul, à Héricourt, et à Scey-sur-Saône.

En 1893, une usine spéciale s'est créée à Arc-les-Gray pour la fabrication de l'extrait de chêne pour la tannerie. Cet extrait est obtenu par le traitement du bois de chêne assez abondant dans la région. Le bois réduit en copeaux est soumis à une puissante décoction à la vapeur : le jus ainsi obtenu est ensuite décoloré, clarifié, puis concentré dans le vide, à la densité de 25 degrés Baumé. Cet extrait s'emploie à la place des écorces pour le tannage du cuir, surtout à l'étranger. Donnera-t-il les mêmes résultats que celles-ci au point de vue de la qualité du cuir ? Les vieilles tanneries refusent de l'admettre : l'expérience seule en démontrera la valeur.

Exceptionnellement placée pour la culture des céréales, la vallée fertile de la Saône a vu s'élever sur ses rives des moulins d'une puissance considérable et d'une organisation modèle. Leur mécanisme transformé entièrement depuis quelques années a fait disparaître peu à peu l'ancien mode de mouture pour lui substituer les nouveaux cylindres métalliques d'une supériorité reconnue. Les grands moulins de Gray et de Seveux, dont la production annuelle dépasse 150,000 quintaux, sont classés au premier rang : viennent ensuite ceux de Frotey-les-Vesoul, de Scey-sur-Saône, d'Ormoy, de Port-sur-Saône, et d'Héricourt.

Dans l'arrondissement de Lure, notamment près de Luxeuil, on voit aussi quelques féculeries très actives. A Vesoul, une fabrique de pâtes alimentaires, créée en 1880 au moulin Saint-Martin, sur le Durgeon, est une des plus productives de France : deux ou trois établissements analogues peuvent lui être comparés seulement. Son outillage est des mieux agencés : elle produit de 8 à 10,000 kilogrammes par jour, en macaroni, nouilles, vermicelle, pâtes à potage des formes les plus variées. Sa force motrice consiste en deux machines à vapeur, de 70 et 30 chevaux, et en une turbine de 25 chevaux. Cette usine emploie un personnel de plus de 120 ouvriers et ouvrières.

En 1828, des fouilles pratiquées à Gouhenans, dans une mine de houille qui venait d'être concédée à la Société Parmentier et Cie, amenèrent la découverte d'un banc de sel d'une épaisseur de vingt mètres, qui d'abord ne put être exploité en raison du monopole attribué à l'Etat. Ce ne fut qu'en 1842 que MM. Parmentier obtinrent cette concession qui est devenue aujourd'hui la propriété de la Compagnie Anonyme des Salines, houillères et fabrique de produits chimiques de Gouhenans. Les trois sondages ont une profondeur de cent mètres et traversent successivement trois couches différentes de marne, de gypse et de houille. Dans le but d'utiliser les matières premières provenant de la concession, la Compagnie de Gouhenans a installé une fabrique de produits chimiques d'où sortent annuellement près de 40,000 quintaux d'acide muriatique, d'acide sulfurique, et de sulfate de soude.

Les carrières de pierre et de granit, qui se trouvent en assez grand nombre dans le département, sont remarquables surtout par les dimensions des blocs qui en sont extraits. A Grange-la-Ville, Mignafans, Selles, Senargent et Ailleviliers, les carrières livrent une pierre spécialement employée pour la fabrication des meules destinées au travail du fer.

Le granit et le porphyre se découvrent également sur certains points du territoire. A Ternuay et à Servance, deux carrières sont en pleine exploitation, et les roches qu'elles fournissent sont remarquables par leur très grande variété.

L'industrie céramique est médiocrement représentée dans la Haute-Saône. Une fabrique de porcelaine et de faïence existe à Rioz depuis de longues années : une autre a été fondée à Clairefontaine ; on trouve aussi quelques poteries disséminées dans le même canton, et notamment à Boult. Au contraire, la tuilerie a vu se créer de nombreux établissements, surtout dans l'arrondissement de Vesoul, et les tuileries de Passavant sont connues par leur ancienneté. L'origine de ces dernières remonte, en effet, à plusieurs siècles. A différentes époques, leurs moyens de travail furent modifiés en tout ou en partie, et leur disposition actuelle leur permet d'atteindre une production considérable, tout en conservant la vieille réputation et l'originalité de leurs produits.

Deux verreries seulement sont à signaler aujourd'hui dans le département. L'une, à Maibouhans, pour la fabrication des verres à vitres ; l'autre, celle de la Rochère, près Passavant, sur les limites de la Franche-Comté et de la Lorraine : celle-ci puise dans la forêt de Darney-Martinveile le combustible nécessaire à son exploitation. Cette vaste forêt comprenait autrefois une vingtaine de maîtres verriers dont le groupe industriel était connu sous le nom de *Verreries et Granges de Lorraine*. Incendié et complètement détruit en 1636, lors des invasions allemandes, le hameau de la Rochère vit s'éteindre presque toutes les verreries qui l'avoisinaient : seule, celle de ce nom existe encore aujourd'hui. Nos lecteurs trouveront plus loin quelques mots sur son histoire.

Au XVIIIe siècle, l'industrie textile était peu prospère et on ne comptait guère que quelques fabriques de tissus grossiers, de toiles et de draps de qualité inférieure, les matières premières étant en majeure partie absorbées par le Dauphiné et le Lyonnais pour les besoins de la ganterie et de la chapellerie. Mais, au commencement de ce siècle, la filature et le tissage ont pris un essor inattendu. Dans l'arrondissement de Lure, près de 4,000 ouvriers trouvent leurs moyens d'existence dans cette industrie : à Lure même, nous voyons une filature de soie et une filature de coton, à Breuches une filature de coton, à Héricourt trois filatures de coton et une fabrique d'impressions sur étoffes, et nombre d'usines du même genre à Luxeuil, à Saint-Sauveur, à Fougerolles et à Ronchamp.

Quelques ateliers pour la confection de la dentelle et de la guipure existent encore à Luxeuil et à Lure : autrefois très prospères, ils sont en décroissance depuis quelques années. Pourtant un millier de femmes se procurent encore quelques ressources avec ce travail qui tend tous les jours à se rejeter au-delà des Vosges.

Peu de papeteries sont établies sur le cours de la Saône. Les usines Chalandre fabriquent à Savoyeux les papiers de luxe et à Seveux les pâtes d'alfa, de bois et de paille. A Plancher-Bas, qui relevait autrefois de la seigneurie de Passavant, une papeterie donne de beaux et bons produits, soit en papiers collés, soit en papiers d'impression : d'origine déjà ancienne, elle a su maintenir la qualité supérieure de ses papiers et n'a apporté que peu de changements dans ses procédés de fabrication ; elle a conservé particulièrement celle du papier dit à *la cuve*.

L'industrie du fer occupait, au siècle dernier, de nombreux hauts-fourneaux et des forges importantes : la plupart appartenaient à des gentilshommes de robe et d'épée qui en négligeaient l'exploitation et n'en tiraient qu'un maigre profit. Mais, avec les minerais abondants qui leur fournissaient la matière première, les forêts qui leur livraient le combustible et les cours d'eau qui actionnaient leurs marteaux, ces établissements eurent pendant un demi siècle une ère de prospérité des plus florissantes. Les traités de 1860 portèrent une grave atteinte à cette industrie régionale qui trouvait sous sa main les éléments abondants d'une facile exploitation et dont la supériorité assurait un écoulement constant à ses produits. L'arrondissement de Gray notamment fut sérieusement atteint par la législation nouvellement établie : de grandes usines ont disparu pour faire place à des établissements de moindre importance. Cependant deux maisons, l'une à Gray, l'autre à Arc, construisent des instruments agricoles dont les modèles savamment étudiés sont très appréciés par la culture. À La Romaine, à Varigney et à Bley plusieurs fonderies jouissent encore actuellement d'une grande vitalité.

Les arrondissements de Vesoul et de Lure, ce dernier surtout, sont plus favorisés et la métallurgie y est plus largement représentée. Les forges et fonderies de Scey-sur-Saône, de Baignes et de Larians, aux environs de Vesoul, font spécialement le moulage et la sablerie et produisent environ 1,800 tonnes par an. Lure, et les pays qui l'environnent, sont mieux dotés encore. Les laminoirs de Magnoncourt, les forges et fonderies de Magny-Vernois avec leurs 200 ouvriers, les tréfileries d'Aillevillers et d'Hauttevelle, les clouteries de Mailleroncourt et de Corbenay, l'aciérie de Corravillers, forment un groupe de haut intérêt, tant par le nombreux personnel qu'il occupe que par la variété de son travail. Plancher-les-Mines, à 7 kilomètres de Champagney, présente une activité industrielle surprenante : les fabriques de boulons Laurent et Priqueler, la fonderie Rebout frères, la fabrique de chaînes et clefs de montres Spindler sont des usines de premier ordre, pourvues d'un bel outillage et d'une intéressante organisation.

A côté de Montbéliard, à Héricourt, village important qui possède depuis la guerre de 1870 de vastes casernes, s'est créé un établissement remarquable, celui de MM. Mougin frères, pour la fabrication de l'horlogerie. A la confection de la pendule et du réveil, on a joint depuis quelques années celle des vis à métaux, des pièces de précision pour la télégraphie, l'électricité et l'optique, des mouvements d'horlogerie pour compteurs d'eau ou de gaz, des fraises à métaux et des machines-outils. On y fait, en outre, le nickelage, le cuivrage, et le noircissage des métaux.

Dans la partie de la Haute-Saône qui confine au département des Vosges, un plant spécial de cerisiers donne des fruits qui constituent la principale ressource de ce pays et que la distillerie utilise pour la fabrication du kirsch, cette liqueur de Franche-Comté dont la réputation est faite aujourd'hui et dont l'exportation augmente tous les jours. Aillevillers, Luxeuil, Fougerolles, Saint-Loup sont les centres principaux de cette production. Cette industrie particulière à la Comté présente un intérêt assez marqué et occupe une place suffisamment importante parmi les sources productives du pays, pour qu'elle fasse l'objet d'un chapitre spécial que nous lui consacrons plus loin, et qui aura sans doute le mérite d'intéresser nos lecteurs.

LE KIRSCH EN FRANCHE-COMTÉ

La culture du cerisier constitue, nous l'avons dit, une des grandes ressources de la région nord de la Haute-Saône. Mais des espèces particulières de cet arbuste sont nécessaires pour obtenir un rendement avantageux et une qualité de kirsch irréprochable. De plus, ainsi que pour la vigne, la nature et l'exposition du terrain exercent une grande influence sur la valeur du produit.

Les plantations de cerisiers se cultivent en fumant et en retournant la terre, comme les champs destinés à la production des céréales. Lorsque la cerise est arrivée à complète maturité, on procède à la cueillette, en ayant soin d'éliminer les feuilles et les queues qui communiqueraient à la liqueur un mauvais goût d'amertume ; un triage minutieux des fruits rejette tous ceux dont la maturité n'est pas suffisante ou qui présentent une apparence quelconque d'altération. Ce travail achevé, les cerises sont versées dans des cuves en bois placées dans le sens vertical et dont le fond supérieur est enlevé pour permettre l'introduction des fruits. Dès que les cuves sont remplies, on replace le fond supérieur et on les ferme hermétiquement. On a eu soin cependant de ménager, dans le milieu du couvercle, une étroite ouverture qui laissera s'échapper l'écume produite par la fermation. Il est esssentiel que ces récipients soient disposés dans un local jouissant d'une température d'au moins 25 à 30 degrés, afin de faciliter la fermentation qui commence deux jours après la mise en cuve et dont la durée peut se prolonger au-delà d'un mois. Ce laps de temps écoulé, la cerise est prête pour la distillation.

Cette opération est très minutieuse, exige de grands soins et est d'une importance capitale au point de vue de la qualité du kirsch. Le petit alambic à feu nu, malgré tous les appareils plus ou moins perfectionnés préconisés par leurs inventeurs, est encore reconnu le mieux approprié à la fabrication de cette liqueur, bien qu'il soit le plus primitif. Dès que le récipient a reçu la *charge* nécessaire, on chauffe graduellement jusqu'à ébullition suffisante des matières mises en œuvre, et c'est alors que le travail réclame du distillateur une attention soutenue. Le moindre coup de feu peut entraîner la perte de toute une charge, en communiquant à la liqueur un goût de brûlé qui la rendrait absolument impropre à la consommation. Le point essentiel est donc d'alimenter le foyer d'une façon modérée et régulière, pour qu'il n'y ait ni excès, ni abaissement de température dans l'intérieur de l'alambic.

Le premier liquide sorti de l'alambic, appelé *produit de tête*, est mis de côté, ainsi que les petites eaux ou *produits de queue*, qui arrivent lorsque l'opération touche à sa fin : tous deux sont repassés dans une distillation suivante.

La liqueur obtenue au milieu de l'opération est seule parfaite et possède seule aussi, cette saveur exquise qui la fait rechercher des vrais gourmets. Elle est recueillie dans des bonbonnes en verre dont le col demeure ouvert pendant un mois et plus, s'il est nécessaire, pour laisser se dissiper et disparaître le goût de cuivre ou d'empyreume résultant quelquefois de la nature et de la construction de l'appareil. Le kirsch ainsi préparé peut être livré à la consommation : mais il n'acquiert réellement toute sa finesse qu'en vieillissant, et ce n'est guère qu'après six mois de repos qu'on peut réellement apprécier la délicatesse de son arôme.

La cerise rend en moyenne cinq litres d'alcool pur par cent kilog. de son poids, soit dix litres de kirsch à 50 degrés. Cette moyenne est inférieure ou supérieure, selon les années où la température a été plus ou moins favorable au fruit.

La récolte peut atteindre, dans les bonnes années, pour les centres seuls d'Ailleviliers et de Fougerolles, jusqu'à dix millions de kilogrammes, susceptibles de produire un million de litres de kirsch qui se disséminent un peu dans toutes les parties du monde.

VERRERIE DE LA ROCHÈRE & TUILERIES DES FORGES, à PASSAVANT.

Le village de Passavant est situé à la lisière des vastes forêts qui séparent la vallée de la Haute-Saône de celle du Coney, non loin du confluent de ces deux rivières. Il est assis assez irrégulièrement sur divers cours d'eau qui descendent des bois par des vallons étroits et vont se jeter dans le Coney. Le terrain qui lui sert de base appartient à l'étage du trias. Les marnes irisées et les grès bigarrés ne sont couverts que d'une mince couche végétale : on y trouve aussi quelques affleurements du terrain granitique.

Passavant doit à sa position topographique la force motrice d'un certain nombre de ses usines. Une série de retenues successives dans le vallon principal emmagasinent cette force : l'une d'elles a onze hectares de surface d'eau. — Les forêts voisines fournissent la plus grande partie du combustible employé.

Ce voisinage a amené l'établissement fort ancien de la Verrerie de la Rochère, cité ouvrière et annexe de Passavant. La nature géodésique de son terrain a déterminé également la création de plusieurs grandes tuileries, ainsi qu'une active extraction de meules à aiguiser réputées et de pierres à bâtir. La culture enfin n'y est pas négligée.

Le village de Passavant était autrefois mi-partie lorrain, mi-partie franc-comtois : il reste de cette division les dénominations de *Côte française* et de *Côte lorraine,* pour désigner spécialement deux sections de la commune.

La Verrerie de la Rochère date de la construction des verreries édifiées autrefois dans les forêts lorraines et favorisées de privilèges particuliers pour la coupe des

bois nécessaires à la marche de leurs fours. Successivement transformée et agrandie, elle forme actuellement une très importante usine : la section de la Rochère, composée à peu près exclusivement de familles anciennes, compte plus de 400 habitants.

La fabrication des tuiles à Passavant est au moins aussi ancienne que celle du verre. Des fouilles faites, soit pour donner de l'extension aux tuileries existantes, soit pour en construire de nouvelles, ont amené au jour des tuiles creuses et des amas de débris qui attestent une origine fort éloignée. Certains fabricants actuels peuvent par tradition faire remonter cette industrie, exclusivement dans leurs familles, à plus de 250 ans.

Celle-ci a pris de longue date un grand essor tant par suite de son bon renom que par les facilités plus grandes de transport : Passavant a un port sur le canal de l'Est et une gare de chemin de fer. Il y a plus d'un siècle existaient dans cette localité des *Forges* dont les bâtiments ont été affectés depuis longtemps à une vaste tuilerie qui en a conservé le nom. Cette dernière, ainsi que plusieurs autres, sont exploitées par M. Mercier-Fouillot, député de Vesoul, qui les a successivement agrandies et transformées suivant les progrès du moment, mais toujours avec cette préoccupation constante, tout en augmentant la production, de ne livrer que des produits irréprochables.

L'origine des Verreries lorraines, celle de la Rochère en particulier, peut être déterminée avec précision, car la propriété et la direction de ces établissements on été l'apanage de familles peu nombreuses, diversement ramifiées, de gentilshommes verriers. Or, si l'existence des verriers est constatée en Lorraine dès les XIIIe et XIVe siècles, les usines où ils exerçaient leur profession remontent donc à une date correspondante. La forêt de Darney-Martinvelle, qui s'étend non loin de la Saône, entre la Haute-Saône et le Coney, comprenait une vingtaine de verreries dont l'ensemble porte, dans les titres du temps, le nom de *Verreries et Groupes de Lorraine*.

Il existait au début une étroite solidarité entre tous ces hameaux, et les gentilshommes verriers qui les peuplaient émigraient d'une verrerie à l'autre, suivant leurs convenances ou dans un but de sécurité.

Les verreries furent assujetties à de nombreuses vicissitudes qui semblent dues, non à leur organisation proprement dite (les privilèges accordés aux propriétaires étaient, on le sait, fort importants), mais bien au peu de protection offerte alors à l'installation industrielle, notamment sous le règne orageux de Charles IV (1633-1675). Placées dans une position géographique qui en faisait un point intermédiaire entre la Lorraine et le comté de Bourgogne, elles ne purent échapper aux invasions dévastatrices de bandes armées qui se disputaient à l'envi les bords de la Saône. C'est ainsi qu'en 1636, au commencement de la guerre de Trente ans, le hameau de La Rochère fut détruit et ses propriétaires dispersés.

Passavant, du reste, muni alors d'un château-fort, subit le sort commun à toutes les localités voisines, et fut incendié soit par les bandes allemandes connues sous le nom de Suédois, soit par les troupes impériales chargées de la défense du pays. A défaut de son château-fort, le bourg de Passavant se releva promptement : il n'en fut pas de même de La Rochère dont le hameau resta inhabité pendant vingt ans et la Verrerie inactive pendant vingt-sept ans.

C'est vers cette époque (1640) qu'un certain nombre de gentilshommes verriers abandonnèrent la forêt de Darney et se retirèrent en Flandre, en Champagne, en Normandie, et même en Angleterre.

La Verrerie de la Rochère eut un fonctionnement normal jusqu'à la Révolution. Mais alors les propriétaires eurent à lutter pour conserver leurs privilèges qui, depuis quatre siècles, étaient le point de mire des revendications de l'Etat et des habitants de Passavant. Ces privilèges ont maintenant disparu, et, depuis, la Verrerie n'a cessé de travailler, traversant des périodes tantôt prospères, tantôt difficiles : considérablement accrue en 1846, elle a acquis aujourd'hui son plein développement. Elle fabrique le verre demi-cristal qu'elle transforme en articles de gobeletterie, soufflés et moulés, taillés et gravés, suivant de nombreux modèles ou la demande du client. La plupart de ses produits sont expédiés en France, en Algérie, en Tunisie, et à l'étranger.

L'existence simultanée des Verreries et des Tuileries a entraîné la fabrication des dalles et des tuiles en verre, dont plus de trente modèles ont été créés, et dont cet établissement s'est fait une spécialité.

GRAY

Bâtie en amphithéâtre sur une colline autour de laquelle s'échelonnent ses rues étroites et tortueuses, Gray, *Gradicum* ou *Gradilis*, *Gradin*, domine une large prairie coupée par la Saône, dont le cours lent et paisible se déroule majestueusement entre les quais qui forment la partie la plus commerçante de la ville. Sa population est de 6,900 habitants. Un pont de pierre, d'une gracieuse courbure, unit la partie basse de la ville à la rive droite de la Saône, le long de laquelle circule un tramway à vapeur nouvellement installé, qui relie la gare de Gray-ville à celle de Gray-Bucey-les-Gy, ligne d'intérêt local inaugurée en avril 1877.

Les maisons, échelonnées en gradins et entrecoupées de massifs de verdure, offrent un coup d'œil agréable. Au sommet de la colline, le clocher de l'église, dont la structure bizarre rappelle le style douteux du XVIIIe siècle ; à gauche le château, avec sa haute tour isolée, vieux débris féodal qui évoque tant de glorieux souvenirs, semblent contempler avec dédain les habitations dont les groupes irréguliers sont assis à leurs pieds.

Gray, qui ne fut qu'un *castellum* à l'époque gallo-romaine, n'apparaît aux yeux de l'histoire que vers le Xe siècle : le château renfermait dans son enceinte l'église actuelle, le presbytère, le couvent des Annonciades, les Cordeliers et la rue des Terreaux. Au XIIIe siècle, c'est une ville fortifiée, avec ses murs crénelés et ses tourelles : elle devient la résidence des souverains et des gouverneurs de la province. Mais, après la conquête de la Comté par Louis XIV, les fortifications sont démolies et les murailles disparaissent pour ne plus se relever.

De 1630 à 1637, une peste violente envahit tous les quartiers et décima la population. Un religieux, Pierre Fourrier, dont le nom est resté synonyme de charité et de dévouement, déploya au cours de ce fléau un zèle infatigable pour secourir les malades. En 1849, le choléra vint de nouveau exercer de terribles ravages. Gray semblait plongée dans un silence de mort : les rues désertes n'étaient traversées par intervalles que par les convois funèbres sans pompe et sans cortège. Depuis lors des travaux sérieux d'irrigation et d'assainissement ont placé la ville dans les meilleures conditions de salubrité et d'hygiène.

Par suite de sa position géographique, Gray est devenue le point central de voies ferrées importantes, à savoir : les lignes de Gray à Saint-Dizier, à Is-sur-Tille, à Auxonne, à Besançon, à Ougney et à Vesoul. La gare, construite en pierre parallèlement à la Saône, présente le grave inconvénient d'être trop éloignée du centre de la ville. L'emplacement attribué au débarcadère, rendant les communications difficiles avec la partie haute de cette dernière, a provoqué l'établissement d'un pont de fer suspendu sur la Saône, dont l'utilité était incontestable. Pourtant l'ouverture des voies ferrées devait avoir pour le port de Gray des conséquences fâcheuses. Mais, bien que la navigation fluviale ait perdu beaucoup de son importance, on fait encore dans cette ville un grand commerce de vins et de céréales.

Si depuis quelques années la population a diminué, par contre la cité s'est embellie et améliorée. Les quais se sont élargis. Les Docks ou Magasins Généraux, aujourd'hui très prospères, facilitent l'entrepôt des denrées et les transactions. Les Grands Moulins, grâce à la sage direction qui leur est imprimée, provoquent un mouvement d'affaires considérable. Gray a pu perdre quelque peu de sa valeur commerciale relative : mais, placée comme elle est, dans un milieu si riche en forêts, en mines de fer et de houille, et où les nombreuses cascades sont autant de sources constantes de forces, cette ville est destinée à devenir essentiellement industrielle. Sa situation dans l'Est semble aussi l'appeler à être plus tard un centre important de garnison qui, par le moyen de ses voies ferrées, pourrait en quelques heures transporter rapidement ses troupes sur notre extrême frontière.

Un des plus beaux monuments de la cité grayloise est sans contredit l'*Hôtel de Ville*, du style de la Renaissance espagnole, construit en 1568. Sa façade, percée de huit arcades cintrées et ornées de colonnes monolithes en marbre de Sampans, est très heureusement conservée. De chaque côté de l'édifice, deux belles statues du peintre Devosges et du minéralogiste Romé de Lisle, par Grangérard, surmontent les bassins de deux fontaines.

LES GRANDS MOULINS DE GRAY

Placé dans une région essentiellement agricole, l'arrondissement de Gray possède de longue date des moulins importants qui trouvent en majeure partie dans le pays les éléments nécessaires à leur exploitation. La meunerie, en effet, est une des plus vieilles industries de l'endroit, et les moulins de Gray sont peut-être les établissements les plus remarquables de ce genre qui existent en France.

Au pied de la colline sur laquelle Gray élève par étages ses habitations riantes et ombragées, sur la rive gauche de la Saône dont le cours paisible baigne les dernières maisons de la ville, se dressent les constructions imposantes des Moulins connus depuis longtemps sous le nom de *Moulins de Gray*, ou *Moulins Tramoy*, qui édifiés par les chanoines du château, en 1334, en vertu d'une charte concédée par le duc Eudes IV de Bourgogne, demeurèrent jusqu'en 1789 la propriété du chapitre. Jusqu'à cette époque les habitants de Gray étaient dans l'obligation d'y faire moudre leur blé. Devenus biens nationaux, les moulins furent vendus à M. Kornprobst qui, en 1803, les revendit à M. Aimé François Tramoy, modeste négociant, dont l'intelligence commerciale sut donner à cette industrie une impulsion qui n'a fait que s'accroître jusqu'à nos jours. Dès l'origine, en effet, les améliorations successives apportées à son organisation, ont fait prendre à cet établissement une des premières places parmi les meilleurs moulins de France. La Saône, qui descend des Vosges et reçoit sur son cours de nombreux affluents, lui procure une force motrice d'une puissance très considérable.

Les moulins nouveaux ont commencé à fonctionner en 1805. Ils comprenaient cinq paires de meules dont les frais d'achat et d'installation s'élevaient à 400,000 francs, non compris le cours d'eau vendu au prix de 160,000 francs. De 1835 à 1843, l'ancien système de mouture fut remplacé graduellement par le système anglais, et un nouveau groupe de six paires de meules était établi dans les constructions agrandies du moulin. En 1848, l'usine avec sa réorganisation représentait une valeur de 1,200,000 francs : sa production annuelle, en 1865, atteignait le chiffre de 50,000 hectolitres de farine.

Quelques années plus tard, une société de capitalistes, parmi lesquels MM. Régnier et Mongin, les propriétaires actuels, faisaient l'acquisition de cet établissement qui renfermait alors vingt-neuf paires de meules. Peu après l'outillage était entièrement transformé et le mécanisme mis à la hauteur des derniers progrès de la meunerie : ils produisent aujourd'hui de 300 à 400 quintaux de farine par jour. Trente appareils, meules et cylindres, actionnés par six turbines d'une force de 400 chevaux-vapeur, travaillent nuit et jour, éclairés par les feux électriques d'une machine dynamo Gramme mise en mouvement par un moteur spécial. Actuellement les moulins de Gray sont en pleine activité : loin d'être restée stationnaire, leur importance n'a fait que grandir. Ils sont incontestablement un des plus beaux monuments de l'industrie du pays, et leurs 365 fenêtres sont connues au loin dans la contrée.

On remarque dans la seconde cour, encastré dans la muraille, un curieux spécimen de la statuaire du moyen-âge, un groupe représentant la *Vierge terrassant le Dragon* et s'élevant dans les nues. C'est le dernier vestige de l'ancienne abbaye de Theuley.

Leur position exceptionnelle assure aux moulins de Gray un avenir de prospérité, et peu de villes peuvent s'enorgueillir d'une installation industrielle aussi complète, présentant un ensemble si grandiose.

LES MAGASINS GÉNÉRAUX DE GRAY, AGRÉÉS PAR L'ÉTAT
FONDÉS EN 1874.

Les Magasins Généraux de Gray sont établis sur un vaste terrain de sept hectares, et reliés directement, au moyen de voies de raccordement, à la rivière de la Saône et à la gare du chemin de fer de l'Est et de Paris-Lyon-Méditerrannée. Un port sur la Saône permet l'accès des bateaux pour le chargement et le déchargement des marchandises.

La situation de ces magasins dans un centre de production comme celui de la Haute-Saône, au milieu d'une région si fertile et si riche en céréales, leur donne une importance qui n'échappera à personne. Aussi leur création a-t-elle été favorablement accueillie du haut commerce dont ils facilitent les transactions et favorisent les opérations, en recevant dans leurs immenses halls les denrées de toute nature susceptibles soit d'être emmagasinées, soit d'être déposées dans les cours spacieuses aménagées à cet effet.

Les blés, les avoines, les farines, les fourrages représentent les principales marchandises qui s'y trouvent en dépôt : le commerçant rencontre là une facilité extrême à pourvoir aux approvisionnements nécessaires et une ressource pécuniaire pour l'aider dans ses achats, par l'emploi des warrants. Des quantités de bois d'essences différentes y sont accumulées, pour de là être expédiées dans le Midi de la France par la voie d'eau et par la voie de fer.

Les écorces de chêne formant les éléments d'un commerce très étendu dans le département, en raison de leur qualité exceptionnelle et de la richesse des forêts qui les fournissent, les Magasins Généraux de Gray sont devenus un point central de dépôt où chaque année sont réunis des stocks importants de ces produits, venus des régions environnantes et destinés au travail de la tannerie, même jusqu'au delà des frontières.

La manutention et le transport des marchandises à l'intérieur des entrepôts se fait au moyen de wagons sur rails à voie large qui sillonnent les magasins dans tous les sens, installation judicieuse qui permet, avec un personnel relativement réduit, d'effectuer un travail considérable.

Telle qu'elle a été prévue par la loi, la création des Magasins Généraux est une institution dont l'utilité incontestable offre au commerce les plus grands avantages, mais qui, croyons-nous, n'est peut-être pas suffisamment comprise, le dépositaire de la marchandise ne se rendant pas un compte exact du bénéfice qui peut résulter pour lui des dépôts qu'il effectue. En effet, moyennant une faible rétribution, la marchandise est gardée, soignée, toujours disponible, et peut en outre être l'objet d'une lettre de gage, appelée *warrant*, délivrée par l'administration des magasins, sur laquelle toute personne peut consentir une avance pécuniaire qui peut s'élever jusqu'à 80 pour %, de la valeur de la marchandise, et à un taux extrèmement réduit, en raison du privilège qui garantit le bailleur de fonds.

Est-il besoin d'insister sur les avantages de ces opérations d'une pratique si facile et d'un intérêt si palpable pour le commerce ? Pour le négociant, en effet, point d'immobilisation de capitaux que peut amener une baisse imprévue sur les cours : quoique invendue, la marchandise ne demeure pas improductive, puisqu'une partie de sa valeur reste dans les mains du dépositaire et lui permet ainsi d'attendre le moment favorable où il pourra réaliser une vente fructueuse. Nul doute que, dans un avenir prochain, cette institution, que nos voisins d'outre-Manche nous ont transmise, s'implantera plus profondément dans nos mœurs commerciales, quand l'expérience aura démontré tout le profit que chacun, spéculateur ou producteur, peut en tirer.

A côté des locaux spécialement affectés aux marchandises entreposées par le commerce en général, et des travées cédées en location aux négociants en particulier, des bâtiments séparés sont consacrés à la fourniture de l'armée : le service en est exclusivement réservé à l'administration militaire.

Disons encore que le mouvement des marchandises, pour l'année 1893, a été de 16,500 tonnes, représentant une valeur de 3,500,000 francs.

Les voyageurs et les touristes, que leur itinéraire conduira dans cette région si belle et si féconde de la Comté, visiteront avec intérêt ces établissements où sont groupés, à côté des produits manufacturés, tous les produits du sol que fournit cette région si fertile et que les marchés étrangers nous demandent journellement.

ATELIERS DE CONSTRUCTION DE MACHINES AGRICOLES, MILLOT FRÈRES, à GRAY.

La maison Millot frères, actuellement si connue dans le monde des cultivateurs, s'occupe spécialement de la fabrication des intruments propres à l'agriculture. Elle fut fondée en 1856 par M. Charles Millot, qui contribua si puissamment à propager en France les machines agricoles, et dont l'intelligente initiative sut créer un des plus importants établissements de construction dans la région de l'Est. La mort vint malheureusement mettre un terme à une carrière trop courte, mais qui fut toute d'activité et de labeur.

MM. Millot frères, ses fils, continuent aujourd'hui l'œuvre si bien commencée et concentrent tous leurs efforts dans le perfectionnement et l'augmentation de l'outillage de leurs vastes ateliers de Gray et de leur Fonderie sise à Arc. Grâce aux puissants moyens dont ils disposent, MM. Millot frères livrent aux agriculteurs des instruments d'une construction irréprochable qui peuvent avantageusement être mis en parallèle avec les machines étrangères similaires, quelle que soit leur origine. C'est ainsi que chaque jour sortent de leurs ateliers, des locomobiles, dont la force varie de 2 à 12 chevaux, qui rendent de si grands services à l'agriculture. et notamment les locomobiles pompes d'un emploi si commode pour la submersion des vignes, l'irrigation des prairies, l'arrosage des parcs, et les travaux d'épuisement ; — les batteuses à grand travail qui pratiquent, d'une façon presque merveilleuse, le battage, le secouage des pailles, le criblage, le vannage le déniellage, le mondage de l'orge, la division des grains en echanjourd'hui pour le transport du foin et de la paille, etc... — Tous ces modèles, quels qu'ils soient, résument le dernier mot du progrès, et sous le rapport du travail, de la durée et de l'économie, leurs qualités exceptionnelles sont inconstestables.

tillons de grosseurs et de qualités différentes, et la mise en sacs ; — les batteuses à bras et à manèges, d'un fonctionnement et d'une solidité absolument garantis ; — les faucheuses-moissonneuses ; — les concasseurs, pour comprimer, écraser et moudre toutes espèces de grains ; — les coupe-racines, les presses a fourrages, dont l'usage est si répandu au-

Dans une voie nouvelle et toute différente, MM. Millot viennent tout récemment d'obtenir des résultats importants dans la construction des moteurs à huile de pétrole. Ces appareils d'une construction simple et solide, faciles à conduire, d'un travail sûr et économique, ne présentent aucun danger : ils fonctionnent sans lampe, sans pile électrique et sans bobine.— Ils réalisent une économie très appréciable sur l'emploi des machines à gaz même les plus modernes, ont l'avantage de pouvoir être installés partout, et par leurs applications multiples sont appelés à jouer un grand rôle dans toutes les branches de l'industrie ainsi que dans l'agriculture.

LA LAITERIE DE CORNEUX, près de GRAY.

La laiterie de Corneux, qui peut prendre rang parmi les grandes industries agricoles françaises, fut fondée en 1885 par M. Maurice Grillot et établie dans l'ancien moulin de Corneux, au débouché de la vallée du Durgeon dans celle de la Saône, à six kilomètres de Gray, sur la ligne d'intérêt local de Gray à Gy. Là, les pâturages exceptionnels d'une des plus heureuses régions de notre pays assurent chaque jour une ample provision d'excellent lait, donnant en abondance une crème épaisse et savoureuse.

L'établissement se compose d'un bâtiment central comprenant l'usine et plusieurs dépendances : deux porcheries industrielles, merveilleusement aménagées et pouvant contenir 500 porcs, complètent cette remarquable installation. Enfin, un terrain de deux hectares entoure les bâtiments, réservé pour les agrandissements à venir. Dans le bâtiment principal, au rez-de-chaussée, la salle de réception des laits et un laboratoire bien agencé permettent de faire rapidement les vérifications et de découvrir toutes les fraudes. Transporté au second étage par un ascenseur, le lait se déverse dans de grands récipients où il se refroidit, et de là descend au premier étage où fonctionnent les écrémeuses pouvant traiter jusqu'à 2,500 litres par heure. Ici s'obtiennent deux produits : la crème qui va directement à la beurrerie, et le lait écrémé qui sert à l'alimentation des porcs. C'est dire la qualité des viandes que la laiterie de Corneux livre à la consommation.

Partout les appareils les plus nouveaux sont mis en œuvre : barattes danoises, délaiteurs centrifuges, malaxeurs, machine à glace, tout a été savamment disposé. Cette usine modèle, éclairée à la lumière électrique, est desservie dans toutes ses dépendances par un chemin de fer Decauville facilitant le transport des produits. Pour assurer l'exécution rapide des commandes, une maison de vente est installée à Gray, où le moulage et l'emballage du beurre sont effectués d'après les meilleurs procédés. Le beurre est fabriqué le matin même du jour de l'expédition et les produits sont expédiés en caisses plombées.

Une telle organisation, dans laquelle les lois de l'hygiène sont si scrupuleusement observées, devait promptement acquérir une légitime notoriété. De nombreux débouchés se sont ouverts et de hautes récompenses ont couronné les travaux de M. Maurice Grillot qui récemment encore était l'objet d'une distinction des plus honorifiques et recevait, pour ses services rendus à l'agriculture, la croix d'officier du Mérite agricole.

Pour compléter son œuvre, M. Grillot a entrepris la *stérilisation du lait pur* auquel il conserve toutes ses propriétés nutritives, sa fraîcheur et sa saveur premières. L'opération, qui se fait aussitôt après la traite, assure une stérilisation complète qui permet de livrer au public un lait d'une pureté et d'une richesse absolues, d'un goût agréable, et capable de supporter les lointains voyages sans la moindre altération, avantage inappréciable au point de vue de la santé publique, notamment dans l'alimentation de l'enfance. Il est recommandé par tous les médecins.

Le lait stérilisé préparé par la Laiterie de Corneux, marque « **Le Lion** », se vend à Gray et à Paris, 6, rue de Chantilly, ainsi que dans toutes les bonnes pharmacies.

LURE

Selon quelques étymologistes, Lure, en latin *Luthra*, *Ludra* ou *Lura*, aurait tiré son nom des loutres que l'on trouve en grande quantité dans les nombreux cours d'eau qui sillonnent son territoire. Elle s'étend au milieu d'une plaine fertile, au pied des Vosges qui limitent la vallée charmante au bord de laquelle la ville est assise. — Celle-ci ne prend réellement naissance qu'à l'arrivée de saint Delle, compagnon et disciple de saint Colomban, venu avec lui de l'Hibernie, en 590, pour fonder l'abbaye de Luxeuil, un des plus célèbres monastères des Gaules.

Des habitations malsaines, des marais croupissants, des champs à demi cultivés, tel était à cette époque l'aspect de Lure : le paysan est attaché à la glèbe, l'homme libre même abdique son indépendance pour vivre en paix sous la tutelle du couvent, et jusqu'au commencement du XVe siècle, les habitants sont courbés sous le joug du servage. Ce n'est qu'en 1400 qu'elle reçoit de l'abbaye les chartes de ses premières libertés.

Décimée par la peste en 1630, prise et occupée tour à tour par les Suédois, les Lorrains, les Allemands et les Bourguignons, ruinée et épuisée par la famine, Lure tomba en 1634 aux mains des Français, et Louis XIV, par le traité de Nimègue, la réunit définitivement au comté de Bourgogne (1678).

Le monastère, sécularisé en 1754, vendu comme bien national en 1792, a été démoli en 1796 : il en reste à peine quelques traces. Aujourd'hui, Lure est un des trois chefs-lieux d'arrondissements de la Haute-Saône : sa population qui, en 1780, n'était que de 2.000 âmes, compte actuellement 4.800 habitants. Située sur la ligne du chemin de fer de Vesoul à Belfort, la ville possède bon nombre d'établissements industriels. Les marais qui l'environnaient ont été desséchés et son territoire, assaini et fécondé par une culture intelligente, produit des céréales, des fruits et du fourrage en abondance.

Les seuls monuments dignes d'attirer l'attention sont : l'*hôtel de la sous-préfecture*, installé dans l'ancienne demeure du grand-prévôt ; le *palais de justice* et l'*hôtel de ville* ; et une colonne monumentale élevée dans le cimetière, à la mémoire des soldats français morts pendant la guerre franco-allemande.

LUXEUIL

Placée sur la voie ferrée d'Aillevillers à Lure, Luxeuil, chef-lieu de canton de l'arrondissement de Lure, est une des villes les plus intéressantes de la Haute-Saône : sa population est de 4.800 habitants. Elle possède une station thermale ancienne et réputée, dont l'origine est antérieure à l'arrivée de Jules César dans la Séquanie.

Délicieusement située dans une plaine fertilisée par la Lanterne et le Breuchin, elle possède, entre autres monuments remarquables, l'ancienne et majestueuse abbaye si connue sous le nom d'*Abbaye de Luxeuil*, fondée par saint Colomban, dont nous venons de parler précédemment. Reconstruite au XIVe siècle, cette abbaye comprenait dès son origine la moitié de la ville et des faubourgs et renfermait dans son sein : université, collège, académie, et plus de neuf cents religieux, parmi lesquels des savants de premier ordre. Une partie de ses bâtiments est occupée aujourd'hui par un petit séminaire qui relève du diocèse de Besançon : la mairie a pris possession de l'ancienne maison abbatiale.

On visite avec intérêt l'*Église Saint-Pierre*, monument historique qui date de 1340, où l'on remarque une série de stalles d'une sculpture admirable ; la *Maison carrée* (ancien hôtel de ville), construite au XVe siècle par le frère du cardinal Jouffroy, et abritant la bibliothèque et le musée ; une maison avec tour crénelée, datant du XIVe siècle ; un hôtel construit sous François Ier et quelques maisons du XVIe siècle.

De nombreuses antiquités romaines ont été découvertes dans cette ville, notamment une pierre commémorative classée parmi les monuments historiques, et rappelant la restauration des Thermes par Labiénus, à l'époque de Jules César.

Luxeuil possède encore quelques fabriques de dentelles, des forges et des filatures : on y fait un commerce assez étendu de kirsch et surtout de jambons très estimés.

FONDERIES ET ÉMAILLERIES DE FALLON

Le village de Fallon, dont la population est de 494 habitants, est placé sur la limite des départements de la Haute-Saône et du Doubs, à 9 kilomètres de Villersexel, où sera construite sous peu une station de la nouvelle ligne de chemin de fer de Lure à Montbozon. Là fut créée, il y a plus de deux siècles, une fonderie qui peut être considérée comme une des plus anciennes de Franche-Comté. Déclarée forge militaire par lettres-patentes en date du 15 juin 1692, elle fournissait alors une quantité considérable de boulets, obus et autres engins de guerre ; elle avait un haut-fourneau éteint depuis une trentaine d'années ; aujourd'hui elle est transformée en fonderie de deuxième fusion. — L'usine de Fallon, dont l'origine remonte à une époque si lointaine, a été fondée par la famille de Raincourt, et n'a pas cessé depuis d'être sa propriété. Depuis la mort de M. le marquis de Raincourt, survenue en 1885, les usines sont exploitées par ses héritiers qui ont formé entre eux une société en nom collectif, avec l'un d'eux, M. le marquis de Raincourt, comme administrateur-gérant, ayant sous ses ordres un directeur, M. Prudhomme.

La principale fabrication consiste en fourneaux de cuisine, poêles de salles à manger, de salles de café, de chambres à coucher, calorifères, etc..., pouvant se chauffer également au bois, au coke, ou à la houille.

Fallon a une réputation bien méritée pour la qualité et la jolie couleur de sa fonte, la beauté de son modelage et de son moulage. Tout récemment un nouveau procédé d'émaillage sur fonte vient d'y être pratiqué, donnant à l'émail une résistance absolue aux chocs comme à l'action de la chaleur, et permettant une riche décoration, très variée par le nombre et l'éclat des émaux. Par le fait de ses qualités incontestables, cette invention nouvelle est destinée à avoir un succès réel.

L'Usine occupe une centaine d'ouvriers, composée de modeleurs, mouleurs, ferreurs, chauffeurs et émailleurs. Les forces motrices sont alimentées par un étang situé au milieu d'une charmante vallée, et dans lequel viennent se déverser des sources nombreuses.

L'établissement de Fallon apporte un bien-être considérable dans la localité même et dans ses environs. La population ouvrière, dont le bon esprit se fait remarquer surtout par son amour du travail, forme une ancienne et nombreuse famille, le recrutement du personnel ne se faisant que dans l'usine même où les ouvriers actuels tiennent la place qu'occupaient déjà leurs ancêtres.

LES FRANCS-COMTOIS A PARIS

LE PASSÉ, LE PRÉSENT, L'AVENIR

Parmi bien d'autres, il est une page de notre histoire provinciale qui reste à écrire : celle des Francs-Comtois hors de la Comté. Notre dessein est plus modeste. Il ne comporte ici que l'esquisse de leurs rapports avec Paris dans le passé, l'indication de ce qu'ils y sont, de la manière dont ils s'y groupent, et de l'organisation qu'ils pourraient adopter pour l'avenir [1].

Au temps où César vint en Gaule, les Séquanes formaient l'un des deux grands partis qui divisaient le pays. Si ces « hommes de cheval », ainsi que le signifie leur nom, connaissaient Lutèce, la ville de boue des Parisiens, sans doute c'était seulement par vague ouï-dire. Bien rares en effet durent être les rapports entre l'Est et l'Ouest. Cependant, outre les voies fluviales, quelques moyens de communication existaient. Les Celtes avaient leurs chemins vicinaux et César parcourut la Gaule avec une armée.

Après lui, s'il n'y a pas de route directe entre Vésonce et Lutèce, on peut toutefois choisir entre deux itinéraires : 1º de Vésonce, par le N.-O. le chemin tendait vers Remi (Reims), débouchait vraisemblablement par Poliacum (Pouilley), un de nos plus anciens villages, gagnait Segobodium (Seveux), Membrey, Lingones (Langres), Tricasses (Troyes), puis remontant un peu, desservait Catalauni (Châlons) avant d'arriver à Reims ; — c'est presque la ligne ferrée de l'Est ; — 2º l'autre chemin n'était que la ramification d'une longue artère. Pour relier le Sud-Est, l'Est de la Gaule et l'Occident, une voie s'était formée de Marseille à Lyon, qui, traversant le pays des Eduens, gagnait Sens et atteignait Lutèce par Melun. C'est la montée du Rhône et de la Saône, la descente de l'Yonne et de la Seine, le principal tracé du chemin de fer P.-L.-M. — Dès lors comme aujourd'hui, du pays des Eduens, se détachait un embranchement auquel correspond l'embranchement de Dijon, Dôle, Besançon, Belfort.

Mais la route était loin d'être ce qu'elle est de nos jours. Pleine d'ornières profondes et à travers l'immense *Saltus Sequanus*, extrémité de la forêt hercynienne, souvent elle s'allongeait triste, rude et dangereuse. Le *Juran* et la *Montaine* y soufflaient et glaçaient tout : les ours, les loups, les sangliers étaient nombreux et redoutables. Ajoutons à cela que partout planaient les superstitions nées des traditions féériques, druidiques ou païennes.

De César à Charlemagne, les mailles du réseau s'élargissent. Après avoir été romaine, la Séquanie est noyée dans le royaume de Bourgogne ; elle est divisée en cantons qui s'appellent : Varasque, Scodingue, Amaous et Port. Hélas ! Elle n'a plus de ville importante. Attila et les Huns, puis les Sarrasins ont passé par là, et les ruines se sont accumulées.

[1] Notre compatriote M. Henri Chapoy, avocat à la Cour d'appel de Paris, a bien voulu écrire cette note pour notre publication. Elle n'est que le résumé d'un travail important qu'il fera paraître ultérieurement. Il accueillerait avec reconnaissance les indications que lui feraient parvenir à ce sujet tous ceux qui s'intéressent aux choses de Franche-Comté.

C'est au milieu de Luxeuil démoli que des hommes de paix venus d'Irlande avec saint Colomban ont fondé un grand monastère. Bientôt son influence est considérable à la cour des rois Francs et grâce à elle nous surprenons la vie politique dès sa naissance, se développant de la Séquanie à l'extérieur. Brunehaut et Théodoric ont deux maires du palais d'origine bisontine : Prothadie et Claudie. Il est vraisemblable que le premier accompagnait le roi Théodoric quand il entra dans Paris, après avoir défait les troupes de Clotaire aux environs d'Etampes.

Ils sont des exceptions. Dans sa case de bois et de chaume, le Séquane n'a guère l'instinct du voyage. Si peu à peu la Franche-Comté évolue, si la Gaule mourante écarte le voile des richesses que portera la France, si, aux jours de Charlemagne, un des nôtres, Guy de Bourgogne tombe à Roncevaux, cela ne nous empêche pas de dire qu'en ces temps, très rares sont les relations de nos ancêtres avec Paris. — D'ailleurs durant plusieurs siècles, ils sont dans la mouvance de l'Allemagne.

La formation communale, les rapports de Saint-Louis avec Jean et Hugues de Châlon (1255), montrent la Comté de Bourgogne en rapports avec la France. Vers le même temps, nous trouvons un de ses fils en renom à Paris. Parmi les docteurs en Sorbonne, un professeur fait du bruit : maître Guillaume, comme on l'appelle, spirituel et savant, se montre l'adversaire de l'ordre des Mendiants. On le bannit de France, il vient en 1292 mourir à Saint-Amour, sa ville natale.

Bientôt éclate le procès des Templiers auxquels la Comté a donné cinq grands maîtres : Robert le Bourguignon, Bernard de Dramelay, Thomas de Montaigu, Guillaume de Beaujeux, Jacques de Molay ! — Paris a vu celui-ci, vrai comtois, fier devant la mort. Le 11 mars 1314, il fut brûlé à la pointe de la cité, là où s'élève aujourd'hui la statue de Henri IV. En montant au bûcher « d'un cœur si ferme et si résolu qu'il laissa dans l'admiration et la stupeur tous les témoins de son supplice, » — « Roi Philippe de France, s'écria-t-il, dans un an je t'attends devant Dieu ! » — Le roi n'eut pas à jouir de ce délai : le 29 novembre 1314, il était au rendez-vous du dernier grand maître des Templiers !

Lentement la Comté s'éveille à la liberté et à l'industrie ; la bourgeoisie s'y devine à peine ; au XIIIe siècle les Juifs commencent à s'y établir et à s'y répandre. Le banquier Elias, de Vesoul, avec ses multiples comptoirs de famille de Châlons-sur-Saône à Châlons-sur-Marne, est le Rothschild de son temps : mais ce qui se passe à Paris n'est pas moins intéressant. Les étudiants francs-comtois se rendent à son Université renommée et ne sont pas heureux ; Jeanne de Bourgogne l'apprend et sa dernière pensée est pour eux.... Par codicille, elle ordonna que l'on vendît sa maison de Nesle, proche du Louvre, pour bâtir un collège gratuit où « les escholiers de la Comté seraient en réception préférés à tous autres. » Son vœu fut rempli et notre Collège occupait l'emplacement de l'Ecole de médecine à Paris (1331).

Ce n'est pas seulement cet établissement qui vit augmenter les relations de la Comté et de la France. — Au moment où, à l'occasion d'un acte du 27 juin 1366 passé entre la palatine Marguerite et Henri de Montbéliard, pour la première fois est écrit le mot : **Franche-Comté**, désignant un coin de la terre des Varasques, il semble qu'un signal soit donné aux hommes de cette région pour venir en France. En 1360, le bénédictin comtois, le cardinal Androuin négocie le traité de Brétigny : en 1373, Jean de Vienne, sire de Roulans, grand-amiral de Charles V, meurt en s'enveloppant dans la bannière de France. Puis le XVe siècle arrive. Le cardinal Jean de Jouffroy (de Luxeuil) négocie (1461) avec Louis XI à propos de la *Pragmatique Sanction*, François Bonvalot est ambassadeur près de François Ier, Jean de Saint-Mauris, Hugues Marmier, Charles Grandjean ont des missions près de la Cour à Paris. Avant eux, Guillaume (1483) et Guy de Rochefort (1497) sont chanceliers de France, même des plus grands, et Coictier, médecin de Louis XI.

Les siècles s'écoulent, la bourgeoisie comtoise monte aux affaires, tout rapproche Paris et la Franche-Comté.

Un édit a institué les postes (19 juin 1464) ; déjà en 1448, Henri de Gondreville a apporté dans le pays de Baume-les-Dames le secret de la fabrication du papier, les premières papeteries comtoises naissent. Peu après, avec Jean Du Prel, à Salins (1485), Jean Comtet, à Besançon (1487), Pierre Mettinger, à Dole (1490), se montent les premières presses comtoises. En cette dernière année Du Prel vient à Paris et y imprime le bréviaire et les statuts synodaux du diocèse de Besançon.

Sous Charles IX les coches et carrosses publics sont établis, une révolution s'opère dans les voyages : sur les routes, grands seigneurs, bourgeois, roturiers de toutes sortes, savants de tous âges vont et viennent. Si les maquignons comtois vont dans les Flandres par la Lorraine, les lettrés passent, ainsi que les diplomates, par Paris. Voici Olivier de La Marche, page de Philippe Le Bon, les Carondelet, les Perrenot de Granvelle, les Richardot, Philibert de la Baume, Mercurin d'Arbois, duc de Guatinare, Simon Renard, Philibert de Chalon, prince de Chalon, qui vient conférer avec François Ier, Claude Goudimel, le musicien, qui arrive de Rome en 1554, le violoniste Claude Boni, etc., etc. ; mais ils sont d'Espagne, rehaussent notre province, la couronne et le siècle de Charles-Quint. Bien d'autres ont fait ou font comme eux : avec Jean Carondelet, Gérard Vurry, Jean de Beaufort et Guillaume Gautier se rendent à Bruges, porteurs des Coutumes de Franche-Comté qu'ils vont faire approuver par Philippe le Bon.... Et que d'autres ! Voilà toute une procession de religieux illustres qui deviendront des théologiens de premier ordre, professeurs même à Paris et suffragants de l'archevêque de Besançon ; ils vont au collège de Bourgogne ; voilà le cordelier Odet Tronchet (vers 1483), amateur de beaux livres, (de Gray), le dominicain Pierre Tassard (1533), François Simard, (de Mondon, 1554), l'augustin François Richardot, (de Morey, Haute-Saône 1574), le cordelier Claude La Barre « d'une rare doctrine et singulière capacité (1629).

On parlait à la cour de France de ces hommes illustres et de leur province étrangère où les actes de l'état civil étaient rédigés en français (1). Malgré les calamités climatériques qui l'avaient ruinée, on la convoitait. Henri IV l'envahit sans la conquérir, et Richelieu la désirait tandis que les armées suédoises la dévastaient.

Cependant un bisontin, Mairet, donne à Paris la première tragédie conforme aux règles classiques. Sophonisbe (1629) ; le P. Lejeune, né à Dôle, commence à prêcher. — Mais, le mardi 13 mars 1668, le Parlement de Paris assiste en rouge à un Te Deum qu'en présence du roi « en justaucorps bleu et en broderies » et de la cour, on chante à Notre-Dame pour célébrer la première conquête de la Franche-Comté. — Dix ans après, le 18 août 1674, on donne des fêtes à Versailles pour la seconde et notre vainqueur se fait élever l'Arc de Triomphe de la Porte Saint-Martin avec ces mots : « Ludovico Magno, Sequanis bis fractis et victis. » Le 17 septembre 1678, le traité de Nimègue remettait la Franche-Comté à la France ! — De plus en plus la province vaincue envahit la capitale et Louis XIV mande à sa cour ses fils en renom : l'abbé Boisot, le peintre Claude Perrin qu'il ennoblit, Jacques Beaulot, (frère Jacques), le plus célèbre lithotomiste de son temps, Pierre Chifflet dont il fait le conservateur de ses médailles, comme jadis il avait reçu l'étrange Jean de Watteville, officier, chartreux, mahométan, commandant autrichien, abbé à Baume, chanoine à Besançon, maître des requêtes à Dôle, aventurier bizarre qui contribua si fort à la capture pacifique de la province. Le grand siècle finissait quand François-Joseph de Grammont, futur archevêque de Besançon, complétait ses études au séminaire de Saint-Sulpice, et le XVIIIe s'ouvrait à peine, quand le cardinal de Noailles sacrait à Paris, le 21 décembre 1707, son neveu François-Gaspard de Grammont. — Bientôt d'Aguesseau donne à Dunod de Charnage le conseil de s'occuper de nos institutions provinciales (1724), et de toutes parts à Paris la Franche-Comté révèle à nouveau sa prodigieuse richesse en hommes de valeur.

L'abbé d'Olivet, Millot, Suard ont leurs fauteuils à l'Académie française ! Bourdon de Sigrais, Persan sont connus pour leur érudition, Trioulet (de Dôle) dirigea le séminaire de Villejuif, le bernardin Gentil est lié avec Buffon. On parle du protestant Frédéric Boissard, mais encore plus du prédicateur Nonotte, de l'oratorien Guyon, du capucin Joseph Joly, du carme Elisée qui prêche à la Cour, tandis que les autres font courir tout Paris. Dutemps, docteur en Sorbonne, professe au Collège de France ; l'Archevêque Mgr. de Villefrancon est pair de France et siège comme conseiller d'Etat. Parmi les philosophes on remarque Joseph d'Auxiron et François Boncerf ; Muyart de Vouglans prend rang parmi les grands criminalistes ; François Lambert, le fécond Gabriot, Claude Guyétand, François Blondeau de Charnage ont leur place parmi les auteurs dramatiques et les romanciers; Bureau de Pusy, le vicomte de Toulongeon, Démeunier tiennent à la vie politique où nous trouvons encore le marquis de Monciel, ministre de l'intérieur sous Louis XVI. Il n'était point seul en si haut rang. En 1775, le célèbre comte de

(1) V. Greffe du tribunal civil de Baume-les-Dames, registre du prieuré de Leugney.

Saint-Germain était ministre de la guerre et son successeur fut le prince de Montbarrey. D'autres francs-comtois approchaient le roi Louis XVI : le théologien Bergier ([1]), Antide Janvier qui fut son horloger, Pâris qui était son élégant architecte et avait pour émules ses compatriotes : Amoudru, élève de Blondel, et Briseux, né à Baume-les-Dames. Il est vraisemblable qu'ils étaient en relations avec les peintres Grisely, François Mouchot, élève de Greuze et les sculpteurs Attiret et Dejoux. — Le mathématicien Jacques, d'Arc sous Montenot, lié avec d'Alembert et l'ingénieur Et. Munier (élève de Perronnet) ; Jouffroy d'Abbans, inventeur de la navigation à vapeur, ainsi que les médecins A. Jault, Rougnon et surtout Desault et Bichat ([2]) forment dès lors la brillante avant-garde des Comtois dans les mondes scientifiques à Paris, au XIXᵉ siècle.

La Révolution survient ; on célèbre à Notre-Dame la fête de la déesse Raison. Ce fut la femme d'un hébertiste qui la représenta : elle s'appelait Madame Momoro et son mari, imprimeur, était né à Besançon.

A mesure que l'on approche de notre époque, ce n'est pas sans une vive émotion que l'on découvre la part que la Franche-Comté fournit aux splendeurs françaises et parisiennes. Il semble d'abord que tout soit militaire. Quel bataillon celui dont les hommes répondant à l'appel se nomment : Jeannot de Moncey, maréchal de France ! Lecourbe, Travot, Pichegru, Delort, Jarry, Michaud, Morand, Longchamp, Donzelot, Baudrand, Pajol, Michaud d'Arçon, Bachelu, Simon Bernard, Lepin, Ferrand, Ferey, Guyot, Michel, baron Dénot, Gauthier, Romme, Perrenet, Chaillet de Verges, Girard, les de Moustier, le comte Ruty, Oudot, Guye, Desvernois, Daclou, David, Sibaud, Pélissard, etc., etc., tous lieutenants généraux, auxquels il faut adjoindre le baron Mongenet, Bardenet, Grivel, Tinseau d'Amondans, maréchaux de camp. Lyautey commissaire ordonnateur des guerres. Il ne serait pas juste d'oublier Malet l'audacieux et le brave Sauria, ni Urbain Devaux, ni J.-B. Jeannin, ni Gruyer, Girardot, Vionnet (des Longevelles), ni le contre-amiral comte d'Astorg, mais il faut s'arrêter. Tous n'ont pas vécu à Paris, tous sans doute y sont venus, beaucoup y ont demeuré.

Comme l'émotion augmente en face des gloires civiles ! Voici le siècle de la Franche-Comté. Cuvier né à Montbéliard, l'éclaire à ses débuts ; Victor Hugo né à Besançon, l'illumine d'un bout à l'autre ; Pasteur né à Dole, le couronne en projetant sur l'humanité entière les calmes et grandioses rayonnements d'une science uniquement bienfaisante.

A côté d'eux, sans trop pâlir, nombreuse brille au ciel parisien la constellation franc-comtoise au XIXᵉ siècle. — L'académie française a vu Droz, Ch. Nodier, Montalembert, Xavier Marmier ; — et l'Institut s'est honoré par beaucoup de ceux que nous pouvons seulement nommer. Il y avait choix possible entre des érudits comme le comte E. de Laubespin, Ch. Magnin, Pauthier l'orientaliste, le vicomte de Toulongeon, A. Rousset, Rougebief, Dumont ; — des hommes comme Jules Vieille ou Cournot à l'Ecole Normale Supérieure, Th. Jouffroy et Duvernoy au collège de France, Perron, Alexis Pierron, ou encore Damoiseau (A.S.), Frédéric Cuvier, Pouillet, Péclet, Ebelmen, ingénieur en chef des mines, directeur de Sèvres, Cordier inspecteur général des ponts et chaussées (1829), ainsi que Purandier, Ch. Briot, Bousquet, — mathématiciens et professeurs de premier ordre. Au-dessous d'eux, l'instituteur Pompée est directeur de Turgot, et Francis Monnier jusqu'en 1867 précepteur du prince impérial.

On n'a pas oublié dans les sciences théologiques les abbés Ch. Gerbet, vicaire général de Paris, Busson, secrétaire général du ministère des Cultes, les Gaume, l'abbé Blanc, Barthélemy de Beauregard, l'abbé Régnier professeur à la faculté de théologie, l'abbé Receveur, professeur et doyen à la faculté des lettres, ni le pasteur Haag, décédé en 1868. — D'ailleurs la Franche-Comté est alors une riche pépinière ecclésiastique que Paris découvre par intermittences. Il y a là le cardinal Gousset, les évêques Doney, Cart, Mabile, Guerrin, Besson, sans parler de ces parisiens, les cardinaux de Rohan et Mathieu qui ont donné un tel lustre au siège de Besançon.

Ecrire les noms de Fourier, de Proudhon, de Gagneur, de V. Considérant, c'est montrer la part que la Franche-Comté prit au mouvement socialiste à Paris ; et citer Courvoisier, ministre de la justice, Bavoux, les Loiseau, Colin, Reverchon, Ed. Calmels, le bâtonnier Désiré Dalloz, son frère Armand, le bâtonnier J. Grévy, Pierre

[1] Darney où naquit Bergier, en 1718, faisait avant le concordat de 1801 partie du diocèse de Besançon. (Coll. Migne.)
[2] Thoirette, patrie de Bichat, aujourd'hui dans l'Ain, était en Franche-Comté.

Lefranc, Oudot, Bugnet, Valette, le président Ducreux, c'est prouver que la science du droit a été noblement cultivée.

Cependant les lettres n'étaient pas dédaignées. Gindre de Mancy, Violet d'Epagny, Ch. de Bernard, Clovis Guyornaud, J. Marie Guichard, Abel de Circourt, L. de Ronchaud, l'abbé Devoille, Louise Crombach, Léonie Laurençot, Armand Barthet, Auguste Guyard et son fils Stanislas, pour avoir été au second rang ne sont pas sans valeur.

Mais c'est dans la peinture et la sculpture que les Francs-Comtois, alors qu'on pouvait les croire rebelles aux beaux-arts faisaient d'éclatantes conquêtes. Lancrenon s'était formé près de Girodet ; J. Gigoux, cet étonnant et laborieux vieillard a des élèves : Faustin Besson, G. Brun, A. Billot, H. Chapuis, Baron, Paget, etc. : Ed. Baille travaille avec Lenepveu et Bouguereau chez Picot, en attendant qu'il conseille à Besançon Giacomotti, Machard, Michel-Lançon, Enders ; Jules Grenier devient le roi des ciels. Mme Escallier, Elmerich, Bidot, Marquiset se font une légitime réputation.

Dans la sculpture, les Dejoux, tous les deux de l'Institut, Chambard, grand-prix de sculpture en 1837, Grosjean, J. Perraud (de l'Institut), Demesmay, Huguenin, J. Lebœuf, Soitoux, Gustave Lefranc, J. Petit, Clésinger, Iselin, Gauthier avec des talents divers, concourent à la décoration de nos monuments publics et à notre gloire artistique, qui ne peut que gagner en rappelant le graveur A. Lançon et l'architecte Ch. Monnier.

Il nous est impossible de citer ici les Franc-Comtois qui ont passé par les écoles : polytechnique, Saint-Cyr, de droit, de médecine, des ponts et chaussées, centrale, etc., et s'y sont fait remarquer. Nous ne sommes plus au temps du collège de Bourgogne : sur la route de Paris à Besançon, ce sont les maîtres de l'enseignement que nous avons salués au passage, leur cortège d'élèves-compatriotes est innombrable.

Nous avons déjà rappelé le nom du docteur Duvernoy, mais pouvons-nous oublier que le baron Percy fut chirurgien des armées (1754-1825), qu'il professa, ainsi que le docteur Marjolin, à la faculté de médecine, que le docteur Lélut (de Gy) fut de l'Institut et médecin en chef de la Salpêtrière, et que le monde médical revendique les docteurs Guyétant, Bixio, sans oublier Pidoux qui fut collaborateur de Trousseau. Une femme a sa place à côté d'eux, sœur Marthe, qu'une plaque commémorative derrière le maître-hôtel de Saint-Louis-en-l'Ile rappelle aux Parisiens.

Il faut finir cet inventaire si riche, mais peut-on le clore sans dire que, comme jadis, la Comté française eut de hauts fonctionnaires tels que le marquis de Vaulchier, directeur des postes, des diplomates comme le baron de Bourqueney, les marquis de Moustier, l'un sous Charles X, l'autre sous le 2e empire, et le comte d'Eternoz.

Toute cette génération a voyagé en diligences, plusieurs de ses membres ont connu le chemin de fer, révolution économique, qui centuplera au moins les Franc-Comtois à Paris. C'est le 5 janvier 1852, qu'après diverses vicissitudes financières, une nouvelle compagnie devint concessionnaire du tracé de Paris à Lyon. En 1853, le gouvernement concède les embranchements de Lyon à Besançon et de Besançon à Belfort, — le 25 juin 1855, on peut voyager par la voie ferrée de Dijon à Dôle, — le 7 avril 1856 au milieu d'émotions que j'ai partagées et qui furent bien vives, les trains purent arriver à Besançon, — le 1er juin 1858 fut ouverte la section de Besançon à Belfort. Les ingénieurs du XIXe siècle n'ont presque rien changé au vieux tracé romain, mais au lieu des lenteurs du voyage en bateau, à cheval, en coche ou en diligence, on déjeune à Besançon à 10 heures, on en part à onze et le soir, à 6 heures, on est à Paris pour dîner et aller au théâtre. — C'est un rêve, nous n'en jouissons même plus.

Aussi comment analyser cette population franc-comtoise qui se mêle de plus en plus, tout en restant elle-même, au mouvement parisien. On estime le nombre de ses membres à 35,000 ! La crise agricole des dernières années a dû favoriser de nouvelles venues. Nous ne nous attarderons pas à l'étude des professions que recherchent les Comtois, nous dirons seulement qu'ils aiment en général les travaux où l'intelligence joue un rôle autant que la force physique, que leur honnêteté et leur courage sont appréciés.

La génération actuelle des hommes de hautes études ne sera pas, croyons-nous, inférieure à ses devancières.

Avant tous, à côté de l'avocat Chaudey, première victime de la Commune (18 mars 1871) et d'origine comtoise, avec le respect dû au courage civil, nous devons saluer l'abbé Guerrin dont les otages à la Roquette ont admiré l'abnégation.

En dehors des écoles militaires comme Saint-Cyr et Polytechnique où le franc-comtois abonde même dans les meilleurs rangs, le tableau des élèves de l'école des Chartes est des plus glorieux pour nous. Son directeur, Quicherat, encourageait nos compatriotes. Dès 1835, Francis Wey ainsi que René de Vaulchier (1839), puis Castan (1er 1855), Gauthier (1er 1870), J. Roy (1er 1872), Coulon (1er 1892), Prinet (1er 1894), confirmèrent le jugement qu'on portait sur eux, Beauquier, Fallot, Garnier, Finot, Bouchot, Tuetey, U. Robert, Bernard Prost, Vayssière, Poète, de Sainte-Agathe, Riat, ont été formés à la savante discipline de cette maison, honorent l'érudition française, dont les abbés Règnier et Gréa, chartistes eux aussi, répandent l'éclat dans les rangs du clergé.

M. Bouchot est un de nos plus abondants et des plus compétents producteurs de livres, Tuetey, un second grand-prix Gobert à l'Institut; Jules Roy apporte comme professeur aux Chartes et à l'école des Hautes-Etudes une bienveillance si vive, un savoir si précis qu'il est signalé à l'étranger. Et que d'autres noms se pressent sous ma plume ! A. Rambaud, enseigne l'histoire en Sorbonne, H. Monin à Rollin, Ed. Tournier le grec à l'Ecole normale où Bertin a été sous-directeur ; E. Revillout est un maître en égyptologie, David Sauvageot un lauréat de l'Académie française, Morel inspecteur général de l'Université, Claperon professeur distingué aux Hautes Etudes commerciales.

Les lettres autant que les finances revendiquent E. Courbet, receveur municipal de la ville de Paris, mais dans cet ordre d'idées les poètes Edouard Grenier, Jeantet, Grandmougin, le romancier Xavier de Montépin, l'abbé Devoille, Ch. Joliet, Mme Mennessier-Nodier, Oscar Noirot, les écrivains et publicistes V. Poupin, Firmin Maillard, J. Sauzay, Firmin Javel, Richardet, Figurey, Dionys Ordinaire, Pothey, Dr Monin, Varaigne, Alph. Renaud, Victor Du Bled, etc., etc., ont prouvé et prouvent que la Franche-Comté n'a rien perdu à Paris de sa situation passée.

Au point de vue des Beaux-Arts, nous avons conquis du terrain. J. Gigoux vit encore, Gérôme est de l'Institut. Giacomotti, Machard, Chartran, ont eu le premier grand-prix de Rome ; autour d'eux toute une pléiade a fondé, surtout en paysage, ce qu'on peut appeler : l'Ecole franc-comtoise. On y remarque : G. Courbet, Tony Faivre, Ed. Dantan, Lobrichon, Bassot, Ed. Michel-Lançon, Tissot (l'auteur de la *Vie de Jésus*, 1894), Pointelin, Rapin, Girardot, Bretegnier, Courtois, Duvent, Muenier, Picard, Weisser. Deux artistes bisontins, Boudot et Isembart envoient à Paris, lors des salons annuels, des toiles justement admirées. MMlles Od. Balanche et L. Migon, sont des éventaillistes connues.

Les sculpteurs Franceschi, Becquet, Aimé et Léon Perrey, Détrier, etc., gardent la renommée de leurs devanciers ; — Ratez, de Beaujeu, Aimé Girod, J. Moyse, comme jadis Goudimel et Rouget de l'Isle manifestent que nous sommes doués pour tous les arts.—Je voudrais saluer ici un jeune homme, d'Olonne, dont les succès au Conservatoire légitiment les plus vastes espérances. — MM. Eug. Monnier et Isabey sont des architectes.

Dans l'ordre scientifique, il est impossible de dresser une liste: mais comment taire MM. Noblemaire et Grandvoinnet, Mauris, ingénieur en chef au P.L.M., Brésard, le Dr Muselier, le premier franc-comtois qui soit arrivé aux services de l'Assistance publique, le géologue Marcou, Ct. Colin (d'Alfort), Mégnin, Mauvais qui s'occupa d'astronomie, ou encore J. Renaud, ingénieur hydrographe de la marine, Léon Bruand, inspecteur des forêts, etc., etc. — Les savants comtois font foule. Il en est d'eux comme des militaires : nous avons vu à Paris en ces derniers temps, des généraux comme MM. Lamy, Broye, Grévy, les colonels Vaucheret, Mercier, Willerme, le commandant Outhier, mais au cours du siècle, combien, comme le général Clerc de Salins, sont passés dans cette ville, dignes d'estime et de gloire.

Sans nous mêler en rien aux questions politiques, nous pouvons rappeler que la Comté a eu à Paris : le président de la République J. Grévy, le ministre de l'agriculture Viette, les sous-secrétaires d'Etat Noirot et Bernard, un ambassadeur fort remarquable, Tissot; que M. de Courcel, nommé récemment à Londres, est un de ses enfants ; que Valfrey aux Affaires Etrangères, Paget au ministère de l'Intérieur, Passier à l'Instruction publique, Ed. Prétet

Beaux-Arts, Truche à la Ville etc., etc., comme autrefois Mettetal à la police, Roux à la Direction des affaires départementales de la Seine, font estimer nos qualités natives.

A l'occasion de ceux que le droit attire, il y aurait pour moi bien des souvenirs à évoquer, mais des limites me sont imposées. — Nous avons eu M. Boisseau, conseiller aux Comptes, nous avons Melcot, avocat général à la Cour de cassation où S. Brugnon et Besson sont avocats ; — à la Cour d'appel, MM. Clerc, Jacquemin, Commoy, Bonnet tiennent des places diverses, Pouillet sera un jour bâtonnier, Ployer est membre du Conseil de l'Ordre, Em. Brugnon, Deville, Boillot, Bridan, Jeanneney, etc., sont de mes confrères et de mes amis. Messelet est avoué, Mazoyhié agréé, Bœuf et Charles Monnot sont les premiers répétiteurs de droit à Paris. Léon Grévy est maître des requêtes, Grenier auditeur au Conseil d'Etat où Reverchon a laissé un renom ; Primot a publié un monument sur la jurisprudence et les lois d'enregistrement.

Les industries et le commerce ont à Paris d'innombrables et fort dignes représentants francs-comtois. Nous ne citerons que quelques-uns de nos contemporains : les Savoye, les Peugeot, les Japy, les Outhenin-Chalandre, les Gauthier-Villars, les Laude, Voisin-Delacroix, Mme Lesbros de la maison Dalpeyrat-Lesbros, Denys Poulot, etc. etc. Parler d'eux, c'est inscrire en l'honneur de notre province des noms qui comptent parmi ceux qui font le plus estimer la France.

A quel prix toutes ces situations et ces réputations s'acquièrent-elles ? Nul ne peut le supposer. Un travail incessant, diurne et nocturne, soumettant le cerveau à un inqualifiable surmenage, altérant souvent la santé permet de se faire une place à Paris. Ceux qui ne sont pas prêts pour toutes les luttes et les privations doivent y renoncer. D'ailleurs le bonheur n'est-il pas au « pays des rocs aux belles lignes, où poussent les sapins, où mûrissent les vignes, » plutôt que dans les salons parisiens les plus brillants et les plus raffinés ?

Ces salons chers aux francs-comtois, la place m'a manqué même pour les signaler : celui de Mme Geoffrin que fréquentait Suard, celui de l'Arsenal où trônait Nodier, la petite cour de Francis Wey, l'atelier si bienveillant de Gigoux ; mais il ne peut en être de même des groupements de nos compatriotes à Paris.

Ed. Baille m'a raconté que vers 1848 un premier essai d'association avait été tenté ; beaucoup plus tard, en 1869-70, j'eus l'idée d'une réunion d'étudiants francs-comtois et nous eûmes quelques soirées à l'hôtel des Etrangers, rue Racine, puis la guerre vint. Elle fit ce que la paix n'avait pu réaliser. MM. Stanislas Brugnon et de Courcel créèrent une première association afin d'aider leurs compatriotes pendant le rude siège de Paris. Ces deux noms-là commandent le respect et la reconnaissance. M. de Brévans se servit de leur œuvre pour fonder ultérieurement : l'Appui mutuel des Francs-Comtois. En 1874, quelques membres se séparèrent et formèrent une société de secours mutuels qui prit le nom de La Prévoyante. Elle subsiste encore sous le nom de La Franc-Comtoise (15 mars 1892).

Cependant des rapprochements par province se faisaient entre hommes de carrière libérale. Le dîner de l'Est comprenant des Lorrains, des Alsaciens et des Comtois avaient du succès, quand Ulysse Robert nous parla à Henri Bouchot et à moi-même d'une autre association franc-comtoise à organiser. Passier et Paulin Teste en étaient partisans. C'était en février 1881. L'idée de Robert en vue d'un appui moral m'entraîna. Je consacrai des jours et des nuits à en poursuivre la réalisation. En mars nous dînions 21 autour de Francis Wey, en avril nous étions 42 autour de J. Gigoux, en mai 54 autour de J. Petit, en juin 72 autour de Gérôme. L'Association comptait alors plus de 150 membres. Beauquier l'avait fait appeler Les Gaudes (1). Bouchot et Grandmougin ont été ses poètes ; elle vit toujours. Créée avec abstraction absolue de parti politique ou religieux, dès ses débuts elle a fait du bien.

Son succès fit penser qu'il y avait place pour d'autres réunions. Ainsi on a fondé le Cercle républicain qui n'a pas duré et les Montbéliardais se sont, il y a deux ans, constitués à part. Il ont fondé « Le Gairi ou Diairi » sous la présidence de M. Belley.

A mon avis, et après les observations que j'ai pu faire, ayant été pendant cinq années (1881-1886), secrétaire de l'Association des Gaudes, tous ces groupements inspirés par des considérations diverses, bons en eux-

(1) C'est à l'époque de Charles-Quint que la Franche-Comté s'enrichit du blé de Turquie, originaire de l'Amérique du Sud.

mêmes, sont aujourd'hui insuffisants. Ils doivent disparaître. Aux jours où nous sommes, au lieu de la dissémination des forces humaines, c'est leur cohésion la plus étroite qui est nécessaire. Pour l'avenir des francs-comtois à Paris, je voudrais un groupement général, une sorte de consulat provincial où tous seraient inscrits ; où tous viendraient, se rencontreraient, causeraient ensemble et se rendraient de mutuels services. Ce serait pour la province un lieu où tous ses désirs accéderaient, où l'on étudierait ses besoins pour les faire valoir ensuite auprès des pouvoirs publics, etc.; ce serait pour les humbles à Paris un poste de secours, un bureau de placement ou de rapatriement. Rien n'empêcherait d'y annexer une vaste société coopérative de consommation.

Quand on parcourt Paris, on trouve des noms de rues et de places, par exemple : d'Alésia, Villersexel, Cuvier, Moncey, Drouot, Grammont, général Clerc, Lecourbe, Victor Hugo, Gustave Courbet, Jouffroy, etc. qui font penser à notre province ; il en est de même quand on feuillette les dictionnaires d'adresses et les annuaires. Les de Jouffroy, les de Laubespin, les Froissard de Broissia, les de Rouvre et les de Montrichard, les de Montalembert et les de Mérode, les de Moustier, les de Toulongeon, les d'Autume, les de Déservillers, de Rotalier, de Durfort, de Grammont, etc., etc. ont à Paris un domicile ou une résidence : tout cela, c'est le passé et un présent rapidement transformé. A regret je ne puis que jeter ici mon idée d'un consulat franc-comtois. Pourquoi l'un de ceux-là qui se rattachent à notre vieille histoire, à qui la fortune donne des loisirs et des facilités pour l'exécution d'un tel dessein, n'en poursuivrait-il pas l'exécution ?

Que d'éclat dans les courtes pages que nous venons d'écrire ! Puissent-elles ne pas trop séduire ! Ce sont des roses qui cachent de dures épines. Et s'il m'était permis de donner un conseil à ceux qui me liront dans nos vallées charmantes, je leur dirais : « Restez en Franche-Comté, pays de la lumière intense et des eaux vives, où pour être laborieuse, la vie est néanmoins facile, comparée à la pénible existence de Paris. » — Quant à ceux qui passent leurs jours dans cette ville enfièvrée, qu'ils me pardonnent toutes les lacunes de ces notes. Voltaire a dit avec autant de vérité que d'esprit : « L'âme est un feu qu'il faut nourrir et qui s'éteint s'il ne s'augmente » ; — en traçant cette esquisse de mes compatriotes à Paris, j'ai voulu simplement réunir des tisons propres, selon moi, à entretenir parmi nous les nobles ardeurs de l'âme comtoise.

Paris, 18 *octobre* 1894.

Henri CHAPOY.

TABLE DES MATIÈRES

TABLE

_____

IMPRIMERIE ET PHOTOTYPIE DÉLAGRANGE-LOUYS A BESANÇON

CLICHÉS PHOTOGRAPHIQUES DE M. MAUVILLIER A BESANÇON

PAPIER DE LA MAISON ZUBER-RIEDER A TORPES (DOUBS)

_____

COMPTOIR TECHNIQUE
D'HORLOGERIE
20, Rue Saint-Pierre BESANÇON 20, Rue Saint-Pierre

PENDULES

RÉVEILS

CHAINES

BIJOUTERIE

MODÈLES EXTRAITS DU CATALOGUE
Garantis de 8 à 10 ans

RÉPARATIONS
DE
MONTRES
PENDULES

BULLETINS
d'Observatoire

N° 813. — Décor orné rapporté, à recouvrements.

N° 819. — Médaillon or.

N° 328. — Or, boîte L. XV à ancre.

N° 328. — Or lisonne.

N° 405 — Chronomètre savonnette or, argent.

N° 820 — Or, boîte empire à ancre.

N° 324. — Éventail, Or et argent.

N° 403. — Chronomètre bulletin d'observatoire, 1re classe, or.

N° 402. — Chronographe compteur ancre, boîte or à goutte, argent et or.

N. 404. — Chronomètre à répétition, heures et quarts, or.

N. 406 — Chronomètre bulletin d'observatoire 3e classe.

N. 342. — Argent ciselé oxydé.

N. 343. — Faust et Marguerite. Argent ciselé oxydé.

N. 344. — Tête homme et femme. Argent ciselé oxydé.

N. 343. — Argent ciselé oxydé.

EXPÉDITIONS CONTRE REMBOURSEMENT ET A TERMES

LE CAFÉ DE LA BOURSE

A BESANÇON

Le CAFÉ DE LA BOURSE, situé dans un des quartiers les plus populeux et les plus commerçants de la ville de Besançon, fait face à la Place Labourée et au bâtiment des Halles où se trouvent le Musée de peinture, avec sa précieuse galerie de toiles des grands maîtres, et le Musée archéologique qui renferme une des collections les plus intéressantes existant en province.

L'intérieur est divisé en deux salles spacieuses dont la décoration artistique attire l'admiration des visiteurs et fait honneur à l'initiative et au bon goût de M. Alfred Dornier, propriétaire de ce magnifique établissement, un des plus beaux et des mieux installés de la région de l'Est.

La première salle avec ses boiseries sculptées, ornées de riches peintures, et ses plafonds finement ouvragés, présente un aspect tout à la fois grandiose et des plus gracieux.

Dans la seconde salle, séparée de la précédente par une remarquable verrière, trois superbes panneaux en faïence de Sarreguemines, représentant l'Agriculture, le Commerce et l'Industrie, reçoivent d'en haut la lumière par une large baie décorée, dont les vitraux artistiques, signés de Champigneulle, tamisent une douce clarté et répandent une lueur réjouissante sur tout cet ensemble si harmonieusement disposé.

C'est au Café de la Bourse le rendez-vous des cultivateurs et des négociants, en grains et farines, que se tiennent chaque semaine les assemblées des syndicats de la Boulangerie et de la Boucherie, les marchés aux céréales, et les principales réunions de la Meûnerie et du Commerce des grains. Salle de lecture, salon particulier de correspondance, télégraphe, cabine téléphonique en communication directe avec Paris, boîtes postales privées à la disposition des négociants, service postal régulier, dépêches de Paris et des principaux marchés étrangers, tout le confort désirable se trouve réuni sous la main du négociant, pour charmer ses loisirs et faciliter son travail. Enfin, un service irréprochable par un personnel stylé et choisi, des consommations de premières marques, une organisation parfaitement ordonnée ont rangé cet établissement parmi les plus remarquables de la région et en ont fait un des centres les plus fréquentés par le commerce local et étranger.

LES FILS DE PEUGEOT FRÈRES

CONSTRUCTEURS

A

VALENTIGNEY (Doubs)

DÉPOT A PARIS

22, Avenue de la Grande-Armée

DÉPOT A PARIS

22, Avenue de la Grande-Armée

VOITURES AUTOMOBILES

Avec Moteur à Pétrole

Classées premières au Concours du PETIT JOURNAL (22 juillet 1894)

LES FILS DE PEUGEOT FRÈRES

VALENTIGNEY (Doubs)

MAISONS :

A PARIS, 22, Avenue de la Grande-Armée.

A BORDEAUX, 7, Allées de Tourny.

A MARSEILLE, 4, rue de la Darse.

A RENNES, 7, Quai Lamartine.

A DIJON, 70 et 72, rue du Bourg.

A BRUXELLES, 53, rue Royale.

BORDEAUX-PARIS,   1er LESNA, sur Bicyclette PEUGEOT
PARIS-St-MALO,   -   -   PEUGEOT
PARIS-BAR-LE-DUC,   -   -   PEUGEOT
ROMANSHORN-GENEVE, 1er MEYER   -   PEUGEOT

Toutes les grandes courses sur route sont gagnées sur des machines PEUGEOT

CATALOGUE FRANCO

VINS DE VUILLAFANS

F. QUÉRY

Propriétaire à MONTGESOYE-VUILLAFANS (Doubs)

Parmi les vignobles qui ornent et enrichissent les pittoresques vallées du Jura, le plus justement renommé, sinon le plus étendu, est assurément, de l'avis de tous les gourmets, celui qui a pour centre le joli bourg de Vuillafans.

Son vin non seulement plaît à l'œil par sa couleur chatoyante dite pelure d'oignons, mais il possède un bouquet d'une finesse inimitable qui le met au rang des meilleurs de France.

On ne peut que féliciter la Maison QUÉRY d'avoir spécialisé les meilleurs crûs de ce remarquable vignoble.

NOTA. — Nous ne mentionnons que pour mémoire l'opinion exprimée de temps immémorial par tous les docteurs de la vallée de la Loue, que l'usage de ce bon vin est souverain contre l'affection de la gravelle.

LIBRAIRIE L. DAVID-MAUVAS

A SALINS-LES-BAINS

(JURA)

OUVRAGES SPÉCIAUX

SUR LA

FRANCHE-COMTÉ

Collections complètes des Vues pittoresques de Salins et ses environs.

MAGNIFIQUE ALBUM DE DESSINS « A SALINS »

Par M. Gaston COINDRE

La Maison édite spécialement les Cartes & Plans publiés par la Société forestière de Franche-Comté et de Belfort tels que la Carte des forêts de Chaux, de Levier et de La Joux, etc.

DÉPOT des Faïences Artistiques de MAX CLAUDET

Le Sculpteur salinois bien connu.

GUIDE DE SALINS-LES-BAINS

www.ingramcontent.com/pod-product-compliance
Lightning Source LLC
Chambersburg PA
CBHW052058090426
42739CB00010B/2231